新时代高校
"三全育人"理论研究
与实践创新丛书

**XIN SHIDAI**
**GAOXIAO**
SAN-QUAN YUREN
LILUN YANJIU
YU SHIJIAN CHUANGXIN
CONGSHU

# 新时代高校服务育人

## 理论与实践

主　编　吴春笃　陈　红
副主编　王海军　王善民　许晓东
　　　　张伟杰　张明平　杨道建
　　　　施爱平　袁海宇　符永宏

江苏大学出版社
JIANGSU UNIVERSITY PRESS
镇　江

**图书在版编目(CIP)数据**

新时代高校服务育人理论与实践 / 吴春笃，陈红主编. — 镇江 ：江苏大学出版社，2021.4
(新时代高校“三全育人”理论研究与实践创新 / 李洪波主编)
ISBN 978-7-5684-1607-8

Ⅰ. ①新… Ⅱ. ①吴… ②陈… Ⅲ. ①高等学校—后勤管理—研究—中国 Ⅳ. ①G647.4

中国版本图书馆 CIP 数据核字(2021)第 061595 号

**新时代高校服务育人理论与实践**
Xin Shidai Gaoxiao Fuwu Yuren Lilun yu Shijian

主　　编/吴春笃　陈　红
责任编辑/李菊萍　仲　蕙
出版发行/江苏大学出版社
地　　址/江苏省镇江市梦溪园巷 30 号(邮编：212003)
电　　话/0511-84446464(传真)
网　　址/http://press.ujs.edu.cn
排　　版/镇江市江东印刷有限责任公司
印　　刷/江苏凤凰数码印务有限公司
开　　本/710 mm×1 000 mm　1/16
印　　张/15.25
字　　数/257 千字
版　　次/2021 年 4 月第 1 版
印　　次/2021 年 4 月第 1 次印刷
书　　号/ISBN 978-7-5684-1607-8
定　　价/66.00 元

如有印装质量问题请与本社营销部联系(电话:0511-84440882)

# 总　序

习近平总书记强调，高校立身之本在于立德树人。党的十八大以来，习近平总书记对教育事业特别是培养社会主义建设者和接班人工作高度重视，多次强调“要坚持把立德树人作为中心环节，把思想政治工作贯穿教育教学全过程，实现全程育人、全方位育人，努力开创我国高等教育事业发展新局面”“要把立德树人的成效作为检验学校一切工作的根本标准”“要把立德树人内化到大学建设和管理各领域、各方面、各环节，做到以树人为核心，以立德为根本”等等。习近平总书记的重要论述为进一步开创新时代高校思想政治工作新局面指明了方向。2017 年 12 月，教育部印发《高校思想政治工作质量提升工程实施纲要》，强调要充分发挥课程、科研、实践、文化、网络、心理、管理、服务、资助、组织方面工作的育人能力，构建“十大”育人体系，大力提升高校思想政治工作质量。2020 年 4 月，教育部等八部门联合印发《关于加快构建高校思想政治工作体系的意见》，强调要健全立德树人体制机制，加快构建目标明确、内容完善、标准健全、运行科学、保障有力、成效显著的高校思想政治工作体系。

江苏大学历来重视思想政治工作，紧扣立德树人根本任务，按照“贴近实际、贴近学生、贴近生活”的要求，逐步构建形成了“全员化参与、全过程教育、全方位引导、全媒体跟进”的“四全”学生成长成才服务引导体系。学校多次荣获“江苏省高校思想政治工作先进集体”，学校思想政治工作经验入选教育部《高校德育成果文库》，教育部《加强和改进大学生思想政治教育工作简报》6 次刊发学校经验做法，2016 年 12 月 8 日全国高校思政工作会议结束当天，专题刊发《江苏大学以实施思想政治教育质量提升工程为抓手加强大学生思想政治教育》。2019 年 1 月，学校获批为教育部“三全育人”综合改革试点高校。

以试点建设为契机，江苏大学认真贯彻落实党中央的决策部署和江苏省委、教育部的工作要求，以立德树人为根本，以强农兴农为己任，积极推进“三全育人”综合改革，健全“三全育人”体制机制。以“十大”育人体系为载体和依托，充分整合全校育人力量，着力构建育人机制“大协同”、思政教育“全贯通”、育人要素“强融合”的“大思政”格局，一体化构建内容完善、标准先进、运行科学、保障有力、成效显著的“三全育人”工作体系，打造“知农爱农、工中有农、以工支农、强农兴农”育人特色，形成了育人的江苏大学模式和经验。

为总结“三全育人”综合改革的经验，江苏大学组织编写了“新时代高校‘三全育人’理论研究与实践创新”系列丛书。本套丛书共 11 本，包括 1 本“三全育人”总论和 10 本“十大”育人专题论著，主要介绍了“三全育人”及课程育人、科研育人、实践育人、文化育人、网络育人、心理育人、管理育人、服务育人、资助育人、组织育人的基本理论和江苏大学的具体实践。总论以高校“三全育人”及其实践探索为对象，围绕如何在新时代开展“三全育人”工作，践行立德树人的根本使命展开论述，从理论和实践两个层面全面阐述了“三全育人”的理论逻辑与实践路径。10 本专题论著分别围绕“十大”育人体系的理论与实践展开论述，力图呈现江苏大学在习近平新时代中国特色社会主义思想指导下，大力推进“三全育人”工作，全面落实立德树人根本任务方面的理论依据、实践探索和方案启示。

沐浴新的阳光，播种新的希望。随着中国特色社会主义进入新时代，我国高等教育也进入新的发展阶段。新时代高等教育面临着新形势、新任务，那就是要适应建设高等教育强国需要，适应高校思想政治工作质量提升需要，着力健全和完善全员全过程全方位育人格局，大力培养能够担当民族复兴大任的时代新人。发展没有终点，改革永无止境，实践不会终结。站在新的起点上，我们要始终坚持以习近平新时代中国特色社会主义思想为指导，增强“四个意识”，坚定“四个自信”，做到“两个维护”，坚定不移地全面贯彻党的教育方针，始终坚持社会主义办学方向，坚守为党育人、为国育才的初心，改革创新，奋发进取，以坚如磐石的信心、只争朝夕的干劲、坚忍不拔的毅力，立足新发展阶段，贯彻新发展理念，服务构建新发展格局，推动“三全育人”综合改革不断走向深入，在育人工作中创造出无愧于新时代的新业绩，努力创造“三全育人”的江苏大学实践、江苏大学经验。

期望本套丛书能为我国高等教育深化“三全育人”改革、落实立德树人根本任务、推进高质量发展贡献绵薄之力，为兄弟院校提供些许借鉴，不胜欣慰。

袁寿其

2021.4.19

# 前　言

本书是江苏大学“三全育人”系列丛书的其中一本，针对高校服务育人工作的开展要求，结合江苏大学服务育人的实际工作编写而成，旨在帮助高校更好地开展服务育人工作，在发展理念上明晰高校“培养什么人、怎样培养人、为谁培养人”的问题，在实践层面落实“立德树人”根本任务，通过“润物无声”的校内服务保障促进学生成长、成人、成才。

本书由江苏大学服务保障职能部门工作者编写而成，书中部分章节添加了最新的思想、政策与指导意见，具有较强的时效性，对指导高校服务育人工作具有重要作用。

为了进一步深化本书在高校服务育人工作实践中的指导作用，凸显可读性和实践性，编者在内容上进行了创新，主要表现为以下几点：全面梳理服务育人基本理论的产生与发展，明确高校服务育人工作的理论基础；结合经典理论与习近平总书记关于教育的重要论述，多角度分析新时代大学生成人、成才的客观条件与主观需求；深入分析高校服务育人工作的基本原则、根本要求与工作机制，明确高校服务保障职能部门的育人职能，强化主体担当；列举江苏大学服务育人工作实践与成效，以典型案例来增加读者的感性认识，启迪思维；结合实际工作，探索服务育人的未来发展方向与路径，提出未来服务育人工作发展的设想与启示；在语言表述上力求深入浅出，娓娓道来，尽可能避免深奥晦涩。这些创新尝试增强了本书内容的张力，对高校服务育人工作有一定的指导意义。

本书由吴春笃、陈红担任主编，王善民、施爱平、张伟杰、袁海宇、杨道建、王海军、许晓东、符永宏、张明平任副主编；廖令宇、周云峰、封青林、秦少隽、郑伟参与了编写工作，其中廖令宇还负责与出版单位联络工作，并通读全书。

本书的出版得益于江苏大学党委副书记李洪波的大力支持和无私奉献，也得到了江苏大学学生工作处的鼎力相助。众多研究者的研究成果给我们以启发，也为我们提供了素材。出版社的编辑为本书出版付出了辛勤劳动，在此一并表示衷心的感谢。

本书可以作为高校服务育人工作的指导用书，也可以作为研究服务育人工作的参考用书，同时可作为大学生的辅导用书，帮助他们理解服务育人工作，更好地成人、成才。

由于编者水平有限，书中难免存在疏漏之处，恳请广大读者批评、指正。

编　者

2021 年 3 月

# 目　录

# 第一章　服务育人概念的产生与发展

## 一、服务的内涵与特征

### （一）服务的内涵

几乎每个人对“服务”一词都不陌生，但如果要回答“什么是服务”，相信没有几个人能说得清楚。服务（service）一词来源于拉丁文 servitiun，是奴隶侍奉的意思，最初的含义是比较低下、听候使唤的工作。中文里多指为其他人提供劳动，如《论语·为政》篇中写道：“有事，弟子服其劳；有酒食，先生馔，曾是以为孝乎?”《辞海》对“服务”一词的解释是“为集体或为别人工作”。《现代汉语词典》中则将服务定义为“为集体（或别人）利益或为某种事业而工作”。但随着时代的进步，人们对“服务”的理解发生了深刻的变化，其含义越来越广泛。近代一些名家大师们针对“服务”一词给出了如下一些定义：斯坦通（Stanton，1974）认为服务是一种特殊的无形活动，它向用户提供所需的满足感；格鲁诺斯（Gronroos，1990）将服务定义为在顾客与服务职员、有形资源等产品或服务系统之间发生的可以解决顾客问题的一种或一系列行为；泽丝曼尔和比特纳（Zenithal & Bitner，1996）将服务定义为一种行为过程和表现（绩效）；菲茨西蒙斯（Fitzsimmons，2001）将服务定义为一种顾客作为共同生产者的、随时间消逝的、无形的经历；当代市场营销学泰斗菲利普·科特勒（Philip Kotler）给服务下的定义是：“一方提供给另一方的不可感知且不导致任何所有权转移的活动或利益，它在本质上是无形的，它的生产可能与实际产品有关，也可能无关。”因此，我们可以这样来理解服务：服务就是本着诚恳的态度，为别人着想，为别人提供方便或帮助的一种行为。

服务是一种付出，服务是对他人的帮助，是照顾和贡献。由此可见，服务也是一种形式。同时，服务是服务者与服务对象的一种活动，活动的主体是服务者，客体是服务对象，服务是通过人际关系实现的，也就是说，没有服务者与服务对象的交往就无所谓服务。服务还是一种态度，是一种想把事情做得更好的欲望，服务者要时时站在服务对象的立场上，设身处地为服务对象着想，及时了解并尽量满足服务对象的需求。

在综合服务的各种定义和分析服务本质的基础上，笔者认为，服务是个人或社会组织直接或凭借某种工具、设备、设施等为服务对象所做的工作或进行的活动，是一种涉及某些无形因素的活动过程和结果，它包括与服务对象及其拥有的财产间的互动过程和结果，并且不会造成所有权的转移。由此可见，服务是一种活动，也是一个过程，还是某种结果。

（二）服务的特征

1．无形性

商品和服务之间最基本的，也是最常被提到的区别就是服务的无形性。它主要体现在以下几个方面：① 服务是由一系列活动所组成的过程，而不是实物，我们不能像感觉有形商品那样看到、感觉到或者触摸到这个过程；② 服务相对抽象且很难描述，缺乏具体量化的标准；③ 服务对象在接受服务后通常很难察觉或立即感受到服务的价值，同时也难以对服务的质量做出客观而准确的评价。

2．同步性

大多数商品是先生产，然后经过存储运输、销售等一系列中间环节，最后形成消费，因此生产过程和消费过程有一定的时间间隔。但大部分的服务是先销售，然后同时进行生产和消费，生产和消费具有不可分离的特点。这通常意味着服务生产的时候亦是用户消费服务的时候，服务对象甚至会参与到生产过程中去。有些服务是很多顾客共同消费的，即同一个服务能由大量服务对象同时享有，比如一场学术讲座。这表明，在服务的生产过程中，服务对象之间往往会有相互作用，进而影响彼此的体验。

服务的同步性使服务不太可能通过集中化来获得显著的规模经济效应，并要求服务对象和服务者了解并加入整个服务传递过程。

3．易逝性

服务的易逝性又被称为不可储存性，指的是服务作为一种非实体的产品，不管在时间上还是在空间上，都是不可存储的。购买或者消费服务的过程结束，服务随即消失，不能在时间上或空间上被保存起来。易逝性造成了服务供应与服务需求之间的不平衡，也导致服务很难实现规模经济，这就要求服务机构对服务的供应和需求加以科学地谋划和管理，以解决服务易逝性带来的问题。

4. 异质性

服务的异质性是指服务的构成成分及质量水平经常变化，同一项服务会因为提供的主体、时间、地点、环境、方式及气氛的变化，而使服务内容、形式、质量、效果等产生差异。服务的异质性主要是由员工和顾客之间的相互作用及伴随这一过程的所有变化因素导致的，它也导致服务质量取决于服务提供者不能完全控制的许多因素，如顾客能否清楚表达其需求的能力、服务人员满足这些需求的能力和意愿、其他顾客的到来及顾客对服务需求的程度。由于种种因素的存在，服务提供者无法确知服务是否可以按照原来的计划或者像宣传的那样提供给顾客，这对服务品牌建设提出了很大的挑战。

## 二、育人思想的内涵与发展

### （一）育人的含义

《说文解字》对“育”的解释是“养子使作善也”。孟子曰：“中也养不中，才也养不才。”由此可见，育人最初是指对子女的教育和培养。当今，“育人”的含义不再局限于家长对子女的教育和培养，而是一种家庭、学校、社会对教育对象的全员、全程、全方位的教育和培养的行为活动，其含义是培养人、教育人。

教育是培养人的社会活动，是一种社会现象，它起源于人类社会的生产劳动和社会生活。自人类有了社会生活，便有了教育，教育与其他社会现象区别开来的本质属性是有目的地影响人、培养人，也就是我们所讲的“育人”。赫尔巴特曾说：“教育的唯一工作与全部工作可以总结在这一概念之中——道德。”道德普遍地被认为是人类的最高目的，因此也是教育的最高目的。新时代下，“育人”不仅仅指思想政治品德教育，更是指将学生作为一个平等的、正在成长发展的、有许多良好的素质与潜能，且等待培养的人来看待，对他们从多方面如知识、能力、道德、意志、思想、社会知识等进行引导教育。当今

“育人”思想体现了对人权的尊重，对人类自身和未来的关心和尊重。

（二）育人理念的发展

1. 孔孟育人思想

最早的育人理念可以追溯到中国古代大教育家孔子的育人思想。孔子毕生致力于教育事业，在中国最早开办私学，使得教育从贵族走向平民，而且他创办的教育成系统、成规模，堪称世界第一。孔子提倡“仁者爱人”“智者知人”“有教无类”“德才兼备”，他非常关注学生品德学业的提升及其生活与健康状况。孟子持“性善说”，认为人性本善，因后天习染不同才分善恶。孟子还提出“良知”的概念，就是把从外部世界得来的学问看作知识，把从内心即人的善良本性中发现的认知称为“良知”。孔孟育人思想对人性道德的探讨较为深入，时至今日仍有很强的现实意义，对思想政治教育目标结构、认识论、方法论有深刻启示：① 教育方法注重内化和外化的结合，将使受教育者内部感化作为主要手段，将环境感化、教育者的言传身教等作为辅助手段。② 注重对受教育者自身修养的培养，不断引导受教育者向思想道德的更高境界奋进，以达到“仁人”的境界。

2. 小原国芳育人思想

小原国芳（1887—1977），是日本著名的教育家、卓越的教育思想家，也是一位出色的教育实践家。他的全人教育思想，特别是玉川学园的全人教育实践，不但在日本享有盛名，而且在世界上的许多国家有较大的影响。小原国芳一生辛勤耕耘，著作等身，所论述的内容相当广泛，其育人观对我国当前的思想教育工作仍然具有一定的启发意义。

小原国芳是一位很勤奋并善于博采众长的人。他十分崇拜瑞士大教育家裴斯泰洛齐及其教育思想，也推崇卢梭的“回归自然”、福禄培尔的“人的教育”、第斯多惠的“教师论”、帕克赫斯特的“道尔顿方案”、爱伦凯的“儿童观”及苏格拉底的“发现教学法”。他在教学和研究的过程中，注意吸收各位教育家的优秀教育思想，并结合日本的优秀教育传统和自己的教育实践，形成了小原国芳教育思想体系——十二条教育信条，即全人教育、尊重个性的教育、自学自律、劳作教育、对立的合一、提高效率的教育、确立学习基础的教育、尊重自然、师生间的友情、为他人服务及人生开拓者的教育、书塾教育、国际教育。在这十二条信条中，最为核心的内容就是“全人教育”思想。

为了实现塑造真、善、美、圣、健、富六方面完美和谐的人格的理想，小原国芳特别强调身教和师生关系。他提倡教育者把自上而下的强制教育变为给学生以自主权和独立性的教育。他要求教育者不仅是知识的传授者，还是学生的指导者、商谈者和向导。

小原国芳认为，教育者在教育过程中要履行职责、完成使命，首先必须取得学生的信赖，建立温暖的师生关系。他所说的“温暖的师生关系”不是格调美好的表面关系，而是发自内心的坦诚的人际关系①。

小原国芳的育人观对我国当前的思想教育工作仍然具有启发意义，许多地方值得我们学习与借鉴，主要有以下三个方面：一是教育工作者要具有奉献和服务精神；二是教育工作者要进一步提高自身素质；三是教育工作者要致力于构建立体化的育人模式。

3. 加里宁育人思想

米哈伊尔·伊凡诺维奇·加里宁（1875—1946），是苏联卓越的无产阶级革命家、教育家。加里宁十分关心青年一代的共产主义教育，在许多教育问题上有独到的见解，《论共产主义教育和教学》一书集中体现了他的教育思想。

加里宁指出：“教育是对受教育者心理上所施行的一种确定的、有目的的和有系统的感化作用，以便在受教育者的身心上养成教育者所期望的品质。”②这一简短的语言恰当地揭示了教育的本质。加里宁非常重视道德教育，他系统地论述了对青少年进行共产主义道德教育的目的、内容和方法，并对育人者提出要求：“一个教师必须好好检点自己，他应该感到，他的一举一动都处在最严格的监督之下，世界上任何人也没有受到这样严格的监督，孩子们几十双眼睛盯着他。”③

加里宁的许多教育见解都是极具开拓性的。他关于教育的概念和本质的论述，关于教育与巩固苏维埃政权和国家建设关系的论述，关于培养德、智、体、美几方面共同发展和受过综合技术教育的社会主义新人的论述，关于共产

① 刘维俭. 小原国芳的育人思想解读［J］. 常州工学院学报（社科版），2005（02）：111－114.

② ［苏］加里宁. 论共产主义教育和教学1924—1945年论文和讲演集［M］. 陈昌浩，沈颖，译. 北京：人民教育出版社，1957：56.

③ ［苏］加里宁. 论共产主义教育和教学1924—1945年论文和讲演集［M］. 陈昌浩，沈颖，译. 北京：人民教育出版社，1957：183.

主义道德教育内容和方法的论述，都丰富和发展了马克思列宁主义的教育思想，具有重大的理论意义和现实意义，至今仍有积极影响。

4. 马克思主义教育理论

实现“人的自由而全面的发展”是马克思主义教育思想的主题，也是马克思主义教育思想的精髓和核心，是马克思、恩格斯对教育理论的一个重大贡献。他们以历史唯物主义的基本原理为武器，从社会发展与人的发展相互关系的角度出发，详细阐述了人的全面发展的客观必然性和条件，首次提出了人的全面发展学说。马克思、恩格斯十分重视教育在人的全面发展中起的作用，认为教育可以使人摆脱分工所带来的片面发展，培养人的各种能力，促使个人得到全面发展。人的全面发展离不开教育，更离不开全面发展的教育。为了培养全面发展的人，马克思、恩格斯提出了包括智育、体育、综合技术教育在内的全方位的教育内容，他们认为通过这几方面的教育，人的体力和智力就可以得到和谐发展，成为身心健康、体脑结合、各种才能都得到全面发展的新人。马克思主义的“人的全面发展学说”为中国教育的“三育人”理论和“素质教育”奠定了坚实的理论基础。

5. 当代中国马克思主义教育理论

中国共产党第一代领导集体核心毛泽东继承和发展了马克思主义教育思想。1957 年，毛泽东在《关于正确处理人民内部矛盾的问题》中指出：“我们的教育方针，应该使受教育者在德育、智育、体育几方面都得到发展，成为有社会主义觉悟的有文化的劳动者。”报告首次在中国提出了使受教育者在德育、智育、体育几方面都得到发展，明确了人才培养的重要标准，把受教育者的全面发展作为检验人才的依据。中国共产党第二代领导集体核心邓小平提出“教育要面向现代化，面向世界，面向未来”的战略指导方针，以及“有理想、有道德、有文化、有纪律”的“四有新人”概念，标志着我国教育开始走向现代化。

中国共产党第三代领导集体核心江泽民提出“三个代表”的重要思想，提出了以全面提高人的素质为目标的素质教育，旨在培养德、智、体等全面发展的社会主义事业建设者和接班人。党的十六大之后，以胡锦涛为总书记的党中央提出“坚持以人为本，全面、协调、可持续的科学发展观”，把马克思主义对于教育问题的认识提高到崭新的境界，赋予马克思主义关于“人的全面发展思想”以新的内涵，提出了“要全面贯彻党的教育方针，坚持育人为本、德育为先，实施素质教育，提高教育现代化水平，培养德、智、体、美全面发展的社会主义建设者和接班人，办好人民满意的教育”的要求。

党的十八大以来，习近平总书记高度重视教育工作，以高远的历史站位、宽广的国际视野、深邃的战略眼光，围绕“培养什么人、怎样培养人、为谁培养人”这一根本问题，就新时代教育改革发展提出了一系列新理念、新思想、新战略，形成了系统完整、逻辑严密的教育理论体系。习近平关于教育的重要论述，以马克思主义为根本底色，以人民利益为出发点，立足于民族复兴的战略高度和新时代的历史方位，集中体现了中国共产党人对我国教育事业规律性认识所达到的新高度，展现出深厚的人民情怀、恢宏的战略思维、强烈的问题意识、鲜明的时代气息、突出的实践品格、坚定的中国自信①。

## 三、 服务育人的基本概念与时代背景

### （一）服务育人的基本概念

“服务育人”是高校后勤工作的宗旨，后勤工作围绕此展开，其目的是保障学校教学科研的顺利进行，但随着社会发展和育人理念的提升，服务育人实践被赋予更深刻的含义。1985 年，清华大学后勤职工首先提出了“服务育人”口号，这是后勤管理理论认识上的一次质的飞跃。1987 年 9 月，国家教委行政管理局在北戴河召开首次高校后勤服务育人座谈会，结合理论和实践，正式提出了“服务育人、管理育人”的目标和任务，高校后勤“服务育人、管理育人”的职能正式确立。“服务育人”的提出，在全国高校后勤中产生了强烈的反响和共鸣，“服务育人”从此成为高校思政教育的重要组成部分。

服务育人是指在学校从事服务工作的广大教职工，为了实现学校的育人目标，在为教学、科研和师生员工提供服务的过程中，以一定的形式对学生的思想品德和人生理想进行直接或间接的教育的过程。服务部门要为学校的育人实践创造真、善、美的育人环境，服务主体要以自己的优质服务和模范行为在思想、道德、纪律等方面感染学生，使学生养成勤俭节约、爱护公物、热爱劳动

① 沈壮海，黄雄义．当代中国马克思主义教育理论的鲜明特征——学习习近平总书记关于教育的重要论述［J］．思想理论教育导刊，2020（10）：8－13.

的良好习惯，以丰富的物质和文化满足、熏陶、感染学生，从而对学生的世界观、人生观、价值观和道德品质的形成起到暗示性、渗透性和潜移默化的作用。

### （二）服务育人是我国高等教育发展的客观要求

当前，高等教育进入大众化发展阶段，这不仅仅体现为接受高等教育的人数显著增加，更为重要的是，高等教育的培养方向和目标发生了很多转变，立德树人成为高校立身之本，这对高校服务职能提出了更高的要求——服务并不仅仅是做好后勤基础保障工作，更多的是要以人为本，发挥服务战线的育人功能。

自我国高等教育从精英教育转向大众化教育以来，高等教育面临的不仅是简单的毛入学率的变化，还有高等教育的基本观念，包括高校的办学思想、教学观念、管理模式与人才培养目标的变化。特别是改革开放以来，我国高等教育体制改革发生了历史性的深刻变化，高等教育已从过去的边缘逐渐成为社会的中心。历史经验表明，只有紧扣时代脉搏、洞悉时代精神、把握时代要求，建立与市场经济体制相适应的高等教育管理体制，才能符合高等教育发展规律。高等教育的“四个服务”① 要求社会各界重视高等教育，遵循高等教育的发展规律。高校应重视教育教学，保障足够的经费与精力投入，增强服务育人功能，保障青年学生的健康成长，以适应高等教育发展，更有力地促进高等教育体制改革。

#### 1. 高等教育大众化过程中学生需求的多元化

20 世纪 90 年代以前，我国高等教育处在传统的精英教育阶段，政府是高等教育的完全提供者和投资者。高校办学主体单一，投资渠道单一，管理模式单一，高等教育毛入学率比较低，能进入高等学府深造的学生凤毛麟角。当时的后勤保障是纯福利型的，学生不仅免交学杂费，还可以享受国家每月提供的助学金、生活补贴，同当时社会的整体经济发展水平和物质生活水平相一致。作为“天之骄子”的大学生更多地专注于学业，对生活服务的需求相对比较单一。而高等教育大众化阶段是一个“多元化”办学模式阶段，其两个基本前提

---

① “四个服务”是指为人民服务，为中国共产党治国理政服务，为巩固和发展中国特色社会主义制度服务，为改革开放和社会主义现代化建设服务。

是社会经济的飞速发展和人们对于接受高等教育的愿望日益强烈。著名高等教育学专家潘懋元教授说："高等教育大众化的前提是多样化，多样化的高等教育应有各自的培养目标和规格，因而也应当有多样化的教育质量标准。"如果说精英教育时代高等教育的培养目标是培养知识化、专业化的精英人才，那么在大众化教育时代，高等教育应该更重视学生综合素质的培养。同样地，学生对于教育理念、教育手段、教育内容的需求也日趋多元化，生活能力的提高已然成为当下大学生能力教育中不可或缺的组成部分，这实质上就是服务育人的价值所在。

2. 从"学校本位"到"学生本位"的高校学生管理模式的转变

精英教育阶段，高校在人才的管理和培养模式上基本采取"主观塑造型"方式，即高校按照社会对于精英人才的需求标准，根据学校固有的人才培养模式，更多地以一种单向的教育管理方式对学生进行施教。学生在此过程中基本处于纯粹的受众状态，缺乏相对的自主意识和自我意识。随着高等教育大众化的推进，特别是 1997 年我国高等教育全面实行收费制度后，高校与学生之间的关系在一定程度上具备了服务与消费的特性，尤其是随着我国高等教育与西方高等教育日渐接轨，自主开放式的教育理念被迅速传播开来，"人本"教育理念更是得到了广泛的认同。

基于以上背景，高校对学生的管理模式也开始发生转变，即逐渐从"学校本位"向"学生本位"转变。这一转变也促成了高校教育管理者的意识从原来的"管教"学生转化为"服务"学生，并且充分重视学生的自主性和自觉性，使高校逐渐转变为为广大青年提供高等教育服务的场所。大学生是十分宝贵的人才资源，但长期的教育活动将学生纯粹视为教育对象，否认或忽视学生作为独立的个体的客观存在，忽视对学生个性和潜能的开发。21 世纪以来，新课程改革不断推进，"以学生为本""以服务为本"的观念逐渐深入人心。"以学生为本"就是要以学生为中心，体现出以学生发展和学生成长成才为重，强调激发学生潜能，重视培养学生能力；"以服务为本"就是要在教育与管理的过程中，应增强教师服务学生的主动性、针对性，提升教师的服务意识，以服务学生个性化发展，满足学生的不同需要。

（三）服务育人是新时代中国特色社会主义发展的客观需要

当前的时代是知识经济的时代，互联网和信息技术的迅猛发展，使得各类文化的表达有了更丰富的形式和更广泛的载体，这也对高校服务育人工作提出了严峻的挑战。当下，国内各种社会思潮处于交流、交锋、交融的状态，而西方国家也从未放松对我国意识形态领域的渗透和侵蚀。过去“大一统”的育人模式失去了曾经的震撼力与感召力，构建服务育人体系已成为各高校面临的一项重大而紧迫的任务①。

1. 高校服务育人是世界经济全球化的需要

在世界经济全球化的进程中，各国间的经济联系日益增强、相互依赖程度日益提高，各国国内经济规则不断趋于一致，各种多边或区域组织对世界经济的协调和约束作用越来越强。随着我国对外开放不断扩大及社会主义市场经济的深入发展，大学生的思想观念逐渐出现新的变化。一方面，大学生的自强意识、创新意识、成才意识和创业意识日益增强；另一方面，一些大学生确实不同程度地存在政治信仰迷茫、理想信念模糊、价值取向扭曲、诚信意识淡薄、社会责任感缺乏、艰苦奋斗精神淡化、团结协作观念较差、心理素质欠佳等问题②。因此，在新形势下，各高校只有更新服务育人理念、改革服务育人内容、改进服务育人方式、改善服务育人环境、拓展服务育人渠道，才能有效地发挥思想政治教育强大的政治功能，使大学生具备政治判断力，能正确认识和理解中国特色社会主义的“四个自信”。

2. 高校服务育人是贯彻落实习近平系列讲话精神的需要

高校服务育人主体应实现好、维护好、发展好服务育人客体的根本利益，办人民满意的教育，这是高校实践习近平系列讲话精神的集中表现和核心内容③。习近平总书记指出：“人才培养一定是育人和育才相统一的过程，而育人是本。”育人的根本在于立德。“德若木之根，才若木之枝”“求木之长者，必固其根本”，一个人只有拥有高尚的德行，再配上过硬的本领，才能够成就事业、造福社会。大学必须以立德为根本，以树人为核心，把立德树人内化到学校建设和管理的各领域、各方面、各环节，将立德树人的成效作为检验学校一切工作的根本标准。因此，高校的服务机构和服务主体在践行习近平系列讲话

① 江洪明. 构建高校服务育人新体系的思考［J］. 经济与社会发展，2006，4（10）：204－207.
② 江洪明. 构建高校服务育人新体系的思考［J］. 经济与社会发展，2006，4（10）：204－207.
③ 江洪明. 构建高校服务育人新体系的思考［J］. 经济与社会发展，2006，4（10）：204－207.

精神、落实“四个全面”“五位一体”战略布局时，就必须致力于构建高校服务育人新体系，营造有利于学生发展和培养合格人才环境和氛围，努力提高人才培养的质量。高校要努力构建服务育人新体系，这不仅关系到科教兴国和人才强国战略的全面实施，而且关系到“四个全面”和“两个一百年”宏伟目标的实现。

# 第二章　新时代高校服务育人的基本理论

## 第一节　高校服务育人的内涵与要素

### 一、高校服务育人的基本内涵

育人是高校办学的最终目标，因此高校服务的目标也是育人，在服务中“立德树人”具有潜移默化、润物无声的效果。所谓“服务育人”是指在服务中教育人，主要是指通过学校的后勤服务和其他工作中的服务环节，特别是通过增强对学生的服务意识来达到育德育人的目标。服务作为高校育人的重要载体之一，是检验一所高校是不是“人民满意的学校”的试金石，所以，高校要提供优质的育人服务，培育卓越人才。

（一）服务育人的主体

传统的高校育人机制未能全面地根据学生的身心特点和规律来开展有针对性的思想教育工作，忽视了大学生的主体地位，导致高校育人功能质量下降、效率降低，这已成为高校育人工作中不容忽视和亟待解决的问题。

基于马克思主义“人始终是主体”的论断，我国高校教育必须坚持“以人为本，以学生为本”和“为人民服务”的办学宗旨来发展中国特色社会主义教育。高校服务育人的主体是人，教职工和学生都是高校服务育人的主体，其中，学生是更为重要的主体。高校是一种“人的社会关系”的产物，高校的存在是为了育人，是为人的发展提供服务。一方面，高校教育要坚持以人为本、以学生为中心，在教学服务、管理服务等各项服务工作中营造良好的育人环境，这对于高校的教职工和学生等主体具有潜移默化的教育功能；另一方面，高校的主要群体是学生群体，学生群体为了满足学习需要和发展需要，会对高校教育提出建议和要求，以获取满足自身需要的服务。

（二）服务育人的载体

服务是高校育人的重要载体，服务育人是高校的重要职能之一。高校要在解决好“培养什么人、怎样培养人、为谁培养人”这个根本问题的基础上，进一步明确“我为人人”的服务育人理念。高校服务育人要坚持“教育为人民服务、为中国共产党治国理政服务、为巩固和发展中国特色社会主义制度服务、为改革开放和社会主义现代化建设服务”，其中，首要的是为人民服务。高校在办学教学和日常管理中，要坚持这“四个服务”的宗旨，坚定“立德树人的根本任务”不动摇。服务育人是高校的职责，高校的各个部门都承担着服务育人的功能，高校教职工在教学工作和管理工作中，都在为学生、学校和社会发展服务。通过高品质的服务育人建设，辐射每一个人，尤其是青少年一代。

在服务育人过程中，要坚持以服务为出发点，以育人为落脚点，用卓越的服务培育卓越人才。在教学过程中，要坚持教学服务育人，以学生为中心，更好地改进教学方式，增强教学效果，提升教学服务育人的质量。在管理过程中，要坚持管理服务育人，坚持学校管理原则，将制度化和人性化相结合，在管理中服务，在管理中育人，让服务育人主体融入服务育人实践中。

## 二、 高校服务育人的新时代内涵

中国特色社会主义进入新时代，高等教育服务育人有了新的内涵，主要包括以下两个层面的含义：一是通过服务实现育人目标。服务的主体不再局限于高校后勤，而是由高校后勤、服务企业、高校学生及学生组织共同组成。服务本身被细化为服务活动、服务环境、服务行为、服务文化等多个维度。育人的形式全过程、全范围地嵌入大学生活。新时代服务育人在课堂之外培养学生的劳动观念和劳动素质，传递社会公德、职业道德和个人美德，促进大学生良好生活习惯的养成和社会关系的形成，培养新时代的“全人”，具有动态化、生态化、潜在性、间接性等特点。二是育人效果在服务中得以体现和检验。基于“实践—认识—再实践—再认识”的基本逻辑，新时代服务育人引导学生在服务自我、服务社会和服务全面建设社会主义现代化国家的过程中，发现个人价值、发挥个人潜能、发展独特个性，实现自我发展与国家社会发展同心同向、同频互动。

（一）新时代服务育人目标

教育是国之大计、党之大计。学校的首要使命就是教育，而“培养什么人，是教育的首要问题”，中国特色社会主义高校服务育人的目标是“人人成才”，即培育为实现共产主义而奋斗的人才。2018 年 9 月，习近平总书记在全国教育大会上强调，要培养德智体美劳全面发展的社会主义建设者和接班人。现阶段我国高校服务育人必须将“培养一代又一代拥护中国共产党领导和我国社会主义制度、立志为中国特色社会主义事业奋斗终生的有用人才”作为根本目标。在培育大学生的过程中，不仅要注重技能培育，而且要牢牢把握好理想信念教育、爱国主义教育和道德素质教育等，发挥出中国特色社会主义办学优势①，为大学生自由全面发展提供多元化成才路径，为社会主义事业培育有用之才。同时，新时代所有的教育活动都要围绕培养学生的批判性思维、交往与沟通能力、多元视角、领导力与实践力等核心素养展开，这些素养的形成，不仅仅需要灌输、指导和传授，更需要熏陶、感化和培育，而服务育人正是以非智力性教育的形式，实现对人的熏陶、感化和培育。

（二）新时代服务育人功能

新时代服务育人的功能更趋多样化，与教书育人、管理育人在过程上更趋同步化，在影响上更趋一致化。第一，服务育人是思想政治教育的有益补充。新时代，大学生思想政治工作愈发重要，在教育学生明大德、守公德方面发挥着巨大作用。服务育人以其特有的教育形式和价值传导方式，成为思想政治教育的有益补充。第二，服务育人是生存能力和生活美学教育的重要内容。21 世纪，学生不仅是学习的主体，也是生存的主体，学会生存不仅要掌握生存技能，还要拥有健康的体魄和吃苦耐劳的精神。服务育人以其特有的育人形式介入学生的点滴生活，使他们懂生活、爱生活、会生活，发现生活之乐，创造生活之美。第三，服务育人是提升大学生综合能力的重要渠道。大学生的综合能力包括社会适应能力、人际交往能力、语言表达能力、组织管理能力、开拓创新能力、动手实践能力、竞争生存能力等。大学是青年学子步入社会的最后一道门槛，而服务育人促进了学生与学生、学生与教师、学生与工勤人员、学生与社会之间的互动，为大学生适应社会、解决现实问题、建构良好的人际关系

① 卢凯，梅运彬．高校服务育人的内涵与实践路径研究［J］．黑龙江教育（理论与实践），2020（4）：40－42.

提供了独特路径和实践空间。新时代服务育人将服务举措嵌入生活教育，将人才培养与人的生动活泼发展相联系，与人的持续、充分发展相联系，形成有活力的教育生态，凸显生命的灵动与鲜活、自由与独特。

### （三）新时代服务育人资源

服务育人资源是培养学生创新能力、实践能力与社会服务能力的人力资源、财力资源、物力资源和信息资源的总称。人力资源涵盖高校各类群体，包括高校教师及校内外保障类服务人员。财力资源包括国家财政拨款、学生培养经费、社会捐赠、科技创收、校办企业上缴利润等学校建设发展资金，以及社会服务企业投入的企业发展资金。物力资源是指服务于高校育人目标的各种物质资源，大到图书馆、教学楼、体育场、食堂等楼宇建筑，小到超市、餐饮店、园林景观等服务观赏设施。信息资源包括学习资源、图书信息资源和新媒体资源等。新时代服务育人需充分运用这些资源，发挥其能力开发、价值引导、行为规范等功能，实现润物无声的隐性教育①。

## 三、服务育人的主体要素

要素是指构成一个客观事物的存在并维持其运动的必要最小单位，它既是组成系统的基本单元，又是系统产生、变化、发展的动因。服务育人作为一项系统工程，也有其基本的组成要素。笔者认为，服务育人由主体要素、条件要素和文化要素组成。这三个要素相互依存、相互作用，缺一不可，其中主体要素是关键，条件要素是基础，文化要素是核心。

### （一）主体要素的含义

主体要素是一个系统中起主导作用的要素，是首要的条件，它甚至制约着系统的发展。服务育人的主体要素是指进入高校管理服务活动领域，发动、承担并实现管理服务活动的高校服务工作者，他们是服务活动的决策者、组织者与执行者，是服务育人系统中的关键性要素。

主体要素是服务育人系统中的实践性要素。高校服务工作是丰富的实践过程，具有客观物质性、主观能动性和社会历史性。服务工作者作为实践的主体，运用自己所掌握的知识、技能，借助一定的载体如各种管理制度和各种设

① 王胜本，李鹤飞，刘旭东．试论服务育人的新时代内涵［J］．中国高等教育，2020（11）：47－49.

施工具，对校园环境等进行改造，使之朝着有利于学校师生的方向发展；同时在管理与服务的实践过程中，实践主体又在不断地学习和提升自己各方面的素质，以更好地进行管理服务实践活动，最终达到管理育人、服务育人的目的。实践客体的身体状态和育人意识是服务育人实践的检验标准，教育的全面性要求和不断提升的客体需求，推动着实践主体的自我完善。实践是连通主体和客体的桥梁，也是实现学校服务育人目标的主要手段。先进的技术和设施并不是实践手段的必要条件，掌握技能的实践主体才是关键之所在。

### （二）主体要素的特征

#### 1. 健全的身心素质

首先要有强健的体魄。服务工作者往往承担较多的体力劳动，只有保持健康的身体，才有足够的精力应对日常生活和工作的压力。其次要有健康的心理。服务工作者要保持积极的心态，对日常工作中遇到的压力、委屈等心理问题，能采取有效的预防、调整及治疗措施。服务工作很烦琐，时常会受到误解甚至责骂，因此，服务工作者要善于进行自我调节。

#### 2. 较强的能力素质

服务工作者要具有基本的岗位技术能力，并保持不断学习的习惯，具备解决问题的能力。在工作中碰到困难，能及时抓住主要矛盾并妥善解决，以保证工作顺利进行。要有沟通协调能力，能有效地运用各种沟通方式，营造宽松和谐的工作氛围，通过沟通、协调把服务过程效能化。

#### 3. 良好的品德素质

“育人须先育己”“打铁还得自身硬”，服务工作者要主动地承担起服务育人的历史责任，首先要提高自身的政治思想素质、职业道德素质和服务技能素质。人的各种素质中，政治思想素质是灵魂，也是做好服务育人工作的基础和前提。服务者也是教育者，其政治责任感、世界观、人生观、价值观等对学生都会产生潜移默化的影响。服务人员与学生的接触十分频繁，其工作作风、工作态度会对学生产生直接影响。服务人员在工作中所表现出来的强烈的事业心和责任感、饱满的工作热情、无私的奉献精神，必然会对学生的心灵产生良好的正面影响，起到示范和引导作用。服务人员良好的工作态度可缩短与学生之间的心理距离，打动和感染学生，赢得学生的理解、信任、支持与配合，使学生对服务人员产生亲切感和信任感。

## 第二节　新时代高校服务育人的理论基础

### 一、人的全面发展理论

#### （一）人的全面发展理论的形成

在人类历史的漫漫长河中，研究人的全面发展的思想家不胜枚举。从苏格拉底将人作为哲学研究的主体，到柏拉图提出“人达到的全面发展应是达到美、智、仁、勇”，再到康德强调人的自由发展、黑格尔提出“社会和国家的目的在于使一切人类的潜能，以及一切个人的能力在一切方面和一切方向上都可以得到发展和表现”，这些都为人的全面发展描绘了美好愿景。从欧文首次明确提出“希望人们能得到德、智、体、行等方面的教育”，到圣西门将自己终身劳动的目的定为“为一切社会成员创造最广泛的可能来发展他们的全部才能”，都为人的全面发展理论提供了理论铺垫。

马克思提出“人的全面发展理论”也不是一蹴而就的：人的自由全面发展这一问题最先出现在他的博士论文中；1844 年，他在《神圣家族》一书中提出了“人的全面发展问题”，并对“人的全面发展与教育和外部环境的关系”做了论述①；他的《1844 年经济学哲学手稿》论述了人的全面发展与劳动的关系，通过对异化劳动的分析来实现对人的全面发展的论证，这标志着马克思人的全面发展思想的初步形成。《关于费尔巴哈的提纲》中指出了实践在人的社会生活领域中的地位和作用，从人的本质教育分析人的全面发展问题；《德意志意识形态》《共产党宣言》则从社会分工、唯物史观的角度来剖析人的全面发展，在《共产党宣言》中更是写道“代替那存在着阶级和阶级对立的资产阶级旧社会的，将是这样一个联合体，在那里，每个人的自由发展是一切人自由发展的条件”，从中分析得出共产主义代替资本主义的历史必然性，也从发展生产力、发展教育等多方面阐述了人的全面发展的途径和条件，进一步完善了

① 中共中央马克思恩格斯列宁斯大林著作编译局. 马克思恩格斯文集：第 1 卷［M］. 北京：人民出版社，2009：320.

人的全面发展思想。而标志着马克思“人的全面发展”这一科学理论最终确立的则是《政治经济学批判大纲》和《资本论》的出版，马克思、恩格斯从人与社会的关系出发，指出人的全面发展历程是一个自然的历史过程，得出“人的本质是一切社会关系的总和”这一伟大的结论，在此基础上，全面揭示了人的全面发展的科学内涵和历史必然性，论证了人的全面发展的途径和条件，确立了人的全面发展学说的科学体系。

### （二）人的全面发展理论的基本内涵

人的全面发展理论是马克思主义的核心理论，也是“人”的研究与“发展”的研究中的重大问题，包含着丰富和深刻的内涵。

#### 1. 人的需要的全面满足

人的需要的全面满足是衡量人的全面发展的重要标志。马克思认为：“任何人如果不同时为了自己的某种需要和为了需要的器官而做事，他就什么也不能做。”① 从中可见，马克思认为需要是人的本能之一，决定了人的行为，人类社会的历史进程就是人的需要不断得到满足的历史进程。

第一，人的需要具有多样性。马克思、恩格斯把人的需要大体上分为三种，即生存需要、享受需要和发展需要，它们构成了一个全方位、多层次的动态发展系统②。人的每一次需要的满足，又会引发新的需要、新的实践，而新的需要的满足和新的实践的实现，又将引发更新的需要、更新的实践，如此循环往复以至无穷。

第二，人的需要具有层次性。恩格斯指出：“在人人都必须劳动的条件下，人人也都将同等地、愈益丰富地得到生活资料、享受资料、发展和表现一切体力和智力所需的资料。”③ 可见，恩格斯认为，人的发展的过程就是按照层次递进依次满足自身生活需要、享受需要和发展需要的过程。

第三，人的需要具有发展性。科技的进步和社会生产力的发展，促使人们对物质和精神文化的需要不断提升，期盼有更好的教育、更稳定的工作、更满

---

① 中共中央马克思恩格斯列宁斯大林著作编译局．马克思恩格斯全集：第 3 卷［M］．北京：人民出版社，1972：330.

② 顾相伟．马克思人的全面发展思想及其当代发展研究［M］．上海：复旦大学出版社，2016：30.

③ 中共中央马克思恩格斯列宁斯大林著作编译局．马克思恩格斯选集：第 1 卷［M］．北京：人民出版社，1995：330.

意的收入、更可靠的社会保障、更高水平的医疗卫生服务、更舒适的居住条件、更优美的环境、更丰富的精神文化生活。到了共产主义社会，人的物质需要和精神需要得到全方位的满足，从而使人提升到一个更加自由的生活境界，也实现了人的需要不断满足和人的全面自由发展两者的完美结合。

2. 人的社会关系的全面丰富

人的社会关系的全面丰富是实现人的全面发展的根本前提。人具有社会性，人的生存和发展离不开具体的社会关系，并且随着社会关系的变化而变化。人如何发展、怎样发展和发展的程度，根本上是由生产力和社会发展水平决定的，但同时也是由生产关系中占据主导地位的社会关系直接决定的。马克思认为："社会关系实际上决定着一个人能够发展到什么程度。"① 可见，一个人的全面发展程度和社会关系的丰富性是紧密相连的。只有具备丰富的社会关系，人才能够积极参与到经济、政治、文化、法律、民族、伦理、宗教、地缘和家庭等各种社会关系中，才能够获得信息、更新观念、增长知识、提升素质；也只有在丰富的社会关系中，人才能够由片面转向全面，逐渐摆脱已有的局限，认识不足，纠正差距，真正实现全面发展。

3. 人的能力的全面提高

人的能力的全面提高是实现人的全面发展的重要内容。只有实现了人的能力和素质的全面发展，才能为社会创造更多的物质财富和精神财富，进而更有力地推动社会的进步与发展，并在此过程中实现人的全面发展。人的能力和素质是多方面的，马克思"人的能力和素质的全面发展"主要是指"人的才能的全面发展，包括人的体力、智力、自然力和社会力等最大限度的发挥"②。人的能力的全面发展首先是个人体力和智力的综合发展。马克思指出："我们把劳动或劳动能力，理解为一个人的身体，即活的人体中存在的、每当他生产某种使用价值时就会运用的体力和智力的总和。"③ 体力是指人所具有的自然力，是

---

① 中共中央马克思恩格斯列宁斯大林著作编译局. 马克思恩格斯选集：第 1 卷［M］. 北京：人民出版社，1995：244.

② 中共中央马克思恩格斯列宁斯大林著作编译局. 马克思恩格斯全集：第 3 卷［M］. 北京：人民出版社，1972：330.

③ 中共中央马克思恩格斯列宁斯大林著作编译局. 马克思恩格斯全集：第 23 卷［M］. 北京：人民出版社，1995：190.

人体活动时所能付出的力量；智力是指精神方面的生产力，是人们认识客观事物并运用知识解决实际问题的能力。人的能力的全面发展，不仅是人的自然力的进化，更主要的是人的社会力的充分发展。自然力是“作为天赋和才能、作为欲望存在于人身上”① 的那种力量；社会力是人在社会关系中通过学习、实践和锻炼形成的能力，其中生产力是社会力的重要组成部分，同时社会力还包括政治力量、思想力量、知识力量、道德力量、理想和信念力量，等等。②

4. 人的个性的全面发展

人的个性的全面发展是实现人的全面发展的最高要求。马克思的“人的个性”是指“人们在逐渐的社会生活和实践中所产生的一种区别于他人的独特的心理与行为特征，是个人的私有财产。”③ 可见，人的个性是个体区别于他人的本质体现，人的个性的全面发展是人的全面发展的最高体现。人的个性的全面发展包括主体性的全面提高和独特性的全面发展两方面。主体性的全面提高是指人在与客体相互作用的过程中所表现出来的能动性、创造性和自主性的全面提高。能动性是指人们能动地认识客观世界并改造客观世界的特性；创造性是能动性的最高体现，是指人们具有的对现实超越和突破的特性；自主性是指人能够“使这种力的活动受他自己控制”④，也就是说，人们能够对社会实践和自我本身进行控制，它是人的主体性全面提升的最高表现。正如马克思所说，人的全面发展、人的自由个性只有到“外部世界对个人才能的实际发展所起的推动作用为个人本身所驾驭”⑤ 的时候才能实现。人的独特性的全面发展是人的全面发展水平的重要体现。没有差异就没有个性，每个个体因为存在不同的需要，产生不同的动机，获得不同的发展，从而形成个体的独特性。马克思曾经在批判“粗陋的共产主义”时指出，“这种共产主义，由于到处否定人的个性，只不过是私有财产的彻底表现”。马克思所追求的共产主义社会的新人是

---

① 中共中央马克思恩格斯列宁斯大林著作编译局. 马克思恩格斯全集：第42卷［M］. 北京：人民出版社，1980：167.

② 袁贵仁. 论马克思人的全面发展观［J］. 高等师范教育研究，1992（3）：4－9，16.

③ 骆静. 论马克思哲学中的人的个性［D］. 南京：河海大学，2007.

④ 中共中央马克思恩格斯列宁斯大林著作编译局. 马克思恩格斯全集：第23卷［M］. 北京：人民出版社，1995：202.

⑤ 中共中央马克思恩格斯列宁斯大林著作编译局. 马克思恩格斯全集：第3卷［M］. 北京：人民出版社，1972：330.

有着独特形象、独特人格、独特能力的人，是唯一的人，是真正实现了全面发展的人。

（三）人的全面发展理论对高校服务育人工作的启示

马克思关于人的全面发展理论是社会主义的价值目标，也是服务育人工作的价值目标，是党和国家确定教育方针和教育目标的重要理论依据。服务育人的功能与内涵在这一理论的引领下不断向前发展。

第一，目标引领。高校的服务育人，最终就是要在一系列服务工作中，落实立德树人的根本任务，助力实现人才培养的目标，人的自由而全面的发展就是高等教育的意义所在。大学生正处于价值观形成的关键时期，更需要在科学理论的引领下，提升自己的政治素养和综合能力。

第二，内容引领。人的全面发展理论强调，人的发展不仅包括物质需要的满足，更包括精神需要的满足和人文素质的提高。服务育人正是要在日常生活与管理中，于潜移默化间提高学生的综合素质。党的教育方针和思想政治工作规律、人才的成长规律也表明，高校服务育人工作必须与学生的发展相结合，理应遵循学生的发展规律与特点，进行科学合理、有序有效的育人实践。另外，还要根据人的发展特点，引导学生学会自我教育和自我管理，保障学生自我发展与教育引导学生相互促进，真正将社会发展所要求的知识能力、价值观念、政治观点、道德规范内化为自身素质要求，外化为自觉行动，最终实现人的全面而自由的发展。

## 二、 人本主义理论

（一）人本主义理论的育人内涵

人本主义于20世纪50—60年代在美国兴起，70—80年代迅速发展，它既反对行为主义把人等同于动物，只研究人的行为，不理解人的内在本性，又批评弗洛伊德只研究神经症和精神病患者，不考察正常人的心理，因而被称为心理学的第三种运动。

该学派的主要代表人物是马斯洛（1908—1970）和罗杰斯（1902—1987）。马斯洛对人类的基本需要进行了研究和分类，将之与动物的本能加以区别，提出人的需要是分层次发展的。他按照追求目标和满足对象的不同把人的各种需要从低到高安排在一个层次序列的系统中，其中最低级的需要是生理的需要。

罗杰斯在心理治疗实践和心理学理论研究中发展出人格的“自我理论”，并倡导“患者中心疗法”的心理治疗方法。他认为，人类有一种天生的“自我实现”动机，即个体发展、扩充和成熟的趋力，它是个体最大限度地实现自身各种潜能的趋向。

人本主义强调心理学应该研究人的本性、潜能、尊严和价值，强调社会文化应该促进人的潜能的发挥及普遍的自我实现。具体来说，人本主义中的“人”是指具有自然属性、社会属性和意识属性的统一的人，是集现实的人、社会的人、实践的人、自由而全面发展的人为一体的人。对于人本主义中的“本”，我们可以将其理解为基础、根源与归宿。那么“人本”之意，就是把人作为主体来看待，这可以从两方面来理解：第一，在人本主义中，人是一切活动的主体与前提；第二，人是目的而不是手段，在教育领域中，人本主义旗帜鲜明地倡导潜能论、全人教育和情感教育等。

马斯洛的潜能论是把自我实现作为教育的终极目标，认为一个人自我价值的实现包括两方面，既代表着人类共同追求的层面，如对创新、探索、与人为善、团结协作等方面的积极因素的实现，又代表着不同人有不同追求的层面，如对知识储备、社会地位等方面的个人潜能的实现。康布斯认为，个体的行为基本上是由他对自己和周围世界的知觉而定的，他强调要想改变一个人的行为，不能只从行为表现上加以矫正，而必须设法改变他的知觉或信念。[①] 他提出，教育的目的绝不仅限于教学生知识或谋生技能，更重要的是针对学生情感的需求，均衡其认知和情感的发展。罗杰斯则认为，要在不断变化的教育情境中，把学生教育成能充分发挥作用的人，他提出的“以学生为中心”的教育思想对教育产生了深远的影响。

### （二）马斯洛人本主义理论的合理内核

马斯洛认为人类行为的心理驱力不是性本能，而是人的需要，他将其分为两大类、七个层次，好像一座金字塔，层次由下而上依次是生理需要、安全需要、归属与爱的需要、尊重的需要、认识需要、审美需要、自我实现需要。人在满足高一层次的需要之前，至少必须先部分满足低一层次的需要。第一类需要属于缺失需要，可产生匮乏性动机，为人与动物所共有，一旦得到满足，紧

---

① 陈琦，刘儒德．教育心理学［M］．北京：高等教育出版社，2011：181.

张消除，兴奋降低，便失去动机。第二类需要属于生长需要，可产生成长性动机，为人类所特有，是一种超越了生存满足之后，发自内心的渴求发展和实现自身潜能的需要，只有满足了这种需要，个体才能进入心理的自由状态，体现人的本质和价值，产生深刻的幸福感，马斯洛称之为“顶峰体验”。马斯洛认为，人类共有真、善、美、正义、欢乐等内在本性，具有共同的价值观和道德标准，若想达到人的自我实现，关键在于改善人的“自知”或自我意识，使人认识到自我的内在潜能或价值。

1. “人本质”思想指出了人的能力和个性的全面发展

马斯洛在《动机与人格》中曾谈到他对“人本质”的理解，他认为：“当我谈到人的需要时，其实我们在谈人性的本质。”以马斯洛为代表的人本主义理论整合了关于科学的大量事实，渴望通过考察人的需求状况，来探索人性论、价值论及人性论和价值论结合而成的科学观对个人和社会有什么新的美好可能。马斯洛期望通过人本主义理论来处理当代社会存在的一些突出的问题，他认为，当代的科学需要与现实中人的伦理和道德进行碰撞性的交流，才能摆脱传统思想的禁锢，达到质的飞跃。他极力推荐要像自然科学呈现事实证据那样，实证且严谨地对待人文价值。他要求价值研究不能只研究表象，还要深剖人性内部并立足于现实中的人成长的土壤环境。马斯洛人本主义理论的“似本能”与马克思人的全面发展理论的“生产与劳动相结合”的理论旨归与现实途径具有极大的相似性。①

2. “社会发展规律”强调社会关系的全面发展

马斯洛人本主义理论的超然性打破了传统科学的堡垒，给个人的价值、个性、美、超越的欲求以施展的空间，并拓展了科学研究的范围，将科学与价值有机地结合起来。马克思的人的全面发展理论将人在社会中付出努力所得到的回报当作实现自身自由的最可靠的方法。马斯洛曾说过：“需要满足状态是支配人们活动的重要的内在因素（支配人们活动的因素还包括外在的社会环境因素），而不同类型的需要在支配人们的行为方面具有层次之分。历史唯物主义的这一重要原理显然与心理学的需求层次理论是密切相关的。”这意味着马斯

① ［美］亚伯拉罕·马斯洛．动机与人格［M］．2版．许金声，译．北京：人民出版社，2007：26.

洛的人本主义理论是从微观心理学的层面把握社会发展规律和人的全面发展关系的，而马克思人的全面发展理论则是从历史微观的角度出发，显得更为全面和深刻。

3. “需要”理论提出了人的需要的全面发展

关于“需要”理论，马斯洛的人本主义理论提出个人的主观努力是不全面的，社会体制的现状及集体发展目标、客观社会发展规律不容忽视。他认为人只要保持住自己的独立性，就可以逐步挖掘出自身的潜能。马克思在他的博士论文中，也利用大量论据反复论证个人需求对于文明发展的重要性。马斯洛人本主义理论的逻辑重点是个人发展是社会发展的前提条件，而马克思人的全面发展理论则认为社会的全面发展是个人多种需要得到满足的客观条件。

（三）人本主义理论对高校服务育人工作的启示

马斯洛所建构的理想人格特点与奥尔波特的健康人格、弗洛姆的生产性人格、罗杰斯的功能充分发挥作用的个人等人格心理学的结论颇为相似。由此可知，马斯洛人本主义理论不仅在实际生活领域，而且在理论层面也得到了全面的重视和继承。何以见得马斯洛的人本主义理论有如此大的影响力？在马斯洛看来，人具有两种本能，分别是本能与似本能。似本能不是天生就有的，而是一个人经过后天长期艰苦的学习获得的。① 这对高校思想政治教育和服务育人工作有重要启示。

高校思政教育的对象是学生，是具体的、鲜活的、现实的人，根据大学生的年龄发展特征，其已具有独立判断的自主意识，因此，高校思想政治教育者应认识到学生的主体地位，尊重大学生的思想，以学生为本，准确把握学生特点，以引领、引导为原则，使大学生把道德规范、社会责任等内化为自觉自主的意识。

具体到服务育人领域，服务育人的各项事务都应贴近学生的学习与生活，更应回归人的本质。第一，人本主义理论强调自我价值的实现，这与服务育人工作的理念相一致。教育者要善于发现学生的价值，于各项育人工作中增进学生对价值的自我觉察和认同，并鼓励学生分析自己的行为和信念的关系，纠正

① 张檀琴．马斯洛需要理论的片面性及其出路［J］．山西高等学校社会科学学报，2010，22（5）：18－21．

并提升价值观，从而增强育人效果。第二，人本主义所倡导的情感教育与服务育人所体现的理念相契合。高校在服务育人工作中，不仅要考虑学生学习生活的基本需求，还要关注他们在情绪、情操、态度、道德及价值判断方面的情感需求。第三，“以学生为中心”的思想促使教育者将学生视为教育的主体，并与学生培养良好的人际关系，更好地促进学生的成长。总之，在服务育人工作中，高校要适应时代的发展，坚持“以人为本”的理念，尊重学生的主体性，重视其内在导向，只有满足学生成长发展的需求，才能真正激发学生的能动性和积极性，自觉探索新领域、新知识，才能发挥主体成长的最大潜能，从而实现理想并自我超越，彰显高校服务工作的育人功能。

## 三、 隐性课程理论

### （一）“隐性课程”的概念界定

美国教育学者Jackson（1968）① 在其撰写的《教室生活》一书中，第一次把“隐性课程”作为独立的学术名词。此后，世界学者开始从多个角度来界定“隐性课程”的概念。Jane R. Martin（1976）② 认为，“隐性课程”应该包括校内和校外两方面，且处处与习得相关，只有被习得的那部分教育环境产生的结果才是“隐性课程”。Margaret LeCompte（1978）③ 则将“隐性课程”限制在学校内部，他认为学校产生的一种与社会工作相关的价值观和思维模式。国内学者陈伯璋（1987）④ 也将“隐性课程”置于学校环境内部，将其定义为无论是以物质形态还是文化形态传递的知识、价值或态度等皆为隐性内容。靳玉乐（1996）⑤ 在《潜在课程论》中给出了较为完整的定义：“隐性课程是学校通过教育环境（包括物质的、文化的和社会关系结构）有意或无意地传递给学生的非公开性的教育经验（包括学术的与非学术的）。”陈满、帅斌（2003）⑥ 认

① Jackson P W. Life in classrooms［M］. New York：Holt，Rinehart and Winston，1968：12－37.

② Jane R M. What should we do with a hidden curriculum when we find one?［J］. Curriculum Inquiry，1976（6）：135－153.

③ Margaret LeComle. Learning to work：the ghidden curriculum of the classroom［J］. Anthropology & Education Quarterly，1978（9）：22－37.

④ 陈伯璋. 潜在课程研究［M］. 台北：五南图书出版有限公司，1987：307.

⑤ 靳玉乐. 潜在课程论［M］. 南昌：江西教育出版社，1996：33.

⑥ 陈满，帅斌. 隐性课程对学生产生影响的作用机理探微——隐性课程建设相关理论系列研究之一［J］. 科技进步与对策，2003，20（9）：44－46.

为，“隐性课程”是一种涵盖学校文化的环境信息，它能通过各个层面让学生接受这些信息，在“文化心理”方面产生无意识的影响。季诚钧在其所著的《大学课程概论》中将“隐性课程”界定为“一种课程形式”，和正规课程或显性课程相对应，凡正规课程明确的内容，都不属于隐性课程的范畴。隐性课程往往对价值、态度、信仰、情感、服从、社会交际技能等非学术性内容比较具有影响力。季诚钧将隐性课程概括为“它是学生在课堂内外无意间习得的经验。”由此可知，隐性课程主要限定在学校范围之内的生活世界，如学校文化、学校或班级结构、社会关系等，且它对学生所施加的影响是无意识的。

对高校而言，隐性课程主要包含学校办学理念、校园建设、校园人文景观、校园文化、人际关系、领导层思想、品德、作风、操守，以及学校各职能部门的服务水平与服务态度等。如果上述各隐性因素是正面的、积极的，那么将引导学生形成正确的人生观、世界观、价值观；如果上述各隐性因素是负面的、消极的，那么将诱导学生形成自私自利、损人利己、毫无奉献精神和责任感的失败人格，这是教育的失败。也就是说，高校显性课程直接传授学生做事的知识与技能，而隐性课程则培养学生做人的基本道德、品格与素质等。就这点而言，政治理论教育无法使取代隐性课程，甚至可以说，前者远不如后者效果突出、影响深远，隐性课程教育往往惠及人的一生。

### （二）隐性课程的作用

#### 1. 价值导向的作用

所谓价值导向就是学生对善与恶、是与非、美与丑的理解和掌握，并由此形成的价值观及对事物的判断能力。① 学生长期生活在学校环境中，从精心设计的校园物质环境到学校历史文化传统，从集体的学校规范到校园风气，从教师的师德到日常的行为，从高校校园的规划到每一间教室的装饰、设计等，皆隐含着高校隐性课程，这些隐性课程的载体，每时每刻都在向学生渗透隐性德育，起到价值导向的作用。

通过在高校的校园中设立名人和学者石像，在教室及楼道中张贴名言警句，在校园中宣传校风校训，在学生日常学习生活范围内设置橱窗宣传学生守则、校园管理规定等方式，使学生在潜移默化中了解高校精神的精髓、高校倡

---

① 王立群．我国高校隐性德育研究［D］．武汉：中南民族大学，2010.

导和追求的价值目标。校园里丰富多彩的文化活动、特有的文化氛围、教师的言行仪表等都会潜移默化地对学生起价值导向作用。

2. 提升学生综合素质的作用

以往高校的品德教育，是以既定的统一标准面向全体学生实施的，因缺乏针对性，教育成效一般。新时代下，高校教育应“以人为本”，即尊重学生的个性，承认学生的差异，关注学生的全面发展。隐性课程教育是实现“以人为本”品德教育的重要途径。学生的综合素质不仅包括专业知识和技能，还包括品德状况这一重要方面。通过课程、活动等各种隐性课程载体，隐性课程以其活动空间和时间的自由性、组织形式的多样性、思想内涵的丰富性为大学生提供了发展的平台，学生们可以利用各种资源、抓住各种机会不断挖掘潜能，锻炼自己，发展自己，完善品格，提高自身的综合素质。

3. 完善高校品德培养机制的作用

隐性课程将德育目标隐藏在课程、活动等多样的载体之中，与内容相对枯燥、学生不易接受、教育效果欠佳的显性课程相比具有一定的优势。不可否认的是，隐性课程本身也存在一定的局限性。因此，要培养学生良好的品德并提高高校德育的实效性，就要将隐性德育与显性德育结合起来，利用各自的优势和特点，克服单一运用的不足，使隐性课程与显性课程互相配合，共同作用形成合力，完善高校品德培养机制。

（三）服务育人中的隐性课程元素

长期以来，人们把高校行政、后勤、教辅等工作视为纯粹的服务与管理，认为只要做好师生、员工的学习生活保障工作，使大家基本满意，就大功告成了。殊不知高校服务工作摊子大、头绪多、环节复杂、工作烦琐，每一项工作都直接与师生员工的生活密切相关，如水电供应一刻不能断，伙食供应一顿不能少。当宿舍漏水、卫生间堵塞、电线出现故障等时，修理工能否在第一时间到位，能否在最短的时间内解决好，这些看似是小事，但若出现问题就会给师生、员工带来诸多不便，成为影响教学、生活秩序的大事。

随着社会的进步和“三全育人”综合改革的深入推进，越来越多的高校对服务育人提出了新的要求，传统的服务工作已经不能满足师生的需求和学校发展的要求。季诚钧提出“大学隐性课程是由一系列要素组成的，这些要素可分为三个方面：在物质层面上，包括学校建筑及设备，也包括各种建筑的内涵、造型、地像、风格、色调和品位，还包括各种设备的技术、性能、功能、效率等；在行政层面上，包括学生间的交往、教师间的交往、服务人员与师生的交往、教师与家长的交往、社区与学校的交往等；在制度层面上，包括学校的管理体制、学校的组织机构、班级管理方式、社团运行方式等，还包括办学理念、校风、教风、学风、学校文化氛围等方面”。因此，高校德育工作不仅是教学科研单位的任务，也是党群部门、行政单位、直属单位等服务部门的重要工作。大学隐性课程是服务育人工作中不可或缺的重要组成部分。

高校服务育人工作者的态度正面临关键转变和提升，这种转变体现在高校服务育人工作者要把自己的工作过程看作在没有黑板和固定教室实施的教育过程，把自己看作不上讲台的教师，通过自己的工作教育学生如何明德立志。因此，高校服务育人工作者要形成隐性育人的“课程观”，要树立作为高校隐性课程建设者的使命感和责任感，以新的要求不断提升自我。

## 第三节　新时代高校服务育人的功能与特点

### 一、新时代高校服务育人的功能

#### （一）服务过程的引导功能

在服务行业中，顾客经常参与服务传递过程，“过程就是产品，产品就是服务”。在高校，服务保障职能部门提供服务的过程就是师生参与服务传递的过程，也是师生使用或消费产品的过程。服务工作者的工作态度、工作作风、劳动技能、语言表达、外表形象，无一不影响、感染着服务对象。所有这些都通过“显性”和“隐性”两个层次来实现育人的功能。

显性层次是指服务工作者外在的服务行为、服务形象、服务环境、服务规范等，如服务工作者上岗时，能做到操作规范准确，着装统一整洁，举止文明、热情、礼貌、和气，语言表达通俗、准确、简练，在面对服务对象时，能缩短与服务对象的心理距离，赢得他们的认同、信任、尊重、理解、谅解、支持与帮助，形成温馨的校园氛围，建立良好的人际关系，同时能引导学生注意语言美、行为美、仪表美等，有利于学生养成各种文明、良好的学习生活习惯。隐性层次是指服务工作者的所有活动都在潜移默化中对学生产生积极的、有益的影响，使之树立正确的世界观、人生观、价值观，以及良好的社会心态和精神风貌。如服务工作者在服务过程中表现出尽职尽责、热情周到、关怀体贴，想他人所想、急他人所急的工作态度，就能够激发学生关心他人、团结友爱、助人为乐、热爱集体、尊师爱校、乐于奉献的道德情感。

（二）服务环境的感染功能

教育学原理认为，遗传、环境和教育是影响人类发展的三大因素。遗传只是提供人身心发展的可能性，而环境和教育才使这种可能发展为现实并规定着其发展的方向和内容。因此，环境对人发展的作用不可忽视。马克思在关于人的活动与环境相一致的哲学原理中强调，在人的成长过程中，其心灵、品德、意志的形成，语言行为及习惯的养成，都受环境的感染和熏陶。前文已指出，高校服务环境主要包括服务硬件环境、服务市场环境、服务文化环境等。高雅的环境能陶冶情操，帮助学生树立崇高的理想、正确的审美观念和健康的审美情趣，使学生能够按美的规律来美化自身和改造客观世界。健康充实的校园文化环境，还能使学生在思想品德、行为规范等方面受到潜在影响，使其形成正确的世界观、人生观、价值观和相对稳定的、特有的校园心理因素。

（三）服务条件的保障功能

条件是制约和影响事物存在、发展的外部因素，条件的好坏对各项服务和保障起基础性作用。完善的服务设施既是做好服务工作的基础，又对学生的精神文明起积极的促进作用。学生在校首先要吃、喝、住、行，然后才能从事学习、科研等活动。现阶段，我国高校基础服务社会化的程度相对于世界发达国家还比较低，学生的学习、生活都要依靠学校提供保障，如果就餐条件差、宿舍拥挤、环境脏乱、水电不能正常供应，学生没地方自习、没有场所进行娱乐活动，想要培养高质量的人才是很难的。大学生在校期间大部分时间是在宿舍、图书馆、教室、食堂、文体活动室等公共场所度过的，与服务工作者接触的时间最长。高校服务工作的全过程，必须围绕服务育人这一中心，在人力、物力、财力等方面加大投入力度，努力创造条件，不断改善学生的学习、生活环境，寓教育于优美和舒适的环境中。

（四）服务成效的放大功能

服务成效是指服务管理、服务活动取得的成绩和效果。服务成效的放大作用是指在社会快速发展、信息交换便捷、人与人的联系更加紧密的今天，服务工作所产生的影响会在瞬间传播开来，其产生的影响远比结果本身更加深远。

服务工作永无止境，在高等教育大众化的背景下，随着高校基础服务社会化改革进程不断推进，高校服务部门不断研究师生需求并努力满足其需求，与此同时，师生新的需求仍不断涌现，服务的提供和需求的增加成为矛盾的统一体，这就要求服务工作者在看到成绩的同时清醒地认识到存在的不足。每一位服务工作者在服务过程中的亲切微笑、文明行为、爱岗敬业精神都会给学生留下良好的印象，而这一切将潜移默化地影响、感染、引导体验服务过程的学生，再通过这些学生影响到周围的同学。所以，在服务工作中，要时刻注意服务成效的放大作用，力争做到以小见大、于细微处见真情。

## 二、 新时代高校服务育人的特点

### （一）育人途径的潜在性

育人途径的“潜在性”也可理解为“隐性”，即与“显性”相对。顾名思义，显性的育人方式比较直接，目标明确，显而易见，这种方式开门见山，能够很快地为学生所理解。与之相比，隐性的育人方式则显得更委婉，不易被学生察觉，要发挥隐性育人方式的作用，常常需要借助一些外界力量，如以人或物为代表的显性的客观存在。“隐性要素”的种类各样、数量繁多，如各种规范制度、学习和生活环境、校园文化氛围等，它们对大学生行为习惯养成、生活经验积累、思想道德观念形成的影响时刻存在，只是在绝大多数情况下“隐性育人”的效果不及“显性育人”那样容易被人察觉。①

可以说，隐性育人在一定程度上是一种无讲台教育，它更加注重以情感人、以情动人、以情育人，让受教育者在一种无意识的状态下，受到活动的熏陶、情境的陶冶、环境的浸润。这种无形的教育能够达到入心的教育功效，使受教育者在“润物无声”的教育情境中自主接受教育。心理学研究表明，灌输的教育方式或过于明显的诱导性的教育方式，会让受教育者感觉自己的选择自由受到限制，进而激起他们对这种信息的抵抗，产生一种“自身免疫效应”。隐性育人却能很巧妙地拮抗这种“自身免疫效应”。隐性育人通过开展丰富多

① 赵龙. 当前我国高校后勤服务工作的育人功能及其实现途径研究［D］. 石家庄：河北师范大学，2016.

彩的活动，挖掘活动中蕴含的德育资源，通过交往和对话来培养受教育者，使其具备良好的思想道德修养。它能够在不知不觉中把信息传递给受教育者，从而实现人的思想的转化。隐性育人的一个显著特点就是非强制性，它更注重促进受教育者发挥他们的主观能动性，使受教育者以一种自发的状态在不知不觉中接受教育。

当学生在翠绿的树叶与艳丽的花儿交相辉映、不时有阵阵幽香扑鼻而来的湖边小路上小憩的时候；当学生清晨在食堂享受营养可口的早餐的时候；当学生在窗明几净、宽敞明亮的教室里汲取知识的时候；当学生很晚回到宿舍，仍有宿管阿姨等着开门的时候……他们会体会到服务工作者在背后的默默付出，尽管从不曾宣扬，更不曾邀功，但无声的优质服务会让学生体会到人文关怀，体会到关爱。

（二）育人工作的广泛性

高校服务育人的广泛性是由两方面决定的：一是学生的学习、生活、文体活动等与后勤服务工作密切相关，学生每天都要接触服务工作者；二是图书馆、体育馆等服务部门的每项服务工作、每个服务人员都会与学生有所接触。

服务育人既蕴含在一切教育活动中，又隐藏在每一寸校园环境里。它突破了时空的限制，影响受教育者学习和生活的全部，在各种正式和非正式场合都有它的身影，就连“学校的墙壁都在说话”。服务育人存在于校园的每个教育环节，伴随着每次人际交往，蕴藏在每个角落，体现于每项制度，无所不在，无时不在。它就像是流动在校园里的一股特别的空气，不动声色，但影响却真实有力。

归根结底，高校的服务育人工作与在校师生的方方面面都有关联，服务工作范围的广泛性，意味着在提供服务的过程中，有更多的机会、更多的领域对学生的思想、行为产生影响。①

（三）育人时间的持久性

高等学校大多数属于寄宿制学校，学生在校期间学习、科研、文体活动、住宿、饮食、洗浴、购物等活动都离不开管理服务的支持，可以说每位学生无时无刻不在接受着管理与服务。高校服务育人是一项常抓不懈的工

① 赵龙. 当前我国高校后勤服务工作的育人功能及其实现途径研究［D］. 石家庄：河北师范大学，2016.

作，要依靠严格的管理规范，将服务与育人功能有机融合，通过营造良好的环境氛围施以影响，从而达到育人效果。俗话说：“十年树木，百年树人。”教育作为一种培养人的社会实践活动，其成果不是一蹴而就的，而是一个潜移默化、春风化雨的过程，需要循循善诱、言传身教，更需经过长期的积淀。心理学巨匠威廉·詹姆士说：“播下一个行动，收获一种习惯；播下一种习惯，收获一种性格；播下一种性格，收获一种命运。”① 服务育人工作贯穿大学生整个大学生涯，不仅关乎学生的学习与生活，而且影响高校教育教学、科学研究的开展。

（四）育人过程的实践性

学术性较强的课堂教学过程，主要以教师课堂口头讲授的形式传授科学文化知识、劳动技能和进行思想道德教育，以实现教学目标。与之相对的是非学术性的教育形式，它主要通过课堂教学过程中的示范和引导，对学生进行道德教育。具体是指教师在传授专业知识时，其工作认真的态度、治学严谨的程度及道德品质，甚至一言一行都会对大学生的心理产生影响，进而起到价值引领作用。正如孔子所说：“其身正，不令而行；其身不正，虽令不从。”在高等教育阶段，大学生虽已具备了部分民事行为能力，但其心智尚未完全成熟，思维模式尚未系统形成，仍具有很强的可塑性。高校教师的言语行为会引起学生的效仿，从正面影响而言，会促使大学生在价值观、生命意义、人格塑造等方面朝着积极的方向发展，这种示范性的作用不一定立竿见影，但久而久之，会发生质的变化，从而产生深远的影响。

服务育人的内容并不具备知识的系统性和学术性，而是贴近生活、符合实际，具有很强的实践性特征。在学习环境、生活环境和校园文化氛围营造的过程中，高校应通过建立健全规章制度，以服务工作者爱岗敬业的精神、热情周到的服务来感化学生，让学生感受到人文关怀，从中受到启发；应采用科学、规范的管理模式，使大学生自觉养成良好的生活习惯。②

（五）育人形式的多样性

服务育人工作内容的多样性，决定了其育人方式的多样性与灵活性。服务

---

① 钱皖英. 播下一个行为 收获一种习惯［J］. 教育观察（中下旬刊），2014，3（2）：8－9.

② 赵龙. 当前我国高校后勤服务工作的育人功能及其实现途径研究［D］. 石家庄：河北师范大学，2016.

育人形式主要有以下三类：

第一类是大学生通过感官能够感受到的形式，如优美宁静的校园、卷美书香的图书馆等，这些会给人以美的享受，促进大学生审美意识与审美观的形成。又如，在教学楼里见到诸如“学习刻苦、认真钻研、尊师重教”等名言警句；在公共水房里看到类似“节约用水，珍惜水资源”等节水标语；下雨天在宿舍门口看到“雨雪天气，当心路滑”等温馨提示，都会在潜移默化中对学生的言谈举止产生影响。

第二类是参与式的实践形式。通过亲身实践，大学生会加深对事物、观念的感知度，从而悟出蕴含的道理。例如，让学生参与到后勤事务性的管理中，协助宿舍管理员进行宿舍卫生检查与评比，协助图书馆管理员完成书库管理等。学生参加服务实践的意义在于，体会管理工作的性质和作用，加深观念上的认识，锻炼能力，培养规范化意识。

第三类是通过言语、行为等无形的精神力量间接感染的形式，如以优质的服务感染学生，以勤恳、务实的工作态度感染学生，以克己奉公、廉洁自律的品质感染学生等。

此外，还有诸如公益讲座等多种形式的育人方式。服务工作者应当勇于思考、敢于创新，创造性地开展育人活动，为大学生的身心健康、正确行为习惯的养成尽微薄之力。①

（六）育人效果的深远性

高校服务育人工作应秉承服务育人、管理育人和环境育人的准则来实施具体行为。教辅、后勤从业人员是育人工作开展过程中的主要力量，担当着重要的角色。员工在衣着、面部表情、工作态度、专业技术水平等方面呈现出的良好的状态与积极的精神风貌等，会在学生的内心留下印迹，有利于促进学生健康情感和良好习惯的形成，从而实现服务工作育人的目的；反之，若服务人员消极怠工、不按时上下班、服务态度差，则会对学生产生消极的影响。这说明，构建一支高素质的管理和服务团队十分重要。②

① 赵龙．当前我国高校后勤服务工作的育人功能及其实现途径研究［D］．石家庄：河北师范大学，2016.

② 赵龙．当前我国高校后勤服务工作的育人功能及其实现途径研究［D］．石家庄：河北师范大学，2016.

服务育人从某种意义上说就是一种情境教育、实践教育和体验教育。杜威认为，学校是学生道德培养的实验室，学校既要健全道德实践的环节，也应建设道德实践的场所。服务育人对发展道德认知中的道德判断和道德思维能力有天然的优势，对道德情感和道德意志的发展作用更大。服务育人使受教育者通过无意识、非特定心理反应接受道德影响，其自然习得的过程更符合情感体验的需要，更易激起受教育者内在情感的运动，产生情感的共鸣。服务育人的陶冶功能使受教育者能在自然轻松的状态下受到熏陶和感染，更能产生持久、深刻的影响，形成坚定的道德意志。

# 第三章　新时代高校服务育人现状分析

## 第一节　新时代高校服务育人的要求

“新时代”是中华民族从站起来、富起来到强起来，面貌发生前所未有变化的伟大时代；是中国特色社会主义道路自信、理论自信、制度自信、文化自信不断增强，并走向成熟的伟大时代；是中国国际影响力、感召力、塑造力不断提高，日益走近世界舞台中央，为解决人类问题贡献中国智慧和中国方案的伟大时代。而教育作为民生之本、强国之基，在新时代背景下应该对其提出新的要求。党的十九大报告指出，建设教育强国是中华民族伟大复兴的基础工程，需要全面贯彻党的教育方针，落实“立德树人”的根本任务，发展素质教育，培养德智体美全面发展的社会主义建设者和接班人。新一轮的高校教育改革已将“立德树人”摆在十分重要的地位，高校作为人才培养的重要单元和实现中华民族伟大复兴的智力高地、人才高地，亟须构建“立德树人”和“三全育人”的思想政治教育大格局，这对当代大学生形成社会主义核心价值观、增强国家的核心竞争力具有十分重要的意义。而“服务育人”是高校思想政治教育的重要组成部分，研究与探讨高校服务育人工作的相关内容，提出提高服务育人质量的有效建议，是对高校德、智、体、美、劳教育的重要补充，有利于培养高校学生形成良好的生活习惯和生活作风，以及树立正确的人生观、价值观，也有利于其形成良好的核心价值体系。因此，服务育人工作越来越受到高校的重视。

### 一、 高校发展面临的新形势

新时代背景下高校发展面临新的形势，国家对于教育事业也愈加重视，因此，必须明确当下高校发展新的定位和新的使命。中国要走好教育强国之路，就必须在国际视野下看我国的教育事业有没有影响力、有没有感召力、有没有塑造力，是不是开始走近世界舞台中央，在世界高等学校建设发展中有没有中国声音、中国元素、中国方案。

（一）时代背景

习近平总书记在十九大报告中指出，经过长期努力，中国特色社会主义已进入新时代，这是我国发展新的历史方位。中国特色社会主义进入新时代，意味着近代以来久经磨难的中华民族迎来了从站起来、富起来到强起来的伟大飞跃，迎来了实现中华民族伟大复兴的光明前景；意味着科学社会主义在 21 世纪的中国焕发出强大的生机活力，在世界上高高举起了中国特色社会主义伟大旗帜；意味着中国特色社会主义道路、理论、制度、文化不断发展，拓展了发展中国家走向现代化的途径，给世界上那些既希望加快发展又希望保持自身独立性的国家和民族提供了全新选择，为解决人类问题贡献了中国智慧和中国方案。这个新时代，是承前启后、继往开来、在新的历史条件下继续夺取中国特色社会主义伟大胜利的时代，是决胜全面建成小康社会，进而全面建设社会主义现代化强国的时代，是全国各族人民团结奋斗、不断创造美好生活、逐步实现全体人民共同富裕的时代，是全体中华儿女齐心协力、奋力实现中华民族伟大复兴中国梦的时代，是我国日益走近世界舞台中央、不断为人类做出更大贡献的时代。

1. 高校面临的新使命

十九大报告中提出了七个战略，即科教兴国战略、人才强国战略、创新驱动发展战略、乡村振兴战略、区域协调发展战略、可持续发展战略、军民融合发展战略，每一个战略都与高校的发展密切相关。十九大报告还提出建设科技强国、质量强国、航天强国、网络强国、交通强国、数字中国、智慧社会等。如果没有高等教育提供人才、科技和服务支撑，这些强国建设都难以完成。也就是说，新时代的国家战略和目标需要高等教育的支持，这些战略发展的基础是中华民族伟大复兴的内容，而复兴需要教育作基础。正如十九大报告所指出的，建设教育强国是中华民族伟大复兴的基础工程。所谓基础工程，第一，它是基础平台；第二，它必须率先实现。由此可见，十九大报告把高等教育的地位提高到了前所未有的新高度①。高校作为高等教育的载体，在新时代也承担着新的历史使命。

首先，目标更高了。十九大报告指出，建设教育强国是中华民族伟大复兴的基础工程。只有优先发展教育，才能面向新时代、赢得新时代、领跑新时代。因此，教育强国要在强国建设中先行实现，高校发展不仅要适应新时代、赢得新时代，最重要的是，还要有领跑新时代的能力。

其次，任务更硬了。十九大报告中与教育有关的内容大概有 327 字，其中一些动词的使用也发生了较大的变化。比如，十九大报告中"把立德树人当作高等教育的根本任务"改为"落实立德树人"，"当作"是号召，"落实"是目标；将"实施素质教育"改为"发展素质教育"，这是因为目前的素质教育已经由实施的问题转变为发展的问题；将"促进教育公平"改为"推进教育公平"；将"推进高等教育内涵式发展"改为"加快一流大学和一流学科建设，实现高等教育内涵式发展"……

最后，需求更迫切了。习近平总书记指出："我们对高等教育的需要比以往任何时候都更加迫切，对科学知识和卓越人才的渴求比以往任何时候都更加强烈。"这意味着，高校今后的使命更加神圣、任务更加艰巨、责任更加重大。只有高校真的把一流本科教学这件事情落实，才能让"更迫切、更强烈"的渴求成真；否则，只能成为空想。

2. 高校面临的新挑战

新时代高校面临的新挑战就是如何建设一流大学。教育部高等教育司司长吴岩在第十届"中国大学教学论坛"上做了这样的报告："关于如何建设一流大学，习近平总书记在 2011 年召开的全国高校思想政治工作会议上强调，只有培养出一流人才的高校，才能够成为世界一流大学。办好我国高校，办出世界一流大学，必须牢牢抓住全面提高人才培养能力这个核心点，并以此来带动高校其他工作。"同年，在教育部第 26 次咨询会上，刘延东同志指出，要落实习近平总书记"扎根中国大地办大学"的指示，提高人才培养能力，要向课堂教学要质量，向社会要教学资源；要建设学校质量文化；要推广三大先进理念；工程教育质量标准要与国际实质等效。陈宝生部长也表示，立德树人要落

① 吴岩. 新时代高等教育面临新形势［N］. 光明日报，2017－12－19（013）.

实在提高本科教学水平上。提高高校教学水平，基础在本科，基础不牢，地动山摇；没有高质量的本科教育，就建不成世界一流大学；高校领导不抓教学，不是失职就是渎职，至少是不称职；抓质量就是抓责任、抓标准、抓激励、抓评估；要建设质量文化，引领质量发展。陈宝生部长还提出“四个回归”，即回归常识、回归本分、回归初心、回归梦想。回归常识，即教育的常识就是学生读书；回归本分，即教师的本分就是教书育人；回归初心，即教育工作者的初心就是培养人才；回归梦想，即教育梦就是报国梦、强国梦。陈宝生部长说：“教学决定生存，学校为教学而建；离开教学，校长就不是校长，教授就不是教授，大学就不是大学；质量决定兴衰。”① 一流大学必须有卓越的教学，近年来，很多世界一流大学都开始瞄准本科教学。我国高校在开展一流大学建设过程中，要做好“四个一流”的统筹：一流大学是目标，一流大学是中国硬实力、软实力、巧实力的象征，国家发展需要一流大学的支撑和引领；一流学科是条件，但是一流学科不等于一流大学，一流学科的总和也不等于一流大学；一流本科是根本，没有一流本科，建设一流大学就是自娱自乐；一流专业是基础，是一流人才培养的基本单元。只有扎实专业，办好一流本科，整合课程、教师、教学、学生与教学方法于一体，才能实现培养一流人才的目标。

### （二）现实背景

#### 1. 高校在建设与发展方面面临的新形势

随着社会发展和教育改革的不断深化，各行业对人才的要求逐渐提高，对优秀人才的需求不断增大。新时代背景下高校在建设与发展方面主要面临以下三大新形势：

第一，在全球化的影响下，高校面临提高国际化发展水平的新形势。当前，在教育国际化的影响下，高素质人才流失、教育商业化发展气息加重等问题逐渐显现。为此，我国高校必须树立全球化的教育思想，努力提高国际化教学水平，创造国际化教学环境，适应教育国际化发展新形式。

第二，在市场经济发展的影响下，我国高等教育的建设与发展面临产业化发展的新形势。一方面，高等院校中民办与独立学院的数量正逐渐增多，规模也逐渐扩大，这两类学院的成立与发展有利于培养专业技能较强、适合当地建

---

① 吴岩. 新时代高等教育面临新形势［N］. 光明日报，2017-12-19（013）.

设发展需求的人才。另一方面，校办企业及大学科技园作为高校产业化发展的重要内容，其数量不断增加。高校创办校园企业与科技园，既能加强创新人才培养，又能实现创收，拓宽高校的资金来源渠道。

第三，当今时代是科技高速发展的创新时代，高校发展面临教育科技化发展的新形式。高校的科技研究作为我国科研的重要组成部分，必须实现创新发展，即高校必须提高科技化的教学水平，培养高素质的科研人才。此外，高校教育必须加大科研力度，提高科技化发展水平。

2. 高校在管理方面面临的新形势

新时代背景下，高校在管理方面面临的新形势主要表现在以下三个方面：

第一，管理体制面临的新形势。新时期，高等教育管理体制建设应符合新形势的要求。首先，高校管理应更加民主化。在建立体制时必须将“以人为本”的管理理念贯彻其中，将全校师生纳入学校监督管理体系，这样就可以建立较为全面、高效的内部监督体系。其次，将师生意见作为校园管理的重要依据。再次，政府教育管理部门应实行简政放权政策，扩大高校的自主管理权力，加大管理体制改革力度。最后，在加强法治建设的新时代，高校管理体制建设的新形势是法治化管理①。

第二，班级管理面临的新形势。首先，班主任在高校中的管理工作亟须创新。作为班级管理的重要成员，班主任应及时转变传统的管理理念与方式。比如，由原本的“上下级”式的管理方式转变为更为平等的以朋友的身份对学生进行引导式的管理，充分扮演“良师益友”的角色。其次，辅导员管理制度的实施在一定程度上减轻了班主任的管理负担。辅导员在班级管理中发挥的作用愈来愈大，他们主要负责学生的日常生活、班级建设、学生的心理引导等工作。照目前的发展形势看，辅导员管理会逐渐发挥出更大的作用。最后，学生的自我管理变得愈发重要。学生进行自我管理不仅可以培养其自律能力及团队协作能力，还有助于提高班级管理的民主化水平。

第三，财务管理面临的新形势。作为高校管理中必不可少的一部分，财务管理直接影响着高校各项活动的运行状况。首先，高校的财务管理人员必须明

① 邱代宇. 论新时代背景下我国高等教育面临的新形势［J］. 中国校外教育（下旬刊），2019（3）：46.

确财务管理工作的实质与重要性，在管理过程中提升服务意识，充分发挥自身在高校管理中的作用。其次，高校必须在健全财务管理制度的同时制定科学、高效的财务管理制度，提高财务管理的效率和水平。此外，应适当地提高财务管理的灵活性，使其更有效地解决学校管理中出现的各类突发情况。最后，由于新时代背景下人们更追求公平与公正，因此高校的财务管理应尽可能公开透明。

## 二、高校服务育人面临的新形势

党的十八大以来，党中央高度重视高校思想政治工作，坚持立德树人。“服务育人”作为高校思想政治教育的一部分，越来越受到高校的重视。目前，国内各高校均面临如何构建服务育人新体系、提高人才培养质量，以适应国内外形势和我国高等教育形势发展需要的重大课题。

### （一）新时代高校服务育人的工作背景

在经济全球化、社会信息化、文化多元化的复杂社会背景下，青年学生的价值取向、生活方式及思维方式等都发生了巨大的变化，高校学生在校园生活中的需求也在不断地发生变化，这使得现代大学教育工作面临巨大的挑战。十九大报告指出：“要全面贯彻党的教育方针，落实立德树人根本任务，发展素质教育，推进教育公平，培养德智体美全面发展的社会主义建设者和接班人。”高校服务育人工作作为高等教育的重要组成部分，作为大学课堂教育的重要延伸和补充，在促进大学生全面发展、促进我国高等教育事业发展等方面发挥越来越积极的作用。现代大学的服务育人保障部门已成为高校全面落实“立德树人”根本任务的重要阵地，而服务育人正是落实“立德树人”根本任务的重要途径。2016 年，中共中央、国务院印发《关于加强和改进新形势下高校思想政治工作的意见》（中发〔2016〕31 号文件），该文件指出：“坚持全员全过程全方位育人，把思想价值引领贯穿教育教学全过程和各环节，形成教书育人、科研育人、实践育人、管理育人、服务育人、文化育人、组织育人长效机制。”2017 年 12 月，中共教育部党组为落实十九大精神，印发了《高校思想政治工作质量提升工程实施纲要》（教党〔2017〕62 号文件），该实施纲要详细规划了课程、科研、实践、文化、网络、心理、管理、服务、资助、组织“十大”育人体系的实施内容、载体、路径和方法，并明确了“服务育人质量提升体系”等“十大”体系的基本任务和主要内容，要求在学校层面梳理各岗位育人元素，融入整体制度设计和具体操作环节，形成可转化、可推广的育人制度和模式。从“三育人”到“七育人”，再到“十育人”，思想政治教育始终是高校育人的题中之意，服务育人也成为思想政治教育的重要组成部分。因此，高校思想政治工作服务育人机制研究是人才培养的必然要求，是新时代大学生教育管理的工作要求，是“三全育人”工作的实际需要①。2018 年 5 月，《教育部办公厅关于开展“三全育人”综合改革试点工作的通知》（教思政厅函〔2018〕15 号）提出高校思想政治工作要形成全员全过程全方位育人格局，切实提高工作亲和力与针对性，着力培养德智体美全面发展的社会主义建设者和接班人，着力培养能担当民族复兴大任的时代新人。2018 年 9 月 10 日，国家主席习近平在全国教育大会上发表重要讲话，再次强调要“坚持中国特色社会主义教育发展道路，培养德智体美劳全面发展的社会主义建设者和接班人”，努力构建德智体美劳全面培养的教育体系，并指出办好教育事业，是家庭、学校、政府、社会共同的责任。可见，随着信息时代的到来，大学校园外部和内部环境的变化越来越快，既往的高校后勤管理体制和服务体系已经不能满足师生、员工日益多样化的需求，现代大学服务育人工作亟待改进和完善。研究与探讨高校服务育人工作的相关内容，提出提高服务育人质量的有效建议，是对高校德、智、体、美、劳教育的重要补充，有利于高校学生形成良好的生活习惯和生活作风，以及树立正确的人生观、价值观，也有利于其形成良好的核心价值体系。

自 20 世纪 90 年代以来，我国高等教育领域掀起了改革浪潮，为更好地保障高校教学科研的需求和回应师生更高的服务诉求，高校服务育人部门逐步进入社会化改革阶段。随着社会化改革进程的不断深入，服务育人相关部门的保障和管理模式改革已经成为高校体制改革的趋势之一。高校服务部门不仅要提供校园环境维护及公寓管理与餐饮等服务，还要负责学校的安全管理、基本建设、水电管理，这就使得高校服务部门在一定程度上依赖于社会化的改革和先进设备的引入，以提供更优质的服务。引入社会企业就会使得更多的利益博弈意识在无形中渗透进服务机制中，也会在一定程度上淡化高校服务育人的观

① 杨宁宁. 高校思想政治工作服务育人机制研究［D］. 西安：陕西师范大学，2019.

念，冲击高校服务部门的育人属性，在客观上形成经济效益和社会效益之间的矛盾。随着高校社会化改革的逐步深入，高校服务育人体制内的工作人员数量不断减少，服务育人的管理体制和理念处在新旧交替的历史时期，这就要求高校继续增强服务育人意识，提高服务育人的能力，使高校的服务属性与育人属性有机结合，确保服务育人功能有效落实。在介入优质社会服务资源的过程中，校企双方要基于不同的角色地位和利益取向，在不同程度上做出利益让渡，逐步摸索并制定出在服务育人工作中各自的职责范围。随着国家宏观政策的调整及现代大学建设的发展，校企合作、产教融合和协同育人成为新时代的要求，包括服务育人在内的高校各领域都在积极探寻并持续推进不同领域的校企合作，形成育人合力，共同提升育人效果。因此，研究与探讨高校服务育人相关内容有利于完善高校的管理体系，深化高校社会化改革，保证高校工作的正常运行和稳定发展。

（二）服务对象的新变化

教育关乎国计民生，高等教育是人才培养的核心领域。我国高校学生培养模式正经历着从精英人才培养向复合型人才培养转型的特殊时期，随着高等教育的快速发展，教育资源不足的问题严重，引入社会企业，使其参与高校服务育人工作成为高等教育发展的重要方向之一。新的时代特征及社会主要矛盾变化对现代大学育人工作提出了新的挑战，赋予服务育人工作新的任务，同时服务育人工作的直接也是最主要的对象——高校学生也对服务育人提出了新的要求。大学生是高校服务育人共同体的三大主体之一，服务育人的目标是将他们培养成为具有“勤俭、坚韧、健康、向善、诚信”的品质，德智体美劳全面发展的高素质人才。育人活动是为了促进高校学生的健康、自由、全面发展，是以培养、完善、提高高校学生的全面素质为目的，有计划、有系统地将社会的要求转化为受教育者的内在需要，促使其身心发展的教育活动。

1. 服务对象所面临的就业市场需求的变化

随着高等教育从“精英教育”向“大众教育”转型，学生群体能力在各个维度上更加分散，学生的职业发展趋向及与此相关的能力需求也愈发分散。这意味着分层的高等教育系统内部将进一步分化，不同类型的院校、不同学科和专业的培养单位需要更多地了解劳动力市场的需求。在一些前沿领域，每年有 1/4 的技术将会过时，也就是说，一名大学生所学的技术在毕业时可能就已经被淘汰了①。随着我国改革开放事业的日益深化，新的职业种类层出不穷，传统职业的消亡和迁移方兴未艾，而且这种发展变迁的态势还将继续下去。如今，信息产业异军突起，传统行业的变动、重组及新兴行业的出现和兴起，将为社会提供更多新的就业岗位，这就使大学生在就业时面临前所未有的变局：一是专业完全对口的岗位越来越少；二是职业变动的可能越来越大；三是行业特征不像过去那么鲜明；四是岗位所需的知识和技能更新周期短，复合程度提高。另外，随着社会主义市场经济的深入发展，我国的市场经济法制体系初步建立，市场环境逐步有序；由于形成了买方市场，消费者对于企业经营的影响愈来愈大。企业为了生存和发展，必须遵守国家法律，遵守市场规则，强化为顾客服务的理念，重视产品的科技人文内涵②。这些使得用人单位在招聘人才时不再只以专业素养为标准，而是更多地考虑以下综合素质：

（1）思想道德素质

从近几年人才市场和就业形势反馈的信息来看，很多用人单位更加看重“德才并举”，在选拔人才时呈现出“重才更重德”的倾向，即坚持把思想道德素质放在选人标准的首位。因此，政治思想素质高且具有较强事业心、责任感及乐于奉献的大学生无疑成为他们的首选。思想道德素质包括以下几个方面：

① 政治素质。作为我国思想道德素质的第一要素，政治素质变得越来越重要。政治素质不仅表现在对政治立场、政治观点方面的远见和洞察力，还表现在对社会发展趋势的敏锐性、对国家宏观政策的预测和把握能力，以及运用思想政治理论来分析、解决实际问题的能力。正如企业界流传的一句话“政治头脑是利润的源泉”所说，政治不仅对经济、政策和经营的影响深远，一个有政治头脑的大学生对企业的生存发展也至关重要，因而不少有远见的组织领导往往把政治素质作为选拔培养人才的第一要素。

② 事业心和责任感。由于中国人格外崇尚“天行健，君子以自强不息；地势坤，君子以厚德载物”的思想，因而我国高校强调培养有事业心、责任感、爱岗敬业、乐于奉献的人才。此外，许多招聘单位招用高校学生的标准，一是要业务精，二是要为人诚。这里的“诚”既包括对所从事事业的“诚”，

① 范皑皑. 面向未来的大学生能力发展［N］. 光明日报，2016－02－25（015）.

② 王胜本. 现代大学后勤服务育人共同体研究［M］. 济南：山东大学出版社，2018：11.

也包括对所属单位的“诚”。

③ 乐于奉献的奋斗精神。面对新形势，高校学生不仅要树立远大的志向，勇敢地接受社会变革的检验，发挥自己的聪明才智，时刻铭记把个人理想与社会需要、国家的命运相联系，带着愿意吃苦、愿意奉献的精神自觉到祖国最需要的地方去，而且对待工作要展现出踏踏实实、认真务实，而不是好高骛远、眼高手低的优良作风。因为精明只能赢得一时的利益，只有脚踏实地地耕耘，才能成为做大事的实干家。

（2）文化素质

随着信息时代的不断发展，社会科学与自然科学相互交叉渗透，这就要求高校学生不仅要能熟知多门学科的文化知识，还要具有知识面广、适应性强和创造力丰富的通才素质，即要同时具备渊博的知识和良好的知识结构。渊博的知识要求有宽厚扎实的基础知识、广博精深的专业知识和大量的新知识储备；良好的知识结构包括基础知识结构、专业知识结构和动态知识结构。基础知识结构应该宽厚广博，包括自然科学、社会科学的基本知识，即不仅要学哲学、懂历史、了解社会，还要学习有关市场经济的知识及法律常识。专业知识结构包括专业基础理论、研究方法、专业知识、专业前沿和相关学科知识等，同时还应包括专业基本技能和一定的专业科研能力、生产能力等。此外，理工科学生还应具备较强的外语、计算机及系统论、控制论、信息论等相关基本知识。动态知识结构主要是指现代科学、专业科学发展的最新成就及处于探索发展阶段的潜科学知识。由于动态知识结构一直处于不断变化与发展之中，因而其不仅可以调节高校学生的整体知识结构，还能成为大学生走向社会的直接储备。

（3）能力素质

当代大学生应具备的能力素质主要包括以下几个方面：

一是分析问题和解决问题的能力。当代科学技术发展的基本特征是基础理论转化为生产力的周期越来越短，因而加快理论形态的知识转化为现实物质产品的速度是增加社会财富的关键。为此，必须培养其的应用和操作能力，培养学生运用理论及所学知识分析问题和解决问题的能力。

二是创新与应变能力。创造是人才的本质特征，没有创造就没有人类的今天。在市场经济条件下，不断改革创新是推动社会进步的关键，是竞争取胜的基本因素，是社会组织生存的基础，也是社会组织招录人才的重要标准之一。

高校学生既要刻苦学习，又要大力发展自己的创造才能，掌握创造性的思维方式和技能，培养和锻炼自己的创造能力和应变能力。随着我国市场经济改革的不断深化，高校学生面临新情况、新问题、新困难等诸多挑战，要想胜任岗位工作，取得丰硕成果，就必须敢于竞争、善于竞争。纵观改革开放后高校学生的就业方式，一方面高校学生在就业中有了选择用人单位的自主权；另一方面用人单位在选择大学生时也具有自主权。这就形成了两方面的竞争：一是用人单位为争夺理想人才而进行的竞争；二是高校学生为争夺理想职业而进行的竞争。在当今的就业市场上，创新型、外向型、经验丰富型、技能型和学习型人才较受欢迎，要成为这些类型的人才，必然要具备良好的综合素质。

三是较强的组织管理能力。作为一种有序经济，市场经济不但强调良好的组织管理和运行机制，而且强调合作与协调。这就要求高校学生必须具有较强的组织管理能力。好的组织管理能力主要包括以下几个方面：① 正确、及时处理信息的能力。② 充分调动他人学习、工作、生活的主动性、积极性和创造性的能力。③ 具有合作精神，善于团结意见不同的同学一道工作，在合作中展现群体优势的同时克服自身不足、发挥自身长处，做到诚实守信、敬业乐群。

2. 服务对象自身需求的变化

目前，高校学生所面临的新的现实需求可以通过马斯洛需求理论从自我需求的五个层次，即生理需求、安全需求、归属与爱的需求、尊重需求和自我实现需求进行分析。

在生理需求方面，大学生的生理需求主要体现在对基本生活保障的需求，即对衣、食、住、行的要求。虽然国家已经为经济困难的学生制定了很多政策以保障他们的就学和生活，但是这类学生目前仍是高校应该高度关注的特殊群体。高校要积极落实相关助学帮困政策，采取综合措施，努力满足家庭经济困难大学生的基本生理需求。同时，随着物质水平的不断提高，更多的学生在满足基本物质生活的基础上有了更高的物质追求，比如追求精致可口的饭菜、干净整洁的宿舍、明亮宽敞且设备齐全的教室及书刊种类齐全的图书馆。因此，高校要更加注重营造卫生、健康的生活环境，引导学生养成良好的学习习惯和文明的生活方式。

在安全需求方面，安全需求是高校学生的基本需求之一，主要体现为学生对人身安全、饮食安全、医疗安全、生活环境安全等方面的需求。特别要注意的是，高校学生离开了父母的呵护，独自面对学习和生活上的各类问题，易产生不适感和不安全感。因此，高校要努力创建平安校园、打造温馨和谐校园，帮助他们积极适应新环境，消除他们的不适感。此外，在信息技术高速发展的当下，网络安全变得尤其重要，高校一方面要加强对学生的网络安全教育，教会学生辨别网络真假信息，抵制网络暴力和网络谣言，引导他们正确、理性地看待问题；另一方面要加强校内网络安全建设，屏蔽不良信息，建立网络预警机制，尽量从源头避免学生接触负面、带有不稳定因素的信息。

在归属与爱的需求方面，高校学生的需求主要体现在人际交往方面。在校大学生大多处于18～25岁的年龄阶段，这个年龄段的青年朝气蓬勃，随着年龄的增长和自我意识的不断提高，他们对丰富精神生活的需求更加迫切。在大学这个新的环境中学习和生活，他们需要拥有和谐的人际关系，比如与同学建立友谊，与教师友好沟通。因此，高校不仅要积极承担起传授学生与人沟通的技巧、培养和锻炼他们的交往能力的重任，还要引导他们勇于和善于建立起平等友爱、互帮互助的良好人际关系，以充分满足他们对归属与爱的需求。

在尊重需求方面，当代大学生自我意识发展迅速，无论是生理还是心理方面都已经趋于成熟。他们愿意了解他人和被他人了解，在希望取得他人信任的同时，还希望能在交往中获得感情与人格上的平等。因此，高校教育工作者应当从大学生自尊需求强烈这个特点着手，不断创新教育方法。高校在教育活动中，要巧妙地运用激励的方法维护学生的自尊，让他们在更加积极主动地提高学习效率的同时，增强他们的参与意识与主人翁意识，使其尊重需求得到满足，进而促进其自我教育、自我管理、自我服务意识的提升。

在自我实现需求方面，作为高校学生最高层次的需求，自我实现需求不仅代表学生个性及潜能的充分发挥，更重要的是它代表着学生更高层面的心理健康状态。在高校学习阶段，大学生所面对的心理欲求与成长选择较青少年时期明显增多，而且比以往任何时候都更加重视自身素质和能力的提高，希望自己能成为学校和社会所期望的样子，完成与自己能力相称的事。面对日益激烈的社会竞争，高校学生就业问题已成为当前社会关注的焦点，因此，通过自身努力找到心仪的工作也成为高校学生自我实现方面的重要需求。

### （三）服务育人工作的高要求

随着现代社会的不断发展、当代大学生特点的不断变化及社会主导价值、理想信念的不断更新，在社会化改革的背景下，高校师生对服务育人工作的要求日益提高。为此，高校服务部门要时刻树立“育人为先”的工作理念，不断加大管理育人力度，积极营造良好的育人环境，加强服务监管力度，不断提高育人水平。高校后勤要积极构建服务工作组织、制度、资源的育人工作保障体系，搭建学生一站式服务中心、学生公寓、学生餐饮、校园物业及其他后勤服务实体的育人平台，在做好师生日常学习、生活、教育及科研的服务保障工作的同时，积极发挥服务保障部门的服务育人功能，努力为高校优秀人才的培养做出积极贡献。

1. 服务育人工作的主体要求

随着高等教育招生规模的扩大和专业分工复杂程度的加深，过去高校内部以后勤机构为服务育人单一主体的模式正在被打破，校医院、图书馆、学生处、教务处、国有资产管理处等部门，以及隶属于高校内部的后勤集团或是由高校外包给第三方的物业公司，都加入高校服务育人的行列。通常所说的服务育人在狭义上是指高校的后勤服务，而新时期高校服务育人工作要落实到学校领导、行政管理人员、学生管理人员、财务管理人员、校内医务工作人员等每位教职员工身上，这是广义的服务育人。新时期，我们应在广义的范围内来讨论服务育人。要实现服务育人，就必须强调以人为本，把人本原理的思想贯穿到高校的各项工作中。人本原理强调重视具体活动中人的因素，把人放在根本重要的位置上，突出人的作用，通过人的主观能动性的发挥，提高服务育人工作的成效。

2. 服务育人工作的内容要求

高校“服务育人”工作的内涵主要包括物质服务育人、行为服务育人、创造优美环境育人、参加管理与劳动实践育人四个方面。高校服务人员在工作中要具有高度的事业心和责任感，积极提高管理和服务的水平，创造优美环境，在开办好食堂、管理好宿舍，及建设好教室、实验室和图书馆等方面提供优质服务，为广大师生提供良好的学习生活环境，激励学生刻苦学习、不断进步。除此之外，高校服务人员还要通过自身高尚的道德情操和正确的行为准则启迪学生，使学生在享受优质服务的同时，也受到良好的道德教育。另外，通过科学的管理，高校服务人员应不断转变自身观念，结合工作内容，真正做到寓教育于服务之中，组织学生有计划地参与服务管理及公益劳动实践活动，有意识地培养学生的服务观念和劳动意识，纠正学生的一些不良行为，促使其健康发展，同时也有利于促进其从封闭型向开放型、从依赖型向自立型、从知识型向创造型转变，使他们在步入社会后能更好地适应变化，真正达到服务育人的目的。

3. 服务育人工作的深层要求

20 世纪 90 年代初期，“三服务，两育人”的高校服务育人工作宗旨的提出，从育人的高度来看待高校服务工作的重要性，这是对服务工作在高校教育中的地位及作用认识的一个新飞跃。自此，高校服务相关部门更加努力地做好本职工作，为教学服务，为科研服务，为师生员工生活服务，满足师生员工的基本生活需要，保证教学、科研必要的物资供应，创造良好的学习和生活环境，这也是高校实现服务育人目标最基本的途径和手段。高校的服务育人职能，需要高校服务人员在为服务对象提供良好的物质保障的过程中体现，需要通过其在服务过程中所表现出的忘我精神、奉献精神体现，因此要充分发挥高校服务人员的隐形育人作用。

随着市场经济体制的推广与发展，高校服务改革也不断深入。在一段时间内，高校所提供的服务一直滞后于其经济改革，使得高校的服务和育人两大功能难以协调发展。高校应把市场经济体制引入服务育人工作的系统工程中，使高校服务育人工作向更高层次发展。因此，这一阶段的服务育人工作要始终遵循“育人”的宗旨，坚持社会主义方向，坚持教育一致性的原则，将育人寓于优质服务之中，从而体现出服务育人部门在高校中存在的价值。只有加强队伍建设，不断深化、细化和强化服务改革，才能充分发挥服务育人的功能，促使高校服务育人部门不断发展。

## 第二节　服务对象特征分析

高校服务育人的对象即高校学生。高校学生特指正在接受基础高等教育，还未毕业走向社会的在校学生。作为代表社会新技术、新思想的前沿群体及国家培养的高级专业人才，大学生是年轻有活力的一族，是推动社会进步的栋梁之材。高校学生主要包括在校的专科生、本科生、研究生、博士生及留学生等，在高校服务育人过程中他们是服务活动的直接受众，也是最主要、最重要的参与者，是高校服务育人的活动基石。高校学生在育人过程中享有参与权、表达权和监督权，其作用的发挥对于高校服务育人工作的整体效果具有重要影响。

## 一、 新时代大学生群体特征

新时代大学生由于受到成长环境的影响，在个性、思想、行为、价值取向、心理和需求等方面都呈现出许多新特征。

### （一）代际特征

大学生群体往往会受时代背景、社会环境及家庭情况等因素影响而表现出不同的代际特征。大学生代际特征是指在思想观念和行为方式两个关键因素上，不同年代大学生所体现出来的差异性特征。美国学者埃尔德认为，“生命过程中历史事件的影响取决于个体经历该历史事件的生命阶段”。根据埃尔德的代际理论，对同一生活事件的看法及受此影响的程度，不同年龄阶段、不同代际的大学生是完全不一样的。作为大学生群体的重要组成部分，“00 后”从 2018 年开始相继成年，并踏入大学校园。他们在个体特征方面虽然存在差异性，但总体而言，该群体在思想观念和行为方式上有一些共性的特征①。

#### 1. 思想积极，立场坚定，民族主义感较强

由南京大学副教授徐兴华发表的《新时代增强高校思政课吸引力的根本立足点探析——当代大学生群体性特征的调查研究及其对高校思政课教学的启示》2020 年上半年课题组问卷调查可发现，“00 后”大学生群体对国家的政治认同度比较高，且政治立场坚定。通过抽查回访发现，中国政府应对此次疫情的有力举措及其显著效果，尤其是与国外主要发达资本主义国家政府的应对政策及其效果形成鲜明对比的事实，显著提升了大学生对政府的认可和认同度。此次问卷调查结果还显现出当代大学生观察、分析问题时的“民族主义的视角”和已经开始高涨的民族主义情绪。整体来说，高校学生思想政治状况的主流是积极向上的，他们政治立场坚定、国家观念明确、政治关注度较高，表达方式内隐，有着较为坚定的对马克思主义的信仰和对共产党的信任。

---

① 刘方舟．“00 后”大学生群体：代际特征、风险题域与教育策略［J］．中国多媒体与网络教学学报（上旬刊），2020（7）：101－104．

2. 富有挑战精神，具有竞争意识，价值取向复杂多元化

“00 后”大学生的父母在经济状况和主体意识方面要普遍优于“90 后”。“00 后”大学生群体独特的家庭环境为其塑造了更为优秀的独立行为能力。相比于“90 后”大学生，他们敢于挑战权威，勇于开拓创新。“00 后”大学生的价值取向具有崇高与世俗共存、理想与务实同在、传统与现代并存、个人与社会兼顾的多元化特征。“00 后”所处的时代竞争更为激烈，他们对外界的认同和荣誉的追求更为强烈。为了有效地把握未来，大部分“00 后”大学生敢于积极主动地展示自我，他们往往能够对自身存在的问题进行深刻反思，并主动改正自身的不足，积极完善自我，在学习过程中更容易保持长久的热情。

3. 思想开放，个性张扬，自我意识较强

“00 后”大学生群体所处的时代是中国融入世界经济的时代，是全面深化改革、经济快速发展的时代。因此，“00 后”大学生群体与“80 后”“90 后”相比，接触到的国内外的信息与事物更多，视野更为宽广，思想更为开放。他们喜欢时尚，紧跟潮流，既不崇洋媚外，也不人云亦云。相当一部分“00 后”大学生群体的家庭经济条件与生活环境较为优越，他们更为重视个体价值的体现。从社会发展环境来看，“00 后”大学生的可塑性随着其发展空间的不断扩大变得越来越强，个体自我意识不断提升。在“00 后”大学生群体的潜意识当中，实现个人权益的保护，注重个人意识的表达，努力实现个性化的价值追求是其关注的焦点。

4. 善于学习，视野开阔，处事方式理性化

“00 后”大学生的父母文化程度普遍提高，他们在儿女的教育方面愿意投入更多的精力与财力，让自己的孩子从小就接受各种教育培训。“00 后”大学生喜欢通过体验学习、实践学习、网络学习等新的学习方式获取知识。这不仅能开拓文化视野，还使他们更容易接受现代的科学知识。由于“00 后”大学生具有良好的教育基础和开阔的文化视野，其处事方式更为理性。他们不再盲目对偶像明星狂热的追崇，而是更注重偶像明星的人品和才艺，更看重偶像身上的“沉稳”“低调”“耿直”“敬业”“有才”的品质。“00 后”大学生的消费水平比“90 后”大学生明显要高，但他们对网络媒介的运营方式更为了解。他们不容易被普通商品的广告诱惑，他们更喜欢有故事、有

个性、有情怀的商品。他们喜欢利用网络进行有目标、有计划、有针对性的理性消费。

5. 思维活跃，喜欢新鲜事物，网络依赖性较强

“00后”大学生处在家庭条件优越、信息化程度较高、文化氛围开放的多元化社会环境中，他们往往利用丰富的数字技术与多样化的信息渠道获取海量的信息资讯，对网络信息的依赖性越来越强。根据中国青少年研究中心的调查，“00后”电脑使用率和触网率均达到94.7%，相对于“90后”而言要高得多；“00后”拥有个人电脑的比例是“90后”的3倍，拥有手机的比例是“90后”的8倍；“00后”群体中有33.4%的人表示上网是课余时间最喜欢做的事情，这个比例与“90后”相比增加了20.7%；在信息获取渠道的排序中，“00后”将网络排在第二位（19.8%），而“90后”则把网络排在第四位（2.8%）。较强的网络依赖不仅培养了他们对外部世界和新鲜事物的好奇心，还活跃了他们的思维。

（二）风险题域

“千禧一代”的“00后”作为大学生群体的重要组成部分，具有许多独特的优秀品质，这为高校思想政治教育的不断创新提供了机遇。但与此同时，我们也要清醒地认识到“00后”大学生群体在思想政治层面仍然存在以下或然风险。

1. 价值观偏移风险

当前是网络新媒体盛行的时代。网络新媒体改变了传统“一对一”或“一对多”的社会思潮传播模式，使得“多对多”成为可能。“00后”大学生个人自主意识较强，对网络新媒体的依赖程度较高，他们利用网络的迅捷性、交互性和开放性获得海量信息和便捷化服务。然而，网络新媒体是一把双刃剑，它在增强“00后”大学生个人自主意识的同时，也为各种消极的社会思潮提供了生存空间。各种社会思潮借助网络新媒体发酵，在网络世界抢占舆论阵地。网络社会思潮的传播者专门设置热点讨论平台，以编段子、讲故事等多样化的传播方式来引导大学生解读和分析他们的理论观点，从而大大削弱了我国主流意识形态和价值观的影响力。“00后”大学生群体处于多元复杂的社会中，他们思维更为活跃，敢于挑战权威，但对事物的复杂性认识不足，这容易导致其思想上的迷茫与困惑。在价值观念上，这一群体更容易受到网络新媒体的负面

影响。凯斯·桑斯坦指出："网络对许多人而言，正是极端主义的温床。""00后"大学生群体阅历尚浅，社会经验不足，对网络上充斥的虚假、色情、暴力等不良信息的鉴别力不够，导致他们将复杂的事情理想化和简单化理解，在实际行动中容易造成价值观偏差。

2. 目标异化风险

"理性""务实"对于大学生群体而言是值得提倡的。但"00后"大学生群体存在过于理性和务实的特质。过于理性和务实使他们容易成为精致的利己主义者。有些"00后"大学生不再将国家富强、民族振兴的奋斗目标放在首位，而将成功定义为个人价值的实现。他们更关注个人利益，行为的出发点和最终目的都是有利可图。他们内心蔑视规则，在熟知各类社会规则规范后，善于利用规则的漏洞来为自己谋利。习近平总书记指出："青年一代有理想、有本领、有担当，国家就有前途，民族就有希望。"追求国家富强、民族振兴的理想与担当本应成为"00后"大学生应有的精神面貌。因此，如何帮助"00后"大学生树立正确的理想和目标，是高校思想政治教育工作的重要任务。

3. 情绪偏激风险

"00后"大学生生活在物质富足的时代，生活条件的优越及长辈的精心呵护使一部分人自我意识较强、情绪不稳定、易冲动、自制能力较差。"00后"与很多"70后""80后"和"90后"相比，所处时代的竞争更为激烈，他们早早被送进各种培训班、补习班，其追求快乐的天性长期被束缚和压抑，承受的各种压力也越来越多，如果没有进行科学有效的心理疏导，一旦压力积累到一定的程度，极易导致心理崩溃，进而产生过激行为。"00后"大学生在妒忌心和反叛意识方面比"90后"要强得多。一些"00后"大学生无法忍受自己没有别人拥有的东西，凡是自己想要的东西，往往会通过各种手段想方设法去得到，一旦没有成功就会有极大的心理落差，进而容易产生偏激情绪。另外，一些"00后"大学生在行为处事上往往会固执己见，即便事后被证明是错误的，也会碍于面子坚持一错到底。

4. 知行脱节风险

思想政治领域中的"知"，主要是指人们对其所处社会的政治道德关系的认识，主要体现为世界观、价值观、人生观和道德观。思想政治领域中的

"行"是指人们对已经认知的思想政治方面的要求形成行为习惯与行为技能的过程。思想政治教育的任务在于帮助人们改正不良的行为，树立正确的思想观念，并使之做到"知行合一"。就"00后"大学生群体而言，虽然一些学生通过课堂和书本接受思想政治教育，对社会主流的价值观、道德观有正确的认识，但更多地停留在感性认知层面，当触及利益问题时，难以将思想认知转化为理性行动。此外，高校思想政治教育中存在的固有缺陷容易导致"00后"大学生出现"知行脱节"的风险。一是有知而不行。虽然一些"00后"大学生掌握了思想政治方面的大量知识，但没有自觉付诸实践。就业与生活的压力使得有些学生会用功利的手段来实现自身的利益，而将崇高的理想与信念抛在脑后。二是重知轻行。当前一些高校在道德教育培养过程中强调知性德育，比较轻视生活德育，从而导致部分学生重知轻行。三是知行转化形式化。当前高校在德育评价上多采用分数评定的方式，部分学生为获得高分会急功近利地做好事。这种知行转化方式看起来"高大上"，实际上无法在认知层面提升其思想境界。

### （三）层次多样

群体是指在共同目标和行为规范下进行协同活动的具有某种共同社会心理特征的人的共同体。大学生群体是大学生在共同的学习和生活中，相互依赖、相互帮助，在心理上彼此意识到他人的存在，在行为上互相作用而形成的共同体。按照不同的分类标准可以将大学生分为不同的群体，体现出大学生群体的层次多样性。

#### 1. 按受教育的层次

按受教育的层次，大学生群体可以分为专科生、本科生和研究生。其中，在研究生群体中，还可以进一步按学历高低分为博士研究生和硕士研究生；按培养目标不同分为学术型研究生和专业型研究生；按是否调档案分为全日制研究生和在职研究生；按是否有毕业证书分为学历研究生和学位研究生（前者有毕业证书和学位证书，后者只有学位证书）；按经费渠道分为国家计划研究生、委托培养研究生和自费研究生。

#### 2. 按成员的组成特点

按成员的组成特点，大学生群体可分为正式群体和非正式群体。所谓正式群体是指成员隶属于一定的组织、有明确的群体规范和目标，并要承担相应的责任。例如，高校中的班集体、各级团组织和学生会等。非正式群体则是自发形成的，其成员间带有明显的感情色彩，以个人的兴趣、爱好、特长、属地等方面的相似性为前提，没有规范的组织架构和制度。例如，高校中自发形成的学习小组、QQ 群等。

3. 按学生的结构分布

按照学生的结构分布，可将大学生群体分为正常群体和特殊群体。大学生正常群体是指其主要条件处于当代大学生的平均水平，符合社会发展阶段的基本情况，是大多数学生所属的一个群体；大学生特殊群体是与正常群体比较得出的一个相对概念，主要是指由于家境贫困、自身生理缺陷、学业或恋爱严重受挫等而呈现某种共同心理特征的非正式群体。随着我国高等教育逐渐走向大众化，大学生特殊群体的数量呈逐年上升的趋势，而且出现更多的细分。大学生特殊群体的存在成为影响校园安全和稳定的重要因素。此外，这些特殊群体属于社会的弱势群体，在经济、权益保护、竞争能力等方面处于不利的境地，应该给予这些弱势群体更多的关注、指导、支持和帮助，切实维护高校的和谐和稳定。

此外，与其他社会群体相比，大学生群体表现出以下不同的属性与特征：

（1）高敏感性

大学生朝气蓬勃、充满热情，容易接受新事物，同时又关注国家兴衰、民族强弱和社会发展。所以，他们比一般人更容易体察时代的变化，能够较早地同时代精神产生共鸣，能够较快地对社会问题做出反应。但是，敏感性不等于准确性。由于他们涉世未深，对有些知识没有真正地消化、吸收、理解，加上自身思想并不完全成熟，所以还不能准确地把握时代精神和社会问题的实质。再加上他们存在轻信、从众等心理弱点，往往容易受错误思潮的影响做出偏激的行为。大学生的高敏感性要求育人工作者密切关注大学生的思想动态，正确及时地加以引导，避免他们因迷失方向而产生过激行为。

（2）高参与性

大学时期是人接受学校教育和社会影响的时期。在这个时期，大学生并不是被动和消极地接受学校教育，等待社会的影响，更不是社会生活的旁观者，他们在参与社会生活方面有着极大的兴趣和积极性，在接受学校教育和社会教育的同时，又反过来以极大的热情参与社会生活。当然，由于大学生群体没有独立的经济基础和社会职业，也较少参加社会生产和生活实践，因而其思想的形成不是主要来源于自身对生活的体验，而是来源于书本知识、社会思潮和周围环境的影响与熏陶。我们可以充分地利用大学生参与实践的积极性，对其进行多方位的引导和教育。

（3）高文化水平

尽管我国高等教育已经实现了从“精英教育”向“大众化教育”的转换，但从我国公民受教育的程度来看，大学学历仍然属于高学历。因此，相对于其他群体，大学生群体最明显的特征就是具有较高的文化水平。有青年研究者对“大学生”给出如下定义：文化程度以“大学”为标志，是受过专业训练并在德育方面有较高修养、在实际能力方面有较多灵活性的青年。他们不但基本达到生理和心理的成熟，而且已经具备进入一般社会领域的前提条件，正在走向社会成熟。社会成熟不但要求社会成员达到职业成熟，具备特定社会实践领域的知识、经验、技能和技巧，而且要求其达到道德、思想和政治等各方面的成熟。很显然，大学生还没有达到真正的社会成熟，他们在生理和心理方面的成熟也仅仅是基本的和初步的。但是，由于他们的文化程度较高，在拥有的知识的广度和深度及思维的敏捷和能力等方面比其他青年更优越，因此从某种程度上说，他们具备了比其他青年更易成熟的条件。大学生的这一特征一方面使得高校服务育人工作较易被接受；另一方面又对育人主体自身的素质和服务水平提出了更高的要求。

（4）高互动性

大学生活属于集体生活，从衣食住行到学习娱乐，大学生的日常生活都离不开这个集体。大学生的这种有别于其他社会群体的生活方式，不仅为其群体成员之间的互动提供了组织条件，同时也为群体意识的形成提供了环境条件。他们容易在思想上互相认同，在行为上互相模仿，特别是在涉及共同利益和共同要求的时候，他们往往互相激励、互相支持，进而通过这种互动作用形成一定规模的群体行为。大学生的这种群体成员之间相互影响、相互作用而形成的比较统一的群体行为，就是他们互动性特点的具体表现。在正确思想的指引下，受到反映社会矛盾和社会变革的进步思潮影响，大学生群体互动所形成的进步群体意识和行为，将会对社会进步起积极的推动作用。但在错误思想的引导下，接受错误社会思潮的影响，或受某一突发事件的刺激而形成的大学生群体互动，就会产生偏离事实和其初衷的过激行为，这无疑会对校园和谐和社会安定起消极作用。因此，对大学生群体成员的互动性不能一概否定，也不能一概肯定，而是应该对其进行正确的引导，使之成为促进大学生发展的积极因素①。

## 二、 新时代大学生心理特征

党的十九大报告提出，要加强社会心理服务体系建设，培育自尊自信、理性平和、积极向上的社会心态。习近平总书记在全国高校思想政治工作会议上强调，要坚持不懈地促进高校和谐稳定，培育理性平和的健康心态，加强人文关怀和心理疏导，把高校建设成为安定团结的模范之地。心理教育服务工作既是思想政治工作的题中应有之义，也是培育新时代社会主义建设者的一贯要求。摸清“00后”大学生的心理特征，能更好地做好大学生心理教育服务工作，以使“00后”大学生的心理教育服务工作适应高校建设发展、满足学生成长需要。

### （一） 正向心理特征

新时代下新媒体、大数据的到来使大学生的生活方式发生了改变，一方面，新技术的发展拓宽了大学生获取信息的渠道，广阔而丰富的信息资源为大学生了解社会提供了多种可能。大学生主要通过新媒体、大数据获取时间上跨越古今、空间上涵盖国内外的信息资源。在这样的条件下，大学生的视野得到了极大的开阔，他们的认知领域随之扩展到此前学生未能涉及的许多领域。在对社会了解程度加深的基础上，进行能力的培养与创造性的发挥则会取得事半功倍的效果，有利于大学生提升自身素质，迎接新挑战。另一方面，新时代大学生的人生观、世界观、价值观逐渐变得多元化。新时代提供了一个虚拟的空间，大学生可以在这里自由地交流、讨论，进而形成自己独特的价值观，并在沟通的过程中培养出自由开放的思维理念。当他们真正走入社会开始参与建设时，就会发挥出创新精神、探索精神，开拓出一个全新的、充满活力的新社会。

---

① 郑雅萍．服务育人：高校后勤育人的理论与实践［M］．杭州：浙江人民出版社，2009：6.

1. 自我评价高、自控能力强

在自我意识方面，“00 后”大学生的心理特征普遍表现为以下两点：

第一，自我评价提高。随着生活经验和知识的增多，大学生的自我意识逐步发展成熟，趋向稳定，在这个时期自我认识的内容更加丰富和深刻，但缺少自我认识的客观性。他们此时的自我评价不再局限于外貌等生理自我，更多的是对自己的能力、性格、品德、人生价值等深层次问题的探讨，自我认识的内容十分全面和深刻。

第二，自我控制能力提高。大学生普遍有强烈的自我设计和自我规划愿望，大部分学生都勤奋学习、努力成才，能够进行自我设计目标及自我行为控制，能够积极地改造自我。同时，他们希望摆脱依赖和管束，强烈要求独立和自制。

2. 综合素质高、学习能力强

随着中国经济的快速发展，“00 后”比“90 后”具有更优越的物质生活条件，其父母文化程度也明显提高，对子女教育投入更多的心血。因而“00 后”大学生从小就见多识广，兴趣广泛，有很多特长，在文体活动、知识竞赛等中表现突出，整体综合素质较高。“00 后”大学生思维活跃，且学习充满热情，有较强的学习能力。

3. 适应能力强、竞争意识强

21 世纪是信息化、全球化、网络化的知识经济时代，创新成为时代的标志。在这样的社会背景下，“00 后”大学生的思想得到比以往任何一代人更大的解放，他们思维极为活跃，更为便利的互联网拓宽了他们的知识面，强烈的求知欲和宽广的信息平台使他们成为新事物的热衷者和追随者。“00 后”大学生对未来充满了自信与激情，他们坚信自己的处事能力，对未来的成功持不怀疑的态度。这种自信不是举起拳头的宣誓，而是从谈笑、举止中就能体现出来的对自己能力的肯定。同时，受社会环境与家庭教育导向的影响，他们主体意识强烈，有竞争意识，在生活中积极进取。

（二）隐性心理特征

“00 后”大学生生长在社会加快转型、经济迅猛发展、信息技术发达的时代，他们有理想、有抱负，好学上进，生活态度积极乐观；思想活跃，兴趣广泛，认知能力较强，接受新事物较快，敢于大胆尝试；情感丰富，性格开朗，善于表达与交流，但同时也存在一些值得高度重视的隐性心理特征①。

1. 自我意识强烈与经历阅历不足的矛盾导致依赖心理

“00后”大学生正处于由他律阶段进入自律阶段的关键期，他们强烈希望独立自主，竭力摆脱家长管束，处处以成人自居，但由于他们实践尚少、阅历尚浅，加之既往的倾向、习惯，致使他们不能完全独立、真正自主，从而形成独立性与依赖性的矛盾。

2. 憧憬丰满、理想强烈与现实骨感的矛盾导致失落心理

“00后”大学生对大学生活有美好的憧憬，对未来成长怀有美好的愿望，但“象牙塔”内并非只有欢乐和潇洒，还可能有并不乐观的就业前景和没有想象中美好的未来生活。这种理想与现实的脱节，是“00后”大学生普遍存在的矛盾。由于他们网络交流多、现实经历少，对成长成才的困难估计不足，部分学生在学习、生活中一遇挫折就对自己产生怀疑，产生失落心理，很容易因自卑和气馁而丧失前进的信心。

3. 求知欲望强烈与识别能力较低的矛盾导致失措心理

“00后”大学生具备一定的知识基础，思维能力也有了较大提升，他们对进一步增长知识的渴望十分强烈，求知欲非常旺盛。但由于缺少社会实践，他们对各种事物的识别能力、判断能力及选择能力均较低，有的瑕瑜不分、益害不辨，有的遇到矛盾问题就不知所措。

4. 交往愿望强烈与内心较为隐蔽的矛盾导致孤独心理

处于青年期的“00后”大学生乐于交友，渴望知音，但自尊心又很强，不愿轻易向他人吐露自己的秘密和思想情感，这种心理上的闭锁性使他们感到缺少可以倾诉衷肠的知心人，加之远离家乡、远离亲友，因而容易产生孤独感。孤独感有很强的危害性，有的学生因心理上的自我封闭和孤立，形成了孤僻的性格，也有的学生由孤独发展到悲观厌世，甚至走上轻生的道路。

5. 追求主流价值强烈与深受不良影响的矛盾导致放纵心理

“00后”大学生大多数对社会倡导的公平正义、诚信友爱等核心价值观

---

① 海显勋. 准确把握“00后”大学生心理特征——努力加强新形势下高校心理教育服务工作[J]. 青海交通科技，2019（4）：46-48，57.

表示认可，对媒体宣扬的“时代楷模”“感动人物”很敬佩，但受社会多元化思潮和网上不良信息的影响，仍存在是非、美丑不分的问题，且形成了不同程度扭曲的价值观，滋生了拜金主义、功利主义、享乐主义。例如，有的“00后”大学生处理人际关系依然信奉“金钱铺路，关系搭桥”，觉得“请客、送礼”很正常；有的把上网聊天、玩游戏、看玄幻小说当作主要爱好，对网上猎奇猎艳、炫富拜金、窥探隐私等低俗内容缺乏抵制力；有的不习惯于受约束，喜欢宽松自由、无拘无束；有的甚至不善于处理情感与理智之间的关系，容易受到外界影响，在情绪上难以自控，从而成为情感的俘虏，事后往往追悔莫及、苦恼不已。

## 三、 大学生在校生活中的常见问题

大学生作为青年中的佼佼者，朝气蓬勃、积极向上，具备了良好的素质和品德。但是，我们也应该看到，当代大学生存在着一些问题，这些问题困扰着他们的心灵，影响着他们的成长。服务育人工作者必须对这些问题有深入的了解，并积极思考解决的途径和对策，帮助大学生走出困境。大学生在校的常见问题包括学习和生活的方方面面，其中与大学生生活息息相关的问题有以下几点：

### （一） 大爱精神的缺失

在市场经济和社会转型的冲击下，当代大学生出现了一定程度的精神缺失，尤其是大爱精神的缺失，具体表现在以下几个方面：一是责任感和奉献精神的缺失。少数大学生受不良思想的影响，奉行“事不关己，高高挂起”的人生哲学，对社会和他人漠不关心，不积极参加公益、集体活动。二是亲情、爱心的缺失。由于受“重智育轻德育”教育模式的影响，亲情和爱心教育被边缘化，导致部分学生只爱自己，不爱他人，也不懂得如何去爱。三是诚信精神的缺失。考试作弊，恶意拖欠学费、住宿费等现象在大学校园里时有发生。四是理想和追求的缺失。少数学生消极地对待生活，不认真学习，没有目标，得过且过。这些现象虽不是大学校园的主流，但如果得不到有效解决，势必影响到大学生的健康成长①。

① 郑雅萍．服务育人：高校后勤育人的理论与实践［M］．杭州：浙江人民出版社，2009：6.

（二）自我约束力不强

大学阶段缺少了父母的管束，不少学生的生活开始变得不规律。睡懒觉、不吃早饭、抽烟、喝酒、晚归、通宵上网等不良生活习惯在一定程度上影响了他们的生理和心理健康。特别是网络问题，不少大学生被网络本身的精彩深深吸引，对网络的依赖性越来越强，有的甚至染上网瘾，每天花大量的时间上网，沉迷于虚拟世界，与现实生活产生隔阂。久而久之，对网络的迷恋影响了他们正常的认知、情感和心理定位，不利于其人生观的塑造。所谓“习与性成”，就是指长期的某种习惯会形成一定的性格；“习焉不察”则是指习惯做某事而察觉不到其中存在的问题；而“习非成是”是指把错误的当成正确的。“积习难改”，一旦形成不良习惯就会给大学生带来诸多麻烦和不良体验，甚至使一些人走上歧途。

（三）消费观念欠成熟

当代大学生大多是独生子女，家长一直把自己的孩子视为家庭的重点照顾对象，对子女的消费基本上实行满足供应的政策。大学生在消费上是独立的个体，但经济上并不独立，许多大学生不知金钱来之不易，花钱大手大脚，没有储蓄和理财的概念。部分学生受社会上的不正确消费观的影响，养成贪图享乐、攀比炫耀的坏习惯，影响了他们的身心健康。

（四）独立生活能力欠缺

适应大学生活，发展与人交往的能力，完成大学生作为“文化人”与“社会人”的培养任务，是大学教育的重要内容。进入大学，远离原本熟悉的生活与学习环境，面对新的人群，大学生多少有些不适应。这种不适应主要包括生活上的不适应和人际关系的不适应。高中阶段由于父母大多只重视他们的学习，一手包办他们的生活琐事，导致大学生普遍不能很好地处理自己的生活事务，出现了生活上的不适应。在高校日常服务工作中，经常会遇到学生对服务部门提出一些不合理的要求，这从一个侧面反映出大学生处理日常事务能力的不足。在人际关系上，大学生普遍希望得到别人的认可，但很大一部分学生对如何关心别人及怎样得到朋友的关心想得较少。大学生活在一定程度上给学生创造了一个小社会的环境，使他们可以充分地展示自我，但是部分学生由于缺乏在公众场合表达自己思想的能力与勇气，对各种各样的活动充满兴趣，却又担心失败，只是羡慕他人而默默地充当看客，甚至开始逃避，久而久之便产生了人际交往上的不适应。

（五）安全意识淡薄

大学时代是校园生活与社会生活的交界点，此阶段的学生普遍既有学生的懵懂，又有成年人的独立。随着社会经济的发展和高校开放包容性的增强，在校大学生与外界社会接触的机会日益增多，也越来越密切。大学生如何提高安全防范意识，保障自我人身、财产等安全已成为一个迫切需要解决的难题。大学生安全教育工作是高校学生管理工作的重点内容，当代大学生处在一个经济快速发展、信息化水平不断提高的新时代，这些给他们生活、学习带来便利的同时，也埋下了很多安全隐患，如大学生基本都已成年，大多已拿到驾照，若无一定的安全意识，可能会酿成灾难性后果；学生们课余时间增多，手机不离身，常接触网络，提高其防诈骗意识也是必不可少的；学生们经常外出聚餐，食品安全也需要得到相应的重视。因此，大学生的安全意识亟待提高，主要体现在以下几个方面：

1. 交通安全

随着科技的发展，汽车、高铁、动车、飞机的普及，人们可选择的出行方式日益增多，也更加便捷，但交通事故频发。经调查，全世界70亿人口每年死亡5200万人，其中死于交通事故的就有50万人，中国平均每年因道路交通事故死亡的有9万多人。国外交通事故的致死率大大低于我国，如日本交通事故致死率为0.9%，美国为1.3%，而我国平均为27.3%，并且呈逐年递增趋势。而各地高校中，电动车、摩托车及汽车数量均在不断增加，大学校园及周边交通事故常有发生，为有效预防和减少大学生出现交通事故，首先要严控驾照的发放。从大一开始，很多学生便符合考取驾照的要求，纷纷报名参加驾考，因此，交通管理部门在给大学生培训考试期间，不仅仅要授之以驾驶技术、业务技能，更应该重视对他们的安全知识和法律法规的教育。其次，大学生刚获得驾照，驾驶技术、应变能力有限，自身应具有高度责任感和清晰的认识，坚决杜绝超速行驶、无证驾驶、酒后驾驶和疲劳驾驶等违法现象。再次，要加大教育宣传力度，提高大学生的交通安全意识。利用网络媒体技术及配合当地有关部门对高校学生进行交通安全教育系列讲座和交通法治的宣传，利用身边及网络中真实案例的宣讲，加强和提高大学生的交通安全意识和交通法治观念。高校应组织交通安全入学校的教育活动，即让大学生一入学就树立交通安全意识。最后，高校要完善学校周边道路建设，在学校周边交通要道及十字路口设置电子警察，24 小时对交通情况进行监管；特殊时间段使用限流、设路障等方式保障学生出行安全等。

2. 电信安全

自 2000 年以来，随着新媒体及网络技术的发展，电信诈骗已形成完整的黑色产业链，诈骗案件层出不穷，其手段和形式不断“推陈出新”，让人防不胜防。而大学生因其独特的社会地位，屡屡成为电信诈骗的受害群体。例如，不法分子利用学生经常上网，在外会寻找公共热点以节省流量这一特点，设置钓鱼热点，使学生的手机自动连接到这种高风险且无密码的热点，很有可能导致其信息及重要的账号、密码泄露。另外，诈骗团伙冒充客服、老师、熟人，诱导学生兼职刷单，或使用不正规网站购买游戏装备等，都是最常见的诈骗案例。而大学生社会阅历不丰富、高校电信安全教育不及时、有关部门网络监管不到位都是导致校园电信诈骗案件频繁出现的原因。首先，提高自身电信安全意识，不登录陌生网站、不使用无密码 Wi-Fi、不打开陌生的电子邮件、不随意扫描二维码、个人电脑使用最新杀毒软件并设置防火墙、不贪图小便宜等都是大学生预防电信诈骗应掌握的常识性知识；学生还可通过微信关注地区防诈骗公众号等，提高自身的防范意识。其次，要加大电信安全教育力度。学校应联合公安机关及相关部门，结合新媒体手段，采取观看电信诈骗视频、真实案例引导、电信诈骗情景模拟等新型的宣传方式，提高学生对电诈知识的兴趣和安全意识，帮助其了解电诈应急处理办法，同时应鼓励学生利用课余时间走出校园，利用社会实践、社会调研、正当兼职等方式接触社会，增加阅历。最后，要加强网络管理，净化网络环境。相关部门应利用新媒体及时曝光各种新型电诈案件，坚决严惩网络犯罪，同时利用现代技术手段，开发高科技防诈骗系统，打击网络暴力，让网络社会更加文明，符合和谐社会要求。

3. 食品安全

大学生购买食物主要通过校内餐厅、学校周边餐饮店、网络外卖等形式，其中校内餐厅安全系数最高，会有学校后勤部门进行监管，原料的安全性有保障，但是学校周边餐饮店及外卖食品，其材料及包装均可能存在较大隐患，曾有报道称不法商贩为谋求高额利润，使用瘦肉精、苏丹红、地沟油等致癌物欺骗消费者，固然已查封很多非法厂家，但食品安全问题仍不容忽视，只有保障食品安全，才能够确保师生身心健康、校园生活井然有序。一方面，要强化学生的食品安全意识，提醒学生注意查看食品包装有无生产厂家、生产日期，是否过保质期；打开食品包装，应检查食品是否具有它应有的性状等。高校还可利用“3·15消费者权益保护日”“12·4法制宣传日”，每学期组织一次大型的食品安全主题宣传活动，建立“食品安全宣传周”，成立校园监管团队，增强学生的食品安全意识和维权意识，使其树立正确的消费观。另一方面，要建立和完善食品安全问责体系。食品安全问题层出不穷，与问责体系的不完善有很大关系，不法商贩正是抓住了这一点，钻法律空子，逃脱法律责任。高校要联合食品药品监督管理局，明确食品安全责任和义务，使违法行为得到必要的处罚，真正做到有法可执、有法必执、执法必严、违法必究。

## 第三节　新时代高校服务育人功能发挥存在的问题及其原因分析

### 一、对服务育人工作重视不足、定位不准

重视不足是高校服务机制发展缓慢的根本原因。第一，学校自身重视不足。现在很多高校比较重视教书育人、实践育人等方面的实施与完善，而极易忽视学生事务管理、服务工作的育人功能。服务育人工作事关学生的思想状况、日常管理、心理健康等方方面面，却没有得到足够的重视，这是目前高校育人工作中一个不可小觑的问题。并且高校服务实行社会化改革，商业化和功利化不可避免地渗透到服务机制中，在一定程度上弱化了服务人员的服务观念，忽视了服务保障部门的育人功能。第二，学校工作人员重视不足。学生事务工作人员和服务保障人员对于自己的言行举止产生的育人作用还存在认识不到位的问题，对日常服务工作的育人功能缺乏应有的重视。在高校服务工作的人员队伍中，存在错误观点的人不在少数，在他们的认知里，高校思想政治教育工作是学校领导、党务干部、班主任和辅导员及思政课教师的责任，把自己置身于思想政治教育工作之外。在学生看来，学校全体教职员工都是他们的老师，每个教职员工的言行对他们的思想和行为都会产生潜移默化的影响。一方面，学生经常会到学校部门处理事务，一些工作人员不合适的态度、语言、行为举止会对学生的思想观念产生负面影响。另一方面，高校服务社会化改革使

实体人员结构发生重大变化，在编人员减少，非编人员增加，非编人员在很多高校没有被看作具有育人责任的主体，从而使服务第一线的工作人员缺乏育人动力①。

传统思想认为，大学作为高等学府，考研率高、科研能力强、培养出来的人才多是高校实力的印证，所以高校集中“火力”、聚焦财力物力，打造强有力的师资队伍，支持人才培养与科研教学工作。对于服务工作，高校意识到其存在的必要性，但投入的人力、物力、财力远远少于其他科研教学类部门，客观上抑制了服务部门育人功能的发掘与发挥。走进高校接受高等教育，是每个有志青年的理想，对知识的渴求是其最初的出发点，取得学历文凭是最终归宿，这个阶段的大学生只是懵懂地了解到这是自己将来立足于社会的必要储备，是向更高层面发展的基础。但经历四年的求学生活后，他们会发现自己收获颇多，不仅仅是知识储备量的增长和文凭的取得，更重要的是学会了独立思考。大学宽松的环境氛围、充裕的自由时间，让他们有了思考自己、思考社会的时间，学会了自主判断，变得更加理性；练就了人际交往能力，了解了如何处理同学及室友关系、师生关系、男女关系等；培养并掌握了相关技能，开阔了眼界，增长了见识，认识了来自五湖四海的同学，经历了城市的现代化，领略了万千世界的精彩纷呈，从同学们和一些优秀的老师身上学到了许多之前不具备的本领；每天同有知识、有文化的人在一起学习和生活，文化修养、艺术修养、人文素养不断地提高。多数学生认为，同学的帮助，老师循循善诱的教导，加之自身的不懈努力，才成就了自己的辉煌，很少会有学生意识到服务保障工作对其产生的积极影响，更忽视了其在“人性”培养方面所起到的重要作用。其实，只要认真观察、善于思考、用心体会，便能够在日常接受服务的过程中发现服务人员勤俭节约、艰苦奋斗、任劳任怨、遵规守纪的人性闪光点。恰恰相反，一些大学生存在将高校服务保障工作简单地等同于社会上提供的有偿服务的错误认识，认为自己支付的学费很大一部分用于支付该笔费用，享受相应的校园服务理所应当，甚至有时会想花钱“买”的这些服务是否值得。这种错误的商业化观念，歪曲了高校服务工作在学生心里的定位②。

---

① 杨宁宁. 高校思想政治工作服务育人机制研究［D］. 西安：陕西师范大学，2019.

② 赵龙. 当前我国高校后勤服务工作的育人功能及其实现途径研究［D］. 石家庄：河北师范大学，2016.

## 二、 顶层设计欠缺，工作机制不健全

顶层设计欠缺是机制发展滞后的关键原因。在高校服务育人机制的构建与实施中，高校理应坚持立德树人的根本任务，坚持正确的服务育人观，科学规划学校的服务育人工作，整合资源，为整个运行过程提供指导与实施依据。但在现实情况中，很多高校这方面的工作做得远远不够，没有配备专业人士做出科学合理的分析，因而不能形成一个系统的、完整的、可操作的顶层设计。在服务育人运行机制的顶层设计中，理论与实际结合不够，逻辑关系清晰度不够，资源配置的科学性有待提高，整合资源的体现还不甚明显①。

（一）缺少长效的内部监控机制

高校服务部门，除了考虑经济利益，还应该考虑师生的情感。高校是师生学习和生活的家园，寄托了师生的信赖感和归属感，不应该为了“利”而淡化了“情”。服务部门涉及多项任务，即保障教学科研、维持高校的整体平稳、保障师生安全等。若没有制度化的内部运营和监管机制，服务部门自主性大、随意性强、不可控因素多，则高校服务部门能否生存都会成为问题，更谈不上发挥育人功能。在面对多项目标利益时，服务部门必须做出正确的权衡和选择，进行有效的引导和监控，适时适度地进行管理、协调、引导和监督，最大限度地满足高校正常办学及广大师生正常的生活需要，并在此基础上最大化地实现经济利益。通过合理有效的内部监控机制，实现经济与公益的完美结合，达到二者之间的平衡。

（二）绩效考核体系缺乏公正性和客观性

考核是指通过将预定的工作任务或指标与工作的实际完成情况相比较，以达到检查与监督的目的，从而对员工的工作情况做出客观的评价。只有公正的、客观的绩效考核结果才能如实反映实际情况，因此建立完善的考核评价办法十分必要。第一，要明确岗位职责，全面贯彻落实岗位责任制，明确工作职责、任务和权限。第二，要有标准化、细分化的考核方法，如定性定量法、计分法等。第三，考核工作应该实打实地落实，不能流于表面化、形式化，应该规范化、制度化、经常化。只有将考评体系严格化，才能得出客观公正的考核

---

① 杨宁宁. 高校思想政治工作服务育人机制研究［D］. 西安：陕西师范大学，2019.

结果。目前，高校在此项工作的履行上仍存在诸多不足，如无考评的制度依据，考核人为操作因素大，且存在制度流于形式、制度不予执行等情形。这对于收入不高、有沉重生活压力的服务工作者来说极为不公平，会直接导致员工的不信任、不配合，无法提高服务人员工作积极性，无法开展有效的“育人”工作①。

## 三、 育人工作分工不明，落实推动不力

落实推动不力是高校服务机制存在多方面问题的重要原因。第一，从网上随机查阅全国50所高校章程，明确要求服务人员参与“全员育人”或“服务育人”的高校有10所，占比20%。有些大学章程，只提“后勤服务”，不提“服务育人”。可见，高校对于政策的落实还不够。第二，高校对于既定计划、制度等落实的欠缺滞缓了整个机制的运行过程，从而造成多方面的问题。在高校思想政治工作服务育人机制的实际实施过程中，计划落实不到位、流于形式的现象十分普遍。组织者极易重视外在形式，其设置的机构或活动往往参与者有限，还有一些学生，对于机构或活动有抵触情绪，认为其就是外在形式的存在，没有实际意义。例如，很多高校都设置了心理辅导小屋、朋辈沙龙，但很少有学生体验过这些机构的服务，甚至对于这些机构的设立或存在完全不知情、不了解。无论顶层设计多么优化，制度多么完善，如果落实不到位，那么服务育人工作实效依旧无法提升。因此，要做好服务育人工作，需要分解育人的具体责任。不管是运行机制、保障机制，还是评价机制，只有积极推动，落实落细，才能在具体实施中发现其存在的问题，从而制订解决方案，优化机制，在“发现问题—解决问题”中不断前进②。

## 四、 服务队伍整体素质偏低

高校服务保障主要是由一线的服务人员提供的，同时他们也是服务育人的实施者。目前，高校服务队伍的整体素质离服务育人的要求还有一定的差距。

① 赵龙. 当前我国高校后勤服务工作的育人功能及其实现途径研究［D］. 石家庄：河北师范大学，2016.

② 杨宁宁. 高校思想政治工作服务育人机制研究［D］. 西安：陕西师范大学，2019.

服务人员在服务一线与学生直接接触，其对高校服务育人功能的发挥起着最关键的作用。随着高校服务社会化改革的深入及服务体制的逐渐完善，服务人员整体素质有了一定的提高，但还远远不够。由于服务人员的收入普遍偏低，因此服务部门中高素质、高学历的人才也相对偏少，大部分是临时聘用人员。据统计，高校服务部门中70%以上的员工是编制外的，他们都是以短期合同方式聘用的，这些编外员工绝大部分收入较低，因此高素质的员工非常少；其他30%左右的员工是学校编制内的员工，其中又有75%左右是年龄较大的老员工，只有约25%是年龄较小、学历层次较高的大学生，而且这部分员工因工作调动或离职等也在不断流失①。因此，服务人员总体呈现出结构复杂、流动性大、学历偏低、年龄偏大等特点，大部分员工只能完成基本的服务工作，于是导致以下四个方面的问题产生。

### （一）员工服务育人能力不足

高校服务的对象是教师和学生，学历普遍较高，服务人员的文化水平与他们不可在同一层次上对比。虽然大字不识的父母培养出高才生的例子比比皆是，但将其放到教育大环境中来看，服务者与被服务者文化水平存在显著差异，必然影响服务者育人的实效。大多数服务人员都是不善交流的体力劳动者，基本不具备教育人的能力，也很难从教育的角度与学生交流，因此要想让学生从服务人员的服务行为中受到感染、受到教育，也需要一个漫长的过程。从学生角度来看，当代“90后”“00后”大学生是个性鲜明的一代，灌输、说教式的教育只会让他们产生逆反心理；此外，他们对服务保障部门所从事的服务工作的理解都比较浅显和片面，因此无法从内心深处真正地认同与自己文化水平相差甚远的员工的教育。

### （二）员工服务育人意识不强

高校服务队伍中高质量的人才严重缺乏，服务部门或企业的各级领导中高素质、高学历的人才不多。这种状态导致大部分服务人员仅能做好一般的服务保障工作，而难以在提供优质服务的同时发挥育人作用。此外，由于服务队伍年龄结构老化，很多员工对新事物、新观点的接受能力相对较弱，无法更好地适应新形势下的高校服务工作要求。所谓“育人必先育己”，虽然高校开展了

① 左强．新时期高校后勤服务育人问题研究［D］．南京：南京工业大学，2013.

多渠道的培训途径以提高服务人员的素质，如进行入职培训、岗位技能培训、思想政治教育等，但这些培训都没有达到理想的效果。即使经过反复培训，一些员工在实际操作中也很难真正做好服务育人工作，难以达到规范化、标准化的要求，执行效果欠佳。对于学校提出的“服务对象至上”，即在服务中一切以师生员工为上的原则，很多老员工不能很好地理解和贯彻，有时甚至在工作中与师生发生不必要的矛盾和摩擦，服务育人意识不强。

（三）服务人员流动性大

高校服务工作者大多以编制外临时用工为主，这种用人性质和薪酬体制决定了很多岗位留得住人。后勤员工作为校园服务的主要提供者，大多从事服务保障一线的工作，做着学校里最累、最脏的活。但是，由于体制问题，这些员工不仅面临薪酬较低、同工不同酬的待遇，而且面临个人发展空间不足的现实困境，各种因素导致能长期为学校服务的员工很少，人员流动性很大。人员大量流失，不仅严重影响学校各项服务工作的正常开展，而且服务队伍的素质也很难得到快速提升，严重影响后勤服务育人功能的发挥。

（四）员工谋生心态重

高校中从事服务工作的绝大部分员工，之所以甘愿做着别人不愿做的工作，无非出于两个目的：一是为了赚到更多的财富；二是为了在学校牟取生存机会。在这种心态的影响下，很多人只是单纯地把他们所从事的服务工作当作维持生计或获取经济利益的手段，他们最关心的是获得报酬，在服务工作中投入的热情有限。此外，校园服务的公益属性决定了后勤经营服务是微利经营，这就使得后勤员工无法像社会上的企业员工一样获得高额的报酬，进入校园内从事经营活动的社会企业或个人同样也无法获得较高的利润。许多服务部门的员工来自经济条件相对落后的地区，他们朴素的情感、认真工作的态度确实能感染学生。但是，若其从事校园服务工作只是为了谋生，则其言行的育人效果必然大打折扣。因此，要求每一位员工都能对学生有“慈父慈母”般的情怀，以真挚的情感、博爱的热心做好工作，基本上很难实现。从实际成效看，缺少情感的活动方式极易使整个管理、服务过程显得生硬、苍白，从而产生不和谐的因素，在这种情况下，服务育人工作很难取得好的成效。

# 第四章　新时代高校服务育人实施机制

“机制”一词最早源于希腊文，原指机器的构造和工作原理，后被广泛应用于生物学、医学、自然现象和社会现象，指其内部组织和运行变化的规律。机制在社会学中的内涵可以表述为“在正视事物各个部分的存在的前提下，协调各个部分之间关系以更好地发挥作用的具体运行方式”。而实施机制是指实施的程序和过程，即制度内部各要素之间彼此依存，有机结合和自动调节所形成的内在关联和运行方式。要研究构建新时代背景下高等学校服务育人的实施机制，提高服务育人的靶向性和有效性，提升育人效果，首先得分析机制设计必须遵循的实施原则。

## 第一节　服务育人工作的实施原则

党的十七大报告指出，要“坚持育人为本，德育为先，实施素质教育，提高教育现代化水平，培养德智体美全面发展的社会主义建设者和接班人，办好人民满意的教育”。其关于教育方针的论述，体现了“以人为本”的核心思想，对高等教育具有重要的指导意义。党的十八大报告指出，要“坚持教育为社会主义现代化建设服务，为人民服务，把立德树人作为教育的根本任务，全面实施素质教育，培养德智体美全面发展的社会主义建设者和接班人，努力办好人民满意的教育”。

习近平总书记对中国高等教育的发展和高校思想政治教育工作高度重视，发表了一系列重要论述。2016 年 12 月，习近平总书记在全国高校思想政治工作会议上强调，高校思想政治工作关系着高校培养什么样的人、如何培养人及为谁培养人这个根本问题，要坚持把立德树人作为中心环节，将思想政治工作贯穿于教育教学全过程，实现全程育人、全方位育人，努力开创我国高等教育事业发展的新局面。

2017年，中共中央、国务院印发的《关于加强和改进新形势下高校思想政治工作的意见》指出，加强和改进高校思想政治工作需要坚持全员全过程全方位育人，把思想价值引领贯穿于教育教学全过程和各环节，形成教书育人、科研育人、实践育人、管理育人、服务育人、文化育人、组织育人长效机制，明确了“三全育人”新格局。党的十九大报告指出，“建设教育强国是中华民族伟大复兴的基础工程，必须把教育事业放在优先位置，加快教育现代化，办好人民满意的教育。要全面贯彻党的教育方针，落实立德树人根本任务，发展素质教育，推进教育公平，培养德智体美全面发展的社会主义建设者和接班人”。根据党的十九大精神提出的新任务、新要求，为进一步推动高校思想政治工作会议精神落地生根，大力提升高校思想政治工作质量，中共教育部党组印发了《高校思想政治工作质量提升工程实施纲要》，将其作为教育质量提升工程的顶层设计，明确指出要不断深化服务育人，把解决实际问题与解决思想问题结合起来，提供靶向服务，增强供给能力，在关心人、帮助人、服务人的过程中教育人、引导人。结合新时代高校服务育人的要求，高校服务育人工作应坚持“育人为本”原则、“德育为先”原则、“全面育人”原则和“目标靶向”原则。

## 一、“育人为本”原则

“育人为本”是教育的生命和灵魂。“育人为本”的教育思想，要求教育不仅要关注人的当前发展，还要关注人的长远发展，更要关注人的全面发展；不仅要关注被育之人、育人之人，还要关注所服务之对象，为国家服务、为人民服务，不断满足国家和人民群众的需要。在服务育人工作中，高校应面向全体学生，以服务为载体，以育人为根本，以提高学生素质为目标，为人的终身学习和终身发展服务；充分发挥学生的主动性，把促进学生健康成长作为学校一切工作的出发点和落脚点；关心每个学生，不断完善服务育人长效机制，加强服务育人队伍建设，提高教职员工整体素质。

### （一）坚持“育人为本”原则的必要性

坚持“育人为本”原则是教育的本质要求。从本质上讲，服务育人是基于人的思想和行为的社会实践活动，其根本任务就是通过为学生提供服务的方式去教育人、影响人，帮助学生树立正确的世界观、人生观和价值观，为个体发展确定方向、促进其认知发展和道德人格的完善。在“育人为本”原则的要求下，服务育人应当把满足学生的发展需要，唤醒受教育者的自主意识作为立足点和出发点，彰显学生的主体作用，关心他们的切身利益，尽可能满足学生在成长过程中的物质需求、精神需求和心理需求。这样的教育才具有实效性，教育的内容才能真正入脑入心，服务育人本身的发展才具有可持续性。

坚持“育人为本”原则是增强教育有效性的关键。受传统思想政治教育模式的影响，高校在一定程度上长期存在重“社会本位”、轻“人本位”的现象，在价值取向上，过分注重对社会需要的满足，而轻视了个体发展的需要。教育不仅仅要让学生掌握一些基本的知识理论，更重要的是要教会学生如何做人、如何处理复杂的社会关系、如何认识社会、如何适应社会等。要从根本上解决当前高校教育中存在的问题，增强服务育人的有效性和影响力，就必须坚持“育人为本”的原则，将社会价值与个体的发展价值有机统一起来。

### （二）实现“育人为本”原则的有效途径

#### 1. 尊重学生

《普通高等学校学生管理规定》指出，学生在校期间依法享有以适当方式参与学校管理的权利，对学校与学生权益相关的事务享有知情权、参与权、表达权和监督权。高校应当充分尊重学生参与管理的权利，将学生需不需要、学生认不认可、学生满不满意作为各项工作的出发点和立足点，且高校工作人员应主动增强服务育人的主动性、针对性和实效性，不断提高服务学生的能力和本领，努力适应时代的特点和形势的需要。

#### 2. 突出服务

传统的大学生思想政治工作偏于单向的、管理的指导式，甚至是训导式的教育模式，学生工作者把大学生放在一种被教育、被指导的地位，其特点是重教育和管理而轻服务，这显然不能满足当前大学生的需求。高校学生工作不仅要重视教育和管理，更要突出服务理念，提升服务水平。

顶层设计要引领服务理念。高校学生工作顶层设计要抓住大学生成长过程中的关键问题、核心问题和重大问题，站在谋全局的高度，从大学生入学、毕业到走向社会整个过程，在规章制度、落实措施、各层面协同、软硬件设施等方面通盘考虑，从服务大学生全面发展这个角度进行设计。

日常生活要涵盖服务理念。大学生思想政治教育如果仅仅停留在对问题的阐释和说明上，很难真正发挥作用。思想政治教育要真正深入大学生的生活、学习，在解决生活问题、学习问题的过程中解决思想问题。因为随着社会发展和生活水平的提高，人们的认知水平接受程度也在不断提高，只有在加强思想政治教育的同时，不断改善大学生的生活条件、完善服务体系、丰富服务载体，使之能切实感受到真诚服务，思想政治教育的魅力和说服力才能体现出来。

人文关怀要彰显服务理念。现在的大学生对是非、善恶、美丑、爱憎等的态度比以往任何时代都要鲜明。这既是推动新一代大学生成长进步的强大动力，又难免成为诱发矛盾和问题的导火索。高校应注重人文关怀，通过富有魅力的寓教育、管理于服务之中的活动，激发大学生围绕人生意义进行深入思考。

## 二、“德育为先”原则

“坚持德育为先，立德树人，把社会主义核心价值体系融入国民教育全过程。”这是《国家中长期教育改革和发展规划纲要（2010—2020 年）》（以下简称《纲要》）提出的战略主题之一。《纲要》指出，要加强理想信念教育和道德教育，坚定学生对中国共产党领导、社会主义制度的信念和信心，把德育渗透于教育教学的各个环节，贯穿于学校教育、家庭教育和社会教育的各个方面；要切实加强和改进大学生思想政治教育工作，创新德育形式，丰富德育内容，不断提高德育工作的吸引力和感染力，增强德育工作的针对性和实效性。坚持“德育为先”原则是学校育人工作的重要原则之一，是高校服务工作者从事育人工作的基本准则，也是衡量和检验育人工作有效性的主要标准。

### （一）坚持“德育为先”原则的必要性

（1）坚持“德育为先”原则是青年学生正确树立社会主义核心价值观的需要。政治思想和道德品质是一个人成长的根基。当今我国处于开放的国际环境与多元文化的背景之中，而青年大学生正处在世界观、人生观、价值观形成的过程之中，“德育为先”更具有必要性和紧迫性。

（2）坚持“德育为先”原则是建设中国特色社会主义事业的需要。青年人是推动历史发展和社会前进的重要力量，而大学生是青年中的优秀分子。大学生是全面建成小康社会的突击队，是中华民族实现伟大复兴的生力军，他们的思想道德素质、科学文化素质和健康素质能否承担起如此重任，直接关系到党和国家的生死存亡，关系到中国特色社会主义事业的兴衰成败，关系到中华民族伟大复兴目标能否如期实现。因此，坚持“德育为先”的原则，帮助大学生树立正确的世界观、人生观、价值观，坚定中国特色社会主义的理想信念，是社会主义中国大学的重要职责。

（3）坚持“德育为先”原则是中国特色社会主义高校办学的需要。德育关系到高校办学方向、学校形象、育人质量等重大问题。要端正高校办学的社会主义方向，全面贯彻党的育人方针，就必须引导广大教育工作者树立“德育为先”的观念。目前，部分地区、部分高校还存在“重科研轻德育”的现象，坚持“德育为先”原则，既是一种导向，也是一项有力措施，可以强化教育工作者“德育为先”的意识，建立健全落实“德育为先”的各项制度，形成“德育为先”的文化环境，从而增强教育工作者德育首位的思想意识，使“德育为先”成为教育者的共识和行为准则。

（4）坚持“德育为先”原则是提高高校整体素质和水平的需要。提高高校整体素质是现代学校发展的综合目标。高校德育素质是学校整体素质的重要组成，在学校素质结构中居于主导地位，对于学校的其他素质具有导向、制约、激励和保障作用。可见，德育在高校办学中的地位与学校的发展后劲或发展前景有密切关系。高校重视德育，坚持“德育为先”原则，就能带出一支责任心强、素质高、善于教书育人的教师队伍；就能真正坚持“育人为本、德育为先”的办学方向；就能形成良好的教风、学风和校风，培养出高质量的社会主义建设者和接班人。

### （二）实现“德育为先”原则的有效途径

“德育为先”原则是指在教育工作过程中，育人工作者坚持德育首位，努力促进德育目标的实现。它包括三层含义：第一，把德育放在素质教育的首位是德育工作的一项重要任务；第二，落实“德育为先”原则是德育工作者的重要职责；第三，要把坚持“德育为先”原则贯穿于德育工作的全过程，按照教育规律的要求，处理好德育与其他各育的关系，进而提高德育质量，争取获得最佳的德育效果。

#### 1. 确立“德育为先”的办学指导思想

思想是行动的指南，正确的指导思想，是保证学校教育健康发展的前提。德育是素质教育的灵魂，坚持“德育为先”原则就是要在办学指导思想上把德育放在素质教育的首位，高度重视学生的政治、思想、道德素质，把“立德树人”作为学校的根本任务，让学生首先学会做人。坚持“德育为先”，必然要求学校把坚定正确的政治方向放在首位，发挥德育在素质教育中的导向、动力和保证作用，为智育等各育提供精神动力，为学校教育和学生的全面发展提供思想保证，实现德智体美各育之间的良性互动，保证智育及其他各育的健康发展。

2. 健全制度政策，保证“德育为先”

高校应建立健全德育工作保障制度，提要求、定目标、有计划、严奖惩，保障“德育为先”原则落地落实。通过管理制度和激励机制的有力推行，将做好德育工作转变为全体教职员工的自觉行动。

3. 将“德育为先”原则贯穿于高校工作全过程

学校各个职能部门在日常工作中承担了大量的管理工作，履行着重要的职能，但蕴含在管理中的服务也不容忽视。只有全校上下都以立德树人的意识高度重视和关心学生的成长，并从行动上切实贯彻和落实服务意识，才能在真正意义上实现服务育人。

## 三、“全面育人”原则

“人以一种全面的方式，也就是说，作为一个完整的人，占有自己全面的本质，要实现这一价值目的，根本上即实现人的自由而全面的发展。”此为马克思的人的全面发展理论的核心观点。马克思的人的全面发展理论作为马克思理论的重要组成部分，为我国高校育人模式选择提供了理论基础，对促进大学生的发展具有极其重要的理论和实践指导意义。《中华人民共和国高等教育法》总则第四条明确规定：“高等教育必须贯彻国家的教育方针，为社会主义现代化建设服务，与生产劳动相结合，使受教育者成为德、智、体等方面全面发展的社会主义事业建设者和接班人。”高校要实现立德树人的育人目标，必须将全面发展作为育人模式选择的核心目标，通过全方位、立体化的教育来培育新时代的青年。一是要注重大学生德、智、体、美、劳等各种能力与素质发展的全面性，而不能只强调某一方面的能力或素质的发展。二是要从人的需要角度出发，不断满足大学生各种层次的需要。由于性别、年龄、民族、爱好、家庭背景等的不同，大学生的需要也各不相同，要理解大学生在不同阶段所体现出的需要的侧重点，并在实际工作中不断地满足他们的需要，促使其健康成长与发展。三是要重视大学生社会关系的发展。现代大学已经不再是封闭的象牙塔，学生不能“两耳不闻窗外事，一心只读圣贤书”。四是要关注大学生个性的发展，引导大学生发展积极健康、向上向善的个性。

通常认为，全面育人包括全员育人、全过程育人、全方位育人三个方面。2016 年 12 月，习近平总书记在全国高校思想政治工作会议上强调，“要坚持把立德树人作为中心环节，将思想政治工作贯穿教育教学全过程，实现全员育人、全过程育人、全方位育人，努力开创我国高等教育事业发展新局面”。党的十九大再次强调，要把德育摆在更加重要的位置，丰富育人载体，创新育人方式，构建长效机制，写好立德树人新篇章。

“全员、全过程、全方位”的全面育人机制打破了传统的教育模式，通过挖掘高校显性教育和隐性教育搭建一个全方位、宽领域的育人平台，是新形势下育人机制的重要创新，为大学生成才提供了可靠保障。构建高校“三全育人”模式强调对学生知识、兴趣、价值观、实践水平和服务社会能力等多方面的培养，将思想价值引领贯穿教育教学全过程和各环节，形成育人的长效机制。

### （一）坚持“全面育人”原则的必要性

高校思想政治教育“三全育人”并非产生于偶然，而是对育人工作现实状况的反映，服务于立德树人根本任务。

#### 1. 坚持“全面育人”原则是立德树人根本任务的内在要求

当前国内外形势复杂，部分消极倦怠的文化思想输入严重，这些思想会侵蚀学生的道德约束感，导致学生过分追求物质享受，人际关系异化，严重影响大学生思想品德的形成与发展。新时代高校的使命是培养美育、体育、劳育与德育、智育同向发展，知识丰富、能力全面、价值正向的素质型时代新人。高校思想政治教育应立足“三全育人”的出发点，从传授理论知识入手，拓宽知识的广度和深度，提升思想认知水平；以培育社会主流意识形态为着力点，塑造高尚的道德品质；以实践为检验标准，推动积极的思想外化为正确的行为习惯。

2. 坚持“全面育人”原则是思想政治工作发展的必然趋势

开展高校思想政治工作，须遵循其客观规律，把握“三因”理念。习近平总书记强调，“做好高校思想政治工作，要因事而化、因时而进、因势而新”。高校思想政治工作“因事而化”是指凭借“具体事件”化人，依据“普遍真理”育人，根据“客观事实”教人，促进教育对象内在矛盾运动，使其思想和行为符合社会要求。高校思想政治工作“因时而进”是指高校要遵循事物发展的客观规律，紧跟时代发展潮流，紧抓发展关键时机，推进思想政治工作正向发展。高校思想政治工作“因势而新”是指高校应科学把握“世界发展新形势、国家发展新趋势、学生学习新态势”，探索德育新模式。新时代背景下，高校育人工作呈现出新的发展特点，应重新审视教育对象，注重人文关怀，弱化知识的工具性，挖掘隐形教育资源，引导青年学生坚定共同奋斗目标，与民族同命运，与国家共发展，勇做新时代建设者。“三全育人”遵循思想政治工作规律，坚持解决思想问题和现实问题相结合，有助于解决大学生思想困惑，消除心理障碍，以问题意识为导向，解决教学与日常生活“两张皮”的现实问题，提升育人工作实效。

3. 坚持“全面育人”原则是培育时代新人的应有之义

我国未来社会事业发展需要依靠青年力量，培育时代新人需要依靠高校主阵地，培养素质型人才离不开高校育人工作。以培养能担当民族复兴大任的时代新人为着眼点，承担育人工作重要职责，是党和国家对高校教育提出的时代新任务。当代青年生活在物质基础丰厚、民主权利平等、社会文化多元、社会保障完善的时代，具有较高的思想觉悟，与此同时，西方社会思潮夹裹在各种社会信息中、渗透在各类网络媒介中，模糊了青年的社会主义价值观。随着改革开放纵深发展，市场经济弊端在思想领域逐渐显现，青年价值观趋向功利化，理想信念淡化。高校思想政治教育“三全育人”顺应我国培育时代新人的发展趋势，坚持“育人为本”的核心理念，研究当代青年的新特征，从课程、科研、实践、文化、网络、心理、管理、服务、资助、组织“十大”育人体系入手，全面提升当代青年的思想政治素质，解决理想与现实落差带给当代青年的心理失衡问题，消解不良社会思潮对青年理想信念的冲击；解决育人队伍不完善、育人过程不连贯、育人方位不协调的问题，提升培育时代新人的工作水平。

（二）实现“全面育人”原则的有效途径

1. 全员参与，形成高校立德树人育人主体合力

高校立德树人主体包括教师、学生、家长和社会力量。“三全育人”中的全员育人要求形成高校思政课教师、学工队伍、行政管理队伍和家庭成员齐抓共管的育人合力，通过积极推进学生主动学习和自我教育，全力开展立德树人工作。非教学人员亦肩负着服务育人的职责，首先要有坚定的共产主义信仰，有高度的政治自觉，在与学生接触的过程中充分体现一个共产主义信仰者应有的政治品质和管理意识。其次要在学识上狠下功夫，新时代高等教育提倡全员为师，在大学校园构建处处是课堂、人人是教师的全方位育人环境，非教学人员也要树立“终身学习”的理念，不断学习吸收育人知识，在日常管理服务过程中以正确的方式引导学生、启发学生、感染学生，用专业的技能为学生解答疑惑、排忧解难，保证育人工作层层推进、落在实处。最后要不断提升服务素养，以饱满的服务热情、诚恳的服务态度、文明的服务用语等让学生感受到温暖和爱意，构筑美好的服务大环境，让置身其中的学生耳濡目染，对其建立正确的人生观、价值观和世界观起正向迁移作用。

2. 全程投入，加强高校立德树人各阶段有序衔接

以立德树人为基础的高校全过程育人要求立德树人各个阶段相互衔接，把立德树人贯穿到大学生成长成才的各个阶段，做到全过程覆盖、无空白。实现立德树人的全过程覆盖，第一，要做好进入高校前和进入高校时两个阶段立德树人工作的相互衔接，因为这既是中等教育的结束点，亦是高等教育的开启点，做好入校前和入校时立德树人工作衔接，有助于高校立德树人工作的顺利进行；第二，确保入校后各个立德树人阶段无空白衔接，高校是立德树人的重要阵地，确保高校立德树人各阶段有序衔接就是确保高校立德树人的实效性；第三，加强毕业时和毕业后立德树人工作的衔接；第四，要助推学校立德树人工作和社会立德树人工作相衔接，确保立德树人工作的长效性。

3. 全方位展开，助推高校立德树人多方联动

随着时代的发展，高校立德树人工作的内涵变得更加丰富，形成更加完整的体系，但无论选择什么样的教育方式、手段，其目的都是促进高校学生自由而全面的发展，即对学生进行全方位的思想政治教育。以第一课堂为主

线，开辟第二课堂，拓展第三课堂，使三个课堂相互联系、相互补充，覆盖课堂、实践和网络三个维度，推动三个课堂联动，把立德树人这个主题贯穿到三个课堂，以其不同的性质、不同的方式、不同的特点全面促进高校立德树人工作和党的教育方针同向共行、和学校内涵式发展同频共振、和学生成长的需要无缝对接，从而形成全面和谐的立德树人环境，可增强大学生的参与感，让思想政治教育渗透到学生学习、生活的方方面面，有效地提高立德树人的实效性。

## 四、“目标靶向”原则

中共教育部党组 2017 年 12 月印发的《高校思想政治工作质量提升工程实施纲要》指出，高校要不断深化服务育人机制，把解决实际问题与解决思想问题结合起来，围绕师生、关照师生、服务师生，把握师生成长发展需要，提供靶向服务，增强供给能力，满足师生工作学习中提出的合理诉求，在关心人、帮助人、服务人的过程中教育人、引导人。服务保障部门要在围绕学生、关照学生、服务学生上下功夫，在提供靶向服务上下功夫，在教育人引导人上下功夫，其最根本的任务就是要打通服务育人“最后一公里”，通过完成岗位工作目标实现育人功能。若要通过岗位服务实现育人的功能，服务保障部门应确立清晰的岗位目标，明确服务对象，深入挖潜各个岗位承载的育人元素，并贯彻到整体制度设计和具体操作环节中，将岗位规范和服务标准条款化、具体化，通过岗位服务解决学生的实际问题和思想问题，更好地适应和满足学生的成长诉求、时代发展要求、社会进步需求，同专业思政、课程思政、网络思政等共同构成学校思想政治教育的主渠道，同向发力、同向而行，共同为青年学生的成长成才服务。

### （一）坚持“目标靶向”原则的必要性

#### 1. 坚持“目标靶向”原则是新时代服务育人的必然要求

高校服务育人要以习近平新时代中国特色社会主义思想为指导，以立德树人为根本，以理想信念教育为核心，以社会主义核心价值观为引领。要注重思想政治工作的实效性，做到因事而化、因时而进、因势而新，既要坚持问题导向，做到对症下药，解决学生思想生活中的实际问题，又要研究学生的潜在需求，提供精准的靶向服务，提高以需求为导向的供给侧服务能力。

2. 坚持“目标靶向”原则是做好学校服务保障工作的现实需要

新时代人民日益增长的美好生活需要和不平衡、不充分的发展之间的矛盾同样体现在学校中，受经费和发展空间等诸多因素的影响，学校在硬件设施、服务条件等方面还存在一些一时难以解决的困难，供给侧和需求侧之间存在现实矛盾，如图书资源不充分、图书馆座位不充足，学生宿舍住宿紧张，校园服务信息化技术滞后，社会化服务单位重效益轻管理等问题不同程度的存在。面对种种问题，高校一方面要增强供给能力，根据学生需求提供靶向服务，同时要发挥思想政治工作的传统优势，做到“以理服人，以情动人”，在温馨服务中教育人、引导人。

（二）实现“目标靶向”原则的有效途径

1. 践行社会主义核心价值观

习近平总书记强调高校要“坚持不懈培育和弘扬社会主义核心价值观，引导广大师生做社会主义核心价值观的坚定信仰者、积极传播者、模范践行者”。长期以来，学校后勤、图书馆等服务保障部门，各守一方，默默无闻，辛勤奉献，为学校的稳定发展和师生的学习与生活提供了良好的条件。新时代，服务工作者更要学习和弘扬劳动精神，学习劳模和工匠精神，爱岗敬业，诚实守信，树立以师生为中心的服务理念，将社会主义核心价值观落细、落小、落实，加强品行修养，遵守职业道德规范，做到以德修身、以德立言、以德育人。

2. 提升专业化服务水平

服务保障部门要与时俱进，提升专业化服务水平。一方面要加大服务人员的岗位培训力度，鼓励服务人员及时学习新知识、新技能，拓展服务的深度和广度，评选服务标兵、明星窗口，建设一支业务精良的校园服务队伍。另一方面要以师生需求为导向，不断优化服务手段，牢记岗位职责，提供规范化、标准化、精细化、信息化的优质服务。面对学生日益增长的对美好生活的需要，面对网络原住民对信息技术体验感的需求，校园服务应顺应时代发展，从学生实际需求出发，做好顶层设计，拉高标杆，积极推进管理服务模式转型升级，通过精细化服务提升服务价值，通过信息化建设提高服务效率，营造线上线下、无时不在、无处不在的校园服务环境。

## 第二节　服务育人工作的根本要求

坚持把立德树人作为根本任务，是习近平总书记对新时代教育改革发展的重大理论创新和战略部署，可将其上升为检验和衡量学校一切工作的根本标准。习近平总书记提出“德是首要、是方向”的理念，高校要将这一思想贯穿到教育的全过程，使社会主义核心价值观的内涵真正渗透到大学生的心里。要切实落实“立德树人”的根本任务，在日常的服务工作中充分思考岗位工作对学生的教育功能，把深刻学习领会、坚决贯彻落实习近平总书记的重要讲话和大会精神作为当前和今后一个时期的首要任务。因此，落实“立德树人”根本任务，首先要深刻理解党对高校育人工作的指导思想，明确“六个下功夫”的育人要求，遵循思想政治工作规律，遵循学生成长规律。

### 一、明确高校育人指导思想

高校要深刻理解党对高校育人工作的指导思想，明确“六个下功夫”的育人要求，落实“立德树人”根本任务，提高服务育人的工作成效，就必须深刻理解党对“培养什么人”的指导思想，这是做好育人工作的前提和基础。习近平总书记在全国教育大会上的重要讲话中谈到“培养什么人”是教育的首要问题，指出教育学生要做好“六个下功夫”，即在坚定理想信念上下功夫、在厚植爱国主义情怀上下功夫、在加强品德修养上下功夫、在增长知识见识上下功夫、在培养奋斗精神上下功夫、在增强综合素质上下功夫，并明确了培养能担当民族复兴大任的时代新人的方法论和高校育人的总体方向。因此，高校要围绕“六个下功夫”的育人要求，提升服务育人成效，优化服务育人机制。

### 二、遵循思想政治工作规律

“所谓思想政治工作规律，就是按照人们思想、行为变化的特点和规律进行思想政治工作的必然遵循。”思想政治教育就是以人的思想和行为为出发点，遵循一定的规律，发展人的思想品德。

（一）遵循思想政治工作规律，要坚持高校思想工作的政治导向性

思政工作者的首要角色应当是学生健康成长的引导者，引领学生树立科学

合理的价值观、政治观、消费观、人生观；此外，要在高校教师和学生中做好党员发展工作，加强党员队伍的教育管理。在实际育人工作中，应将“三贴近”（贴近实际、贴近生活、贴近学生）作为基层党组织发展建设的重要途径，将“三入”（入耳、入脑、入心）作为大学生思想政治实践工作的主抓手。

（二）遵循思想政治工作规律，要增强高校政治工作的科学性

思想政治工作的核心在于人，要想保证其工作的严谨性、科学性，就必须以马克思辩证唯物主义和历史唯物主义作为基本指导理论，在新时代习近平中国特色社会主义思想指导下，结合科学的工作方式方法，共同发挥效用。

## 三、遵循学生成长规律

遵循学生成长规律，就是要尊重学生的主体性，注重满足学生的内在需求，关注学生的成长发展。准确了解学生的内在需要，对于服务育人工作有重要作用。只有如此，才能充分落实“以人为本”的基本理念。第一，关注学生的实际需要。要把解决实际问题与解决思想问题相结合，在解决实际问题的过程中，凸显解决思想问题的人文内涵和精神支柱作用。要将大学生的心理健康教育和就业指导教育作为重中之重，为其健康成长及未来的发展铺设道路。第二，关注学生的精神需求。可以通过一些文体活动丰富大学生的内心世界，提高其品味，丰富其内涵，以现代视野和精神培养他们的健全人格和政治素养。第三，从约束学生到激励学生，真正实现“变管理为服务”。学生是一个完整的人，既是义务主体，又是权利主体。高校要充分尊重学生的权利，尊重他们的主体性、自主性，让学生能够畅所欲言，充分培养学生的积极性和主动性，促使其潜能的开发。要从单向单一的教育管理转向双向的沟通和交往，促使工作人员与学生实现良好互通互助，以实现双向发展、共同进步。此外，各项工作或活动的过程要真正做到公开透明，让学生主动理解学生事务服务承载的价值与理想，积极认同其中体现的正确的思想观念和价值观念。遵循学生的成长规律，坚持促进学生的全面发展，在充分开发个体潜能的基础上，注重个体差异，通过引导、激励、唤醒和鼓舞发挥学生的最大潜能，使之成为自觉优化、全面发展的个体。高校学生事务服务和育人活动要在坚持科学理论指导的前提下促进学生全面发展，既要关心学生的学习、生活等基本问题，又要重视学生的素质发展、人格培养、价值观确立

等精神方面的需求和发展；既要关注学生科学文化素质的提高，又要注重提升学生的思想政治素质，促进其发展的可持续性；既要全面推进现代化、智慧化的服务模式，又要鼓励学生积极开展自我服务，丰富学生的实践活动内容，提高学生的综合能力。当然，在促进全面发展的基础上，也要尊重学生的差异化、个性化的特征，鼓励学生个性化发展。

## 四、 积极推进“三全育人”

落实立德树人根本任务，关键是要做到全员、全过程、全方位。全员育人强调所有的学校教职员工都要参与到育人工作中去，充分发挥各自的职责作用，通过直接施教或间接引导的方式引领学生的思想和行为，实现“立德树人”的目标。全过程育人强调高校不仅要将“立德树人”贯穿于高校教育教学全过程和学生成长成才全过程，融入高校育人工作的各个环节，以及学生从入学到毕业的整个过程，而且要考虑学生的长远发展，实现育人的未来导向，形成全领域、长时段、持续性的育人机制。全方位育人强调高校要从课内与课外、线上与线下、校内与校外多个维度落实“立德树人”根本任务，建立多元化、互补化、融合化的“大思政”格局。“三全育人”体现了“立德树人”的内在要求，顺应了人才培养的发展趋势，契合了思政工作的开展规律。推进高等教育“三全育人”，必须要把“立德树人”这一根本理念贯穿到思想引领、文化教育、社会实践的各环节，使其在学科体系、教学体系、教材体系、管理体系乃至服务体系等各方面都得到充分体现。高校要基于大学生的发展特点，充分整合和利用资源，构建全校范围的整体育人体系。“三全育人”体现了服务育人的最高境界，有助于高校真正建立立体式的服务育人机制，形成党委统一领导，各部门共同参与、齐抓共管的新格局，即党委统一领导，学工部、团委组织协调，辅导员、班主任积极参与，行政管理人员、后勤人员的重要作用充分发挥的新局面。另外，为全面贯彻落实习近平新时代中国特色社会主义思想和党的十九大精神，大力提升高校思想政治工作质量，“三全育人”综合改革试点工作的推进与成效分外重要。在学校层面，应以“十大”育人体系为基础，推动高校思想政治工作融入人才培养的各环节；在院系层面，要明确各项工作中的育人元素和逻辑，构建一体化育人体系。

## 第三节　服务育人协同机制

### 一、 新时代服务育人协同机制的内涵

#### （一）协同与协同育人

1. 协同

对于“协同”，《现代汉语词典》给出如下解释：“各方互相配合或甲方协助乙方做某件事”。由此可见，“协同”一词强调的是主体之间的互动目标性及各方相互合作共同实现某一目标的行为。“协同”又是协同学最基本的概念之一，在协同学范畴内的“协同”主要是指“在一个复杂的系统内部，构成这一复杂系统的各子系统之间相互配合、相互影响、相互制约所产生的协同作用和合作效应，而在协同作用的影响下，整个系统便处在自组织的状态，体现在宏观和整体方面就是指这一复杂系统具有结构和功能。”新时代高校服务育人是由多个子系统组成的复杂系统，其内部各要素之间协同合作程度的高低，对于实现教育目标、发挥育人作用、达到育人效果具有十分重要的意义。因此，将协同理念融入高校服务育人的实际工作中显得尤为重要。

2. 协同育人

虽然学界围绕“协同育人”展开了一定的研究，但目前尚没有对其概念和含义做出官方界定或权威解释。研究者徐平利在《试论高职教育“协同育人”的价值理念》一文中，曾将“协同育人”诠释为“各个育人主体以人才培养和使用为目的，在系统内共享资源、积蓄能量的有效互动”。袁小平在《高校思想政治教育与创新创业教育的协同育人模式研究》一文中将“协同育人”定义为“两个或两个以上的不同资源或个体在系统内坚持资源共享、优势互补、责任分担、利益互赢、能量积蓄的原则，共同培养符合社会需要的高技能人才的有效互动过程或活动”。协同育人理念强调各育人主体之间相互配合、互通有无，从而实现整体效能的提高，这样不仅能够有效地避免各育人主体单兵作战的局面，而且对于提升教育水平、实现育人目标有重要的促进作用。

### （二）机制与新时代高校服务育人协同机制

1. 机制

“机制”是一个西方概念，最早来源于希腊文。这一概念最初运用在自然科学领域，是指事物或者是自然现象的作用原理、作用过程及其功能。随着自然科学的不断发展，“机制”一词逐渐进入社会科学领域，意指构成社会的各要素之间的相互关系、运行过程及其运行原理。简而言之，“机制”强调的是一种相互适应、相互制约和自行调节的关系，以及各要素之间发生的运行过程和相互作用的方式。“机制”一词既包含静态的内部各子系统自身及这些子系统之间的相互关系，又包含动态的相互作用方式和运行过程。

2. 新时代高校服务育人协同机制

笔者在系统分析和把握前人研究成果的基础上，尝试对新时代高校服务育人协同机制的内涵进行界定：新时代高校服务育人协同机制是指承担高校服务保障任务的各子系统在遵循协同育人原则的基础上，既各成体系又相互作用，为了实现共同的服务育人目标而形成的相互协作、取长补短、有机衔接的稳定的关系及其内在的运行方式和过程。

作为一种新的理念和模式，新时代高校服务育人协同机制具有以下特征：

第一，系统性。新时代高校服务育人协同机制是由多个要素组成的复杂系统，它通过对系统内的各构成要素进行调整与协同，使之达到平衡、完整的状态，其目标是使各要素组成的整体能够最大限度地发挥其功能，实现整体目标的最优化。因此，机制建设要从整体和全局出发，不仅要构建系统内部的最优结构，还要强调系统整体功能的发挥和整体效果的提升，并最终实现 $1+1>2$ 的功效。

第二，互动性。仅仅依靠学校内部各服务保障部门、家庭或社会等某一单一领域对大学生开展思想政治教育，难以达到预期的育人效果，而且各育人主体不是孤立静止的，而是联系且发展的。因此，必须将各个育人要素整合起来，使各部分既能够单独发挥自身的育人优势，又能相互配合、相互促进、相互补位，共同推动教育目标的实现。

第三，动态性。新时代高校服务育人协同机制，不仅仅是一个静态的概念，它还包括系统内部动态的运行方式和过程。这一特征要求我们用动态和发展的眼光去看待其内在的运行方式和过程，明白服务育人协同机制不是一成不变的，而是随着现实情况的变化不断发展和调整的。

（三）服务育人协同机制构成要素分析

要素是机制研究的重要对象。机制的运行是其内部各要素之间相互联系、相互制约、相互补充并最终实现整体功能和最终目标的过程。因此，对机制内部的各个要素及要素间的相互关系进行探索与剖析，能够为进一步建立健全新时代高校服务育人协同机制提供重要支撑。对机制的要素分析主要从主体要素、客体要素、载体要素和环境要素四个方面展开。

第一，主体要素。它主要是指机制内承担服务育人任务的组织或个人。按其所属的不同领域，可划分为校内服务育人主体、校际服务育人主体和校外服务育人主体三类。校内服务育人主体是指高校内从事服务保障工作的教职员工和职能部门，主要包括思想政治理论课教师、非思想政治理论课教师、校内管理人员、校内服务人员及负责开展学生服务保障工作的各级组织和部门等；校际服务育人主体是指高校之间为实现服务育人协同目标而形成的服务育人联合组织中的成员，主要包括各高校的服务保障部门领导、服务育人先进工作者、师生服务中心工作人员和相关管理人员等；校外服务育人主体是指高校外部承担服务育人任务的个人、组织和团体，主要包括家庭、社会、科研机构、合作单位及其组成人员等。

第二，客体要素。它主要是指思想政治教育的育人对象，这里的客体要素是高校青年大学生。在建立健全大学生思想政治教育协同育人机制的过程中，教育客体的配合对于激发教育主体的育人积极性、推动机制高效运行、提升思想政治教育的育人水平等有着不容忽视的作用。因此，要通过正确且有效的方式对客体实施激励，在这一过程中充分发挥大学生自我教育的积极性，使大学生个人、学生组织和学生团体等发挥能动作用，并且主动地参与到高校思想政治教育活动中，与教育主体相互配合，共同推动机制的良好运行。

第三，载体要素。它主要是指思想政治教育的内容和方法。新时代高校服务育人协同机制包含丰富的教育内容，即世界观、纪律与法治观、人生理想、人生价值、爱国主义、社会公德、职业操守、家庭美德等方面的教育。教育方法也多种多样，包括课堂讲授、网络教育、实践活动、大师讲座、环境熏陶、榜样宣传等。在具体的服务育人过程中，教育者要改变单一的说教方式，运用学生们喜闻乐见的方式，将教育内容潜移默化地传输到大学生的心中，并使之外化于行动，从而使机制真正发挥作用。

第四，环境要素。它主要是指机制在运行过程中，与之相关的一系列的客观条件和外部状况，既包含宏观环境又包含微观环境。服务育人的微观环境主要包括课堂学习环境、学校管理环境、学校生活环境、学校学风环境、校园文化环境、学生家庭环境、学校硬件设施建设、师资状况等；宏观环境主要包括校际育人环境、校企育人环境、网络环境、社会风气、国家大政方针等。环境要素能够通过促进作用或抑制作用影响高校服务育人协同机制的运行效果。

## 二、 服务育人协同机制实现创新发展

服务育人协同机制的内涵和外延会随着高等教育的发展不断丰富与变化，高校思想政治工作者应围绕学生有针对性地动脑筋、想办法、下功夫，构建以服务学生为中心的协同育人机制，并随时代发展转变理念、创新制度和方法。

### （一）建设并发展大学生事务中心，提供集成式个性化服务

近年来，基于对校园公共资源的合理分配与促进思想政治教育更具成效的思考，我国部分高校尝试将具有学生事务服务性质的工作从学校的各职能部门中拆分出来，建设集教育、管理、服务于一体的线上线下相融合的“一站式”学生事务服务中心，为学生提供校园公共服务。

学生事务服务中心在服务育人理念的指引下统筹协调，整合校内各部门学生相关事务，优化各项事务的办理流程，提高学生事务办理效率，推动学生服务与管理工作由“统一供给”向“个性化服务”转变。随着智慧校园建设的深入推进，不少高校设立了线上学生事务大厅，其与实体事务服务中心互融互通，进一步完善了校园各类公共服务，突破了学生事务服务在空间和时间上的限制，大大节约了学生办事的时间和成本，让学生拥有更多的幸福感和获得感。此外，高校还为学生事务服务中心配备勤工助学岗位，结合服务育人元素开展各种学生活动，将学生事务服务中心打造成学生自我服务、自我教育、自我管理的载体及平台。

### （二）构建“互联网＋服务”模式，细化服务育人协同机制

在“互联网＋”时代，随着信息技术的迅猛发展，新的媒体技术也在不断变革，为服务工作精细化创造了条件。第一，积极运用信息化手段，方便快

捷、科学高效地办理学生事务。例如，在迎新阶段，充分发挥网络媒体的作用，让新生能够在入学报到之前，提前了解学校的基本情况，通过网络完成相关报到手续，入学时只需验证身份信息即可，这样不但提高了学校的工作效率，而且能减轻新生报到时对新环境产生的不安与无措，使其感受到学校的人文关怀。第二，在信息共享中实现部门联动。在高校管理中，往往有许多事务涉及多个部门，动态信息若不能及时共享、反馈，就会出现信息滞后、办事拖延的情况，大大影响学生接受服务的体验感。因此，要充分利用信息技术手段，及时共享动态信息，提高学生事务的办事成效。第三，健全学生事务管理信息系统，设置跨部门的业务流程和相对应的分级授权体系。从方便学生优于方便管理的角度出发，不以基于部门的信息管理系统构建学生事务管理信息系统，而是以面向“办事流程”和“业务场景”的应用为建设模式。

### （三）培养学生主体意识，鼓励学生参与高校管理

长期以来，我国高校实施的是以学校为主体、学生为对象的教育管理模式。但随着市场经济的发展，大学生的思想观念、价值取向发生了巨大的变化，当代大学生思想的独立性、选择性和差异性日益增强。首先，高校不仅要充分认识到学生参与校内管理的重要性，积极推动建立学生参与高校管理的机制，完善校务公开制度、学生代表大会制度、校领导接待日制度、学生评教制度等，而且要保障学生能正确、独立地行使决策权、表决权、投票权。其次，高校可以下放管理权力，鼓励学生自我管理。学生会、社团、协会等由学生为主体自行组织，教师仅负责技术指导和把握政治方向。就业服务中心、宿管中心、学生活动中心、资助中心等学生服务机构可聘请学生助理开展教育、管理和服务活动。最后，高校应成立学生监督组织，对宿舍、食堂等涉及学生权益的场所和设施实行管理监督。

## 第四节　服务育人保障机制

高校服务工作者也是教育者，是一支不上讲台的育人队伍。要实现服务育人目标，首先必须加强队伍建设，从岗位设置、聘用培训、绩效评价、监督考核等方面，完善服务育人的体制机制，在关心、帮助、服务学生中教育学生、引导学生、塑造学生。

## 一、 服务育人监督机制建设

科学完善的监督机制是保证高校服务育人工作有效推行的重要手段。高校要落实监督制度，加强对服务育人工作各环节的检查、监督和考核，落实服务目标责任制，科学有效地开展服务育人工作。服务育人工作的监督范围包括与学生成长成才息息相关的各职能部门、二级学院、学工队伍。首先，可设立全天候投诉渠道，如学生投诉热线、意见反馈邮箱等，定期开展服务满意度问卷调查，全面督察相关职能部门对服务育人思想的落实程度及其切实的工作效果，核查各职能部门服务育人工作职权使用是否得当，确保服务育人工作不缺位、不违规。其次，学生隶属于各二级学院，受学院的管理和教育，所以二级学院也是服务育人工作的重要承载单位。校职能部门要强化对二级学院相关职能科室的监督与考核，院领导也要分管各职能科室，加强对学院层面服务育人工作的监督。要重视学生服务需求，广泛征求学生意见。最后，要加强对学工队伍日常工作的监督。辅导员是学生日常思想政治教育和管理工作的组织者、实施者和指导者，在日常生活、事务办理中与学生的接触最多，其言语和行为都会潜移默化地影响学生。校职能部门及学院领导要注重对辅导员队伍的监督问责，凡在育人工作中不负责任、不履行职责、失职渎职造成不良影响的，要及时按规定给予相应处罚。

## 二、 服务育人保障队伍建设

一支专业化、职业化程度高的学生服务队伍是高校实现服务育人目标的坚实基础和重要保障。校内各岗位的工作人员都肩负着育人职责，每一位服务工作者都要明确立德树人根本任务，坚持服务育人的工作理念，从而促进高校思想政治教育工作和服务育人机制有效融合实施。高校要实现全员、全过程、全方位育人，就要注重考察育人队伍的文化素养、育人资质，加强对各类岗位工作人员的选聘、培训和考核。

### （一） 注重人员的招聘与培养

坚持公开、公正、公平及竞争择优原则，录用德才兼备的高素质人才投身高校育人工作。持续性地对现有工作队伍进行教育培训，弘扬全员育人教育理念，营造全员育人教育氛围，唤醒全员主人翁意识，提升全员的担当意识、服务意识和奉献意识。积极实施员工素质提升计划，提高他们的服务育人能力，不仅要做好岗位工作的业务培训，还要进行专业的教育培训，包括理想信念、党史理论、管理学、教育学及心理学等培训，为高校服务育人工作顺利开展保驾护航。

（二）优化人员的管理与激励

高校可通过制度强化来保障服务育人工作，不断完善服务育人工作制度建设，建立完善翔实的工作考核标准体系，严格考核教职员工对服务育人工作的参与程度和融入程度，营造“以工作成效为导向”的良好工作氛围。通过激励先进、鞭策后进的方式，提升每位工作人员的积极性和主动性、专业化及职业化能力。此外，对于高校服务育人工作队伍，还可在一定范围内实行轮岗制度，通过阶段考核来进行科学合理的岗位配置。

## 第五节　服务育人评价机制

建立评价机制是实现高校服务育人长效机制的一个重要环节，是对服务育人成效进行总结、评估，并进一步指导、完善育人工作的有效途径。高校对育人工作成效的评价方法，一般采取自上而下的定性评价，而评价对象、服务对象则被排除在评价过程之外，难免会导致评价结果具有片面性、不客观性。高校需要建立一套科学、客观的评价机制来衡量服务育人工作的成效，并让评价结果与优化机制有效衔接，更好地围绕学生、关照学生、服务学生，让学生在接受服务的过程中受到思想引领，促进高校服务育人质量的提升。

评价主体可以通过服务育人指标体系科学化、评价过程专业化、大数据的科学应用、评价结果与优化机制相衔接等手段来提升服务育人评价机制的科学性和实效性，进而提升大学生的思想品格，并利用好典型宣传、表彰奖励等正向激励措施结合丰富的教育培训，增强服务队伍的育人意识和本领。

### 一、 服务育人评价指标体系科学化

高校要以科学完善的评价机制促进服务育人工作的健康长效发展，就必须具有先进的理念、宽广的视野、发展的眼光，遵循新生代大学生的成长规律和

个性特征，探索多维立体的科学评价机制。

（一）设置多层次评价体系

坚持定性评价与定量评价相结合、纵向评价与横向评价相结合的评价方法。服务育人工作涉及多个部门、多项事务，机制复杂，需要一套可行的多层次的评价指标体系。一是要坚持定性评价与定量评价相结合，定性评价是以育人成效为立足点，根据评价对象的日常工作、活动材料或荣誉成果，直接给予评价。但这种评价方式易受到评价主体的经验、专业等因素的影响，难以精准把握评价的客观性。因此，高校要结合岗位职责制定服务育人的定量评价指标，运用数据进行更客观、更精准的评价。二是要实行纵向评价与横向评价相结合。纵向评价是指对高校不同时期的服务育人情况进行比较，以确定育人成效的稳定性和发展性。横向评价则是指在同一时期内，将校内不同部门之间、兄弟院校之间的服务育人情况进行对比和评价，弥补纵向评价中主体单一的弊端，着力打通育人工作存在的盲区。

（二）设置先进性评价指标

服务育人评价体系是督促高校做好该项工作的技术手段，高校要顺应时代发展，关注学生个性特征，重新审视旧有的评价指标体系，剔除其中对育人指导意义作用影响较小、模棱两可、形式主义的指标，突显“做工”而非“唱功”。结合学校办学传统、校园文化特色、软硬件配置情况和学生个性特点等要素，从靶向服务、流程创新、教育引导等方向入手，重点关注学生在服务中受教育的目标是否实现，创新设计更加人性化、更有导向性的新指标来促进工作。

（三）探索发展性评价指标

评价的最终目的在于促进发展。发展性评价是指通过系统地搜集评价信息并进行分析，对评价者和评价对象双方的教育活动进行价值判断，实现评价者和评价对象共同商定的发展目标的过程，旨在促进被评价者不断地发展。高校应关注学生、教职员工、学校、社会发展的需要，在评价体系中体现最新的教育理念和人性化发展趋势，突出评价的激励与导向功能，激发学生、教职员工和学校的内在发展动力，促进其不断进步，让教职员工在服务中获得提升，让学生在接受服务中受到教育，双方都能够在适应社会需求的背景下，最大化地发掘自身价值。

（四）构建可视化评价体系

可视化评价是指依靠动态数据和可追溯的事实，将隐形的指标转化成显性的、可视的和可测的项目进行定量测量。区别于课程育人和科研育人等显性教育形式，服务育人大多是通过文化熏陶、实践体悟、示范引领等途径，引导学生在潜移默化中接受教育，更多的是属于隐性教育的范畴。构建高校思想政治工作服务育人评价指标体系，应当尽可能让服务育人的主体、客体、过程、效果等具体内容可视可测，从而提高评价结果的准确性和真实性。

## 二、 服务育人评价过程专业化

通过评价来把控高校服务育人的全过程，可以及时发现育人过程中存在的问题并加以纠正，确保育人目标的顺利实现。而在评价过程中，需要注意以下几点，以确保评价的专业性、客观性和精准性。

（一）保证评价队伍的全面性

服务育人评价队伍的组成越全面，搜集的评价信息就越充分，评价结果也就越准确，能够更有针对性地解决服务育人体系中存在的问题。高校可邀请来自政府、学校、用人单位的行业专家和学者，建立校内外结合的监督评价组织体系，结合专家们不同的行业背景和专注点，促进评价指标的全面考量，保证评价结果的质量。同时，相关服务部门也要根据学校的服务育人评价标准和考核条例，定期开展自我检查和相互督察，及时改正服务育人工作中存在的问题。此外，高校应面向全校师生定期开展服务育人满意度调查，根据师生的反馈意见和期望诉求，动态调整服务内容、服务方式和评价机制，从而增强服务育人的效益。

（二）保证评价过程的公开性

高校服务育人评价机制的主要功能将评价结果公正、及时、准确地反馈给评价对象，促进其提升服务育人质量。为保证服务育人工作的评价结果能够切实发挥作用，在评价过程中需要做到全程公开，接受群众的监督，让服务育人评价工作不走过场、不变样。公开化评价还能让相关部门与工作人员心存戒律，认真贯彻落实服务育人的工作要求，时刻审慎自身的行为举止和道德修养，通过提供服务引导学生健康成长。

## 三、 服务育人评价科学应用大数据

随着互联网的高速发展和推广，人们的社交网络不断延展，思想意识和行为方式都发生了深刻变化。大数据时代造就了新的社会环境，改变了传统的社交方式。目前，高校学生群体是被称为“网络原住民”的“95 后”“00 后”，高校思想政治教育评价主体发生了很大变化，评价方法也必然需要创新性发展。之前，仅仅依靠问卷调查、职员述职、群众座谈、实地考察等形式得出结论的方式，主观经验判断的成分过大，评价方法的科学性、客观性不足，而实证量化分析又容易产生过度量化的现象，评价过程无法动态更新。

新时代，高校服务育人评价机制也可以借助大数据在搜集、存储、处理与分析数据方面的优势，对服务数据进行挖掘，建立动态监测的大数据评价体系。科学应用大数据不仅可以对已有信息进行采集、汇总，而且有助于摆脱依靠直觉主观判断对被评价者内在真实素质的误判，使评价更加精准、客观、动态、长效，同时还可以推导出准确的预判结果，更有针对性地将思想政治教育贯穿于服务中，既符合时代的要求与特色，又契合评价主体的行为特征，从而切实提升育人效果。

## 四、 服务育人评价结果与优化机制相衔接

监督评价体系能否发挥作用，关键在于其是否能得到有效的反馈和落实，即是否建立了监督评价的闭环。对评价结果进行科学合理的反馈，并以此为依据优化和改进服务育人工作的方式方法，既能让系统的评价发挥应有的作用，又能保障下一阶段工作的正常开展。服务育人的监督评价要形成闭环，不仅应该做到有依据、有组织，还要做到有督办、有落实、有反馈、有巩固、有奖惩、有记录。这样，监督评价效能才能最大化，高校的服务意识、服务能力、服务质量和育人水平才能在改进中不断提高。

首先，要强化监督考核效能，落实服务目标责任制。把服务质量和育人效果作为评价服务岗位效能的依据和标准，选树一批服务育人先进典型模范，培育一批高校“服务育人示范岗”。其次，要正确引导对评价结果的认知，扩大评价结果的影响效力。评价结果不能仅仅体现在简单的奖惩方面，应当更好地发挥其激励和发展功能。评价不光是为了监督和考核，更是为了发现服务育人

工作中存在的问题和不足，并采取恰当的方法，使其在现有的基础上得到实实在在的改进和发展。再次，根据评价结果可以及时发现学生思想素质中的显性问题和隐性缺陷，继而对服务育人工作者和学生开展更具针对性的主题教育、团体辅导等活动，或采用各种形式的干预机制。最后，通过全面的评价渠道，高校可以进一步了解学生的实际需求和日常困惑，提供靶向服务，更精准、更智慧地促进学生的全面发展，真正彰显评价机制的价值与意义。

# 第五章　新时代高校服务育人实施路径

## 第一节　服务育人实施的总目标

习近平总书记强调，要坚持把立德树人作为中心环节，把思想政治工作贯穿教育教学全过程，实现全程育人、全方位育人，努力开创我国高等教育事业发展新局面。作为“三全育人”中重要的育人体系，服务育人实施的总目标为以“立德树人”为中心，创建一流服务体系；进一步深化服务育人协同机制，形成服务育人新模式，使服务保障职能部门的全员、全过程、全方位育人体制机制更加成熟、更加定型；推动学生工作理念从管理向引领和服务转变，建立精准、优质、高效的服务育人体系，全过程、全方位满足学生发展需求。具体来说有以下几点：

一是通过服务实现育人目标。服务的主体不再局限于高校后勤，而是由高校后勤、服务企业、高校学生及学生组织共同组成。服务本身被细化为服务活动、服务环境、服务行为、服务文化等多个维度，育人的形式全过程、全范围嵌入大学生活。新时代服务育人在课堂之外培养学生的劳动观念和劳动素质，传递社会公德、职业道德和个人美德，促进学生生活习惯的养成和社会关系的形成，培养新时代的“全人”，具有动态化、生态化、潜在性、间接性等特点。

二是育人效果在服务中检验和体现。基于“实践—认识—再实践—再认识”的基本逻辑，新时代服务育人引导学生在服务自我、服务社会、服务全面建设社会主义现代化国家的过程中发现个人价值、发挥个人潜能、发展独特个性，实现自我发展与国家社会发展同心同向、同频互动。

三是不断提升服务保障质量，满足广大师生对美好校园生活的向往。2005 年底，教育部副部长袁贵仁在中国高等教育学会后勤管理分会成立 20 周年庆祝大会暨高校后勤改革发展论坛上正式提出，高校后勤社会化改革的最终目标是建立“市场提供服务，学校自主选择，政府宏观调控，行业自律管理，职能部门监管”的新型高校服务保障体系，进一步提升服务优质化程度，提升学生对学校服务保障的满意度。高校服务保障职能部门应率先垂范，更新观念，增强服务意识，深化服务机制改革，为学生提供优质服务，助力学生成长成才。

近年来，高校服务保障体系根据新时代的需求在不断发展完善，后勤综合改造工作正在如火如荼地进行。

（一）职业化服务

职业化服务是服务性行业的发展趋势，高校服务保障部门的发展也必然要走职业化发展道路。职业化服务内容丰富，首先是科技化服务，伴随着高校服务改革的不断深入和高新技术的快速应用，新产品和新技术将越来越多地运用于高校后勤的生产服务中，为了提高劳动生产率，增强竞争力，高校服务保障部门必须充分运用现代化技术，高效运用智能化后勤服务设施。其次是专业化服务，现代管理学表明，只有通过专业分工才能提高工作效率、降低服务成本，在有限的资源条件下创造更多的经济效益。最后是集约化管理，高校服务管理模式要突破“一校一户办后勤”的束缚，必须实现校际联合，规模经营，开拓集约化的道路。

（二）参与式管理

高校服务管理要走向开放化、市场化，引进先进的管理理念和管理手段，必须鼓励师生参与管理。首先是开放式管理，积极探索适应高校特点的服务管理模式，有选择地开放校内市场。其次是契约式管理，树立市场经济条件下高校后勤管理与服务的契约意识，把管理与服务职能分开，服务管理部门按市场规律选择企业，制定服务标准并依照契约加以管理，并依照契约提供服务，避免用行政模式管理后勤的人为性和随意性，促进高校后勤的规范化建设。最后是共同式管理，高校服务相关的利益共同体——政府、学校、后勤、师生共同管理、相互制衡。把决策权交给利益相关组织，可激励其在资源配置、财务预算、人事决策及其他事务方面积极参与高校服务部门的决策和管理。

（三）品牌化经营

高校管理与服务的改革与发展尚未形成一种符合自身发展的品牌，需要在改革发展过程中有意识地创建服务品牌。创建品牌之前，首先应创建服务文化，服务文化是企业在长期对用户服务的过程中所形成的服务理念、职业观念等服务价值取向。其次应创品牌文化，服务是过程式，只有做到统一化、标准化，才能让服务对象产生依赖感，获得广阔发展舞台。最后应创沟通文化，服务工作者与服务对象保持良好的沟通，主动了解师生关注焦点，易获得信赖，化解矛盾。

基于新时代服务育人的总目标与新时代高校服务体系综合改革的发展，高校服务育人被赋予更多内涵，衍生出众多的育人功能，其中尤为突出的是环境育人、行为育人、体验育人等。

## 第二节　环境育人

### 一、 环境育人的内涵及功能

高校服务育人工作有直接育人和间接育人的功能，即表现出育人的显性和隐性层面，而其中最基础的就是在潜移默化中施以无声教育——环境育人。在教育领域，环境对受教育者的身心发展有着重要影响。现代教育心理学认为，在人的性格形成过程中，环境因素的影响很大。大学生主要的活动范围是学校，学校的环境质量与大学生息息相关，并持久地对他们产生影响，可以通过耳濡目染行“无言之教”。学校环境对大学生具有强烈的暗示和渗透作用。高校若能主动地优化与利用环境，并注重开发环境的功能，就可以驾驭环境，让环境为学生服务，此时校园环境就与教育者一样具有积极的“育人”功能，能够直接为育人服务，为育人工作提供“能够育人的环境气氛”。由此，我们可以这样认为，环境育人就是指高校服务保障部门通过有目的地利用环境和有计划地建设环境，开发环境育人功能并驾驭环境以开展育人活动。

随着我国高等教育事业的发展，良好的校园环境日益受到重视，环境所具有的育人功能也与日俱增。就目前来说，它主要表现在以下几个方面：

（一）制约功能

人会受到不同环境的影响和制约，在大学校园，学生的思想和行为也时刻受环境的影响与制约。整洁幽静、错落有致的校园环境可以使学生心情舒畅、平静恬淡，全身心地投入学习和生活中，从而产生心理上的满足感、自豪感和归属感。优雅的校园环境可以给学生一种心理暗示，使他们在内心深处产生一种对优美环境的热爱，进而自觉爱护校园环境，抵制破坏校园环境的不良行为。同样，干净整洁、窗明几净的寝室环境能使大学生们养成良好的生活和作息习惯，并促使他们积极维护环境，久而久之，大学生就会逐渐形成自律和他律的意识。

（二）培育功能

影响大学生心理健康发展的因素十分复杂，其中环境因素起着非常重要的作用，甚至是决定性的作用。作为大学生学习、生活和成长的重要场所，校园自然环境和生活环境对大学生的心理健康既有正面影响，也有负面影响。优美的校园自然环境和生活环境是给学生施加正面影响的肥沃土壤，既能最大限度地调动学生的主动性和积极性，提高其学习的效率，又能有效地促进学生心理的健康发展和良好心理素质的形成。如合理的校园布局、凝聚历史文化及世界文化的建筑、宽敞明亮的教室、宁静而带有书香气息的图书馆、整洁而舒适的宿舍、鲜花与古树相伴的校园小路、壮丽激情的运动场、色彩斑斓且充满青春活力的学生活动中心及洁净并伴有饭菜香味的食堂等，这些不但有助于减轻或消除学生学习上的疲劳，而且能使学生感受到学习生活的舒畅、美好和安宁。由此可见，优美的校园环境就像“润物细无声”的春雨，潜移默化地影响着学生的心理，使其不断完善自我，达到身心健康成长的目的。而低劣、粗糙的校园自然和生活环境对学生心理的影响是消极的、不健康的，甚至是有阻碍的。如噪音充斥、垃圾遍地的校园环境，会使学生情绪低落、心情烦躁、厌学，进而产生心理障碍等现象。

（三）导向功能

许多高校的建筑都独具风格和特色，彰显出历史和文化的底蕴，无言地对学生进行着思想品德教育、中外文化教育和素质教育，引导着学生的思想和行为。如北京大学的红楼，在这里学习生活过的人无不受到它的感染，从而产生热爱校园、热爱集体、热爱祖国、热爱科学的思想观念，并形成正确的价值观、人生观。由此看出，高校环境无时无刻不在对学生发挥着导向作用，并且这种导向作用不是短期的，而是在较长时间内持续发挥着作用。

（四）审美和教养功能

文明行为和审美能力是人才素质的重要组成部分，而高校环境是培养学生文明行为和审美能力的无声课堂。高校环境在培养学生的文明行为方面具有教养功能，在培养学生的审美能力方面具有引导功能。蕴含着自然美、人文美、结构美、隐性美的校园建筑，本身就是培养学生文明行为和审美能力的生动教科书，置身其中，学生会在不知不觉中得到美的享受和熏陶，从而不断提高审美能力。优雅的校园环境还会渗透并成为学生自身修养与涵养的一部分，使学生学会自我管理、自我教育、自我服务。校园环境能不知不觉地提高学生的审美情趣，潜移默化地影响学生的涵养，这是校园环境育人的重要功能。

环境育人在教育理论中占有重要的地位。教育实践证明，好的环境有利于控制人的情绪，抑制不良行为，能陶冶情操、美化心灵、启迪智慧、激发灵感；环境越复杂，消极因素越多，其负面的影响就越大。因此，高校服务保障部门应充分认识到环境育人的功能特点，明确环境对人的性格的形成和发展具有潜在的力量和巨大的作用，并以此来指导工作的开展，真正在实践中达到环境育人的最终目的。

## 二、环境育人的理论依据及现实意义

（一）苏霍姆林斯基“要让墙壁说话”理论

瓦·阿·苏霍姆林斯基是苏联著名的教育家，被誉为“教育泰斗”，他系统而全面的教育思想，给后人留下了丰富的教育遗产。他关于环境教育的论述很有见地，颇具特色，是其教育思想的重要组成部分。苏霍姆林斯基所提出的“要让墙壁说话”的名言给了我们极大的启示，高校应努力营造赏心悦目、富有科学和人文内涵的育人环境，激励学生在欣赏中思考和奋进。

（二）劳伦斯的“教育生态学”理论

1979 年，美国著名教育学家劳伦斯在《公共教育》中提出了“教育生态学”这一概念。按照教育生态学的观点，教育的生态环境是“以教育为中心，对教育的产生和发展起着制约和调控作用的 N 维空间和多元的环境系统”，教育生态系统中各个因素之间的相互影响和相互作用，促进了教育生态系统的平衡和发展。大学校园所包含的人、物、景、事等，都具有潜在的教育价值和教育功能。教育生态学观念的胚芽早已植根于古代教育之中，如孔子说的“性相近也，习相远也”，“孟母三迁”的故事，以及古希腊的柏拉图、亚里士多德的一些教育著述中都蕴含着教育生态学的观念。

### （三）环境育人的现实意义

“人创造环境，环境也创造人”，良好的育人环境有利于大学生树立正确的人生观，保持奋斗精神，形成凝聚力，促进素质教育的持续推进。作为高等教育的重要组成部分，高校服务保障部门应充分认识到环境育人是不可忽视的重要工作环节，它对于有力推动教育进程、提高大学生素质和高校育人质量具有重大的现实意义。

#### 1. 素质教育的促进作用

著名教育家哈佛大学经济学教授罗索夫斯基（生于 1927 年，1973 年至 1991 年任哈佛大学文理学院院长，主持研究并设立了哈佛大学通识教育的核心课程）曾说过：“在哈佛，我常听人说，学生们从相互间学到的东西远比从老师那里学到的东西还要多。”这说明良好的环境会在无意识中带给人们许多益处。

#### 2. 陶冶情操的启迪作用

著名教育家苏霍姆林斯基说过：“教育艺术在于，不仅要使人的关系、成人的榜样和语言，以及集体里精心保持的种种传统能教育人，还要使器物物资与精神财富能起到教育作用。依我们看，用环境、用学生创造的周围情景、用丰富的集体精神生活的一切东西进行教育，这是教育过程中最微妙的领域之一。”环境育人作为一种蕴含真善美的物化形态，是对学生施以审美教化的文化环境，它不仅能陶冶情操，还能促进人的生理机能协调，提高人们的生活质量和学习质量。环境育人精神层面的东西是一种无形的约束力，虽不具有强制性，却能引起个体情感上的共鸣，使个体有意无意地受到启发和感染，进而形成一种自觉、内在的驱动力。

#### 3. 知识能力的拓展作用

高等教育的目的不仅仅在于培养学生具备扎实的专业理论知识和娴熟的专业技能，更重要的是让学生具有广博的知识面和较强的社会适应能力。这种博学多能、适应社会本领的获得，光靠课堂上习得的书本知识是远远不够的，需要在各种社会实践中日积月累并不断充实完善。而良好的育人环境，具有丰富的知识蕴涵，是大学生们增长才干、储备各种知识的大课堂。

4. 全面成才的保障作用

我们可以从以下两方面来认识环境的保障作用：一是环境可以为教学这个中心任务奠定环境基础。二是良好的环境对高校建设一支德才兼备的师资队伍起着不可低估的保障作用。

## 三、 环境育人的途径

### （一） 学习条件的满足

与学生学习直接相关的学习条件是指图书馆、教室、实验室等条件因素。良好的学习条件既能催人奋进，又能影响学生的言行，陶冶学生的情操。随着我国高等教育事业的不断发展，国家在教育基础设施建设、教师队伍建设和教育环境建设上予以极大的支持和投入。各高校除了继续关注教学质量外，纷纷将目光投向办学条件的改善，特别是在基础设施建设上多方面筹措资金，新建、改建、扩建各种途径并举，涌现出一大批适应现代教育发展、功能齐全的教学楼、综合楼，师生人均拥有的建筑面积有了很大的提高，教学设施不断完善，学生的学习条件得以改善。

### （二） 生活条件的满足

生活条件是指与学生生活直接相关的学生食堂、寝室等条件因素。“民以食为天”，学生食堂是学生每天必去之地，其条件的好坏不仅影响学生的食欲，还向学生传递着各种观念和信息。随着高校服务社会化改革的深入，现代化的食堂在各高校崛起，新建的食堂与传统的食堂相比有了很大的区别：新食堂不满足于提供可口的食物，还在设计上充分考虑通风、采光等各种因素，使整体的就餐环境显得分外明亮、舒适；在建造上，厨房面积与餐厅面积达到相同的比例；在设施设备上，采用比较先进、方便学生使用的设施设备，餐厅安装的电视机在学生就餐时播放新闻、体育和音乐等学生喜爱的节目，让学生及时了解国内外新闻及校园新闻。风味餐厅提供不同品种的食物以满足不同学生的需求。现代化的高校食堂不仅提高了劳动生产率，还使大学生的不同消费需求得到了很好地满足和保障。

# 第三节　行为育人

## 一、 行为育人的内涵及功能

### （一）行为育人的内涵

行为育人，是指通过人的有意识、有目的的社会活动，通过人与环境相互作用而产生的他人可通过感官直接观察到或感知到的行为，这些行为对他人产生了积极的影响，达到了教育他人的作用。高校服务的行为育人，是指服务工作者在提供优质服务的行为过程中，通过文明举止、规范语言、整洁装容、准确操作直接或潜移默化地影响、教育大学生，使其从中受到教育，实现行为“育人”目的。当然，育人必先育己，服务工作者应具有强烈的育人意识和高度的责任感，以一个“不上讲台的”教师的身份来要求自己、约束自己、规范行为、提高层次、提升修养，树立完美的职业形象，把育人工作通过行为方式切实延伸到大学校园的每一个角落。由此可见，行为育人主要具备以下特质：

1. 广泛性

大学生学习、生活的方方面面都与服务部门有着密切的关系，服务部门的每项工作、每位工作者都会与学生接触，其对学生的影响是全方位的。服务人员的精神面貌、仪表、气质、工作作风、专业技术知识等诸多方面会直接影响大学生；服务管理的规章制度也在约束、引导学生的成长。可以说，只要大学生在学校，他就在接受高校服务部门隐性或者显性、直接或者间接的教育。高校服务形式的多样性决定其育人形式的多样性。只要高等教育和高校存在，高校服务部门的行为育人工作就必须长期、全面地推进和落实。

2. 潜移默化性

行为育人并不是教师直接面对学生进行思想政治教育，而是通过服务工作者的工作形象、工作作风、工作精神来感染学生，通过创造良好的服务环境，以持久、细微的方式如春风化雨般感召、熏陶、陶冶学生的情操，从而达到行为育人的目的和效果。在长久的熏陶过程中，高校服务工作者各种好的行为、作风一点一滴地浸润大学生的心灵，扎根到其心灵深处，形成良好的德育认知，成为大学生自觉的道德行为。

（二）行为育人的功能

新时代，高校对大学生的教育不再是老师“教”和学生“学”的那种简单和单一的主客体关系，教育的主客体关系逐步向多层次和多元化方向发展。在高校中，教师主要通过课堂这一主渠道发挥作用，而大学生的成长是覆盖全校园和全生活阶段的，这样就产生了教育过程中时间和空间的分离，使行为育人成为必然。同时，行为育人作为高等教育新载体，给大学生提供了更多吸取知识、发展个性的空间，成为对大学生进行再教育的重要补充及高校做好思想政治工作的重要阵地。高校服务工作者通过提供优质的服务和不畏辛劳的模范行动实现行为育人。行为育人具备以下几项功能：

1. 示范功能

服务工作者是大学生在校园内接触最多的一类工作人员。大学生无论是步入餐厅、公寓、教室、超市，还是走在校园大道上，都能见辛勤工作的服务人员，他们可能是炊事员、管理员、销售员，也可能是环卫员，他们的一言一行、一举一动都深刻地影响着周围的学生，并起到行为示范作用，如服务规范、语言谦和、表情友善、举止礼貌。在日常生活中，服务工作者也许是随意的，但在工作岗位上，他们一定是认真敬业的。如果一个服务工作者在工作中松松散散、举止无度、不拘小节，就会极大地损坏自身形象，引起学生反感，甚至会给学生起反面的示范作用，造成不良影响。服务工作者的行为示范功能对育人工作有着举足轻重的作用。

2. 引导功能

成长中的大学生个体都有向上、向真、向善、向美的价值追求，但他们的群体行为存在明显的矛盾性，往往是积极行为与消极行为、主流行为与支流行为同时存在，这给大学生的成长过程带来了一些不确定因素。大学生虽是高文化水平群体，可其正处于青春冲动期，心智还不够成熟，阅历还不够丰富，需要服务工作者适时地给予正确的行为引导，尤其是在食堂、公寓等场所。因此，在发挥行为示范功能的同时，服务工作者要研究大学生的实际需要，及时掌握学生的思想动态，既要从大学生所处的时代特征和心理年龄特征出发来开展工作，又要切实解决他们存在的实际困难，更要用实际行动引导大学生坦然地面对生活中出现的各种困难。

3. 渗透功能

人在相同的成长环境中，由于长期的耳濡目染，其性格、气质、素质和思维方式等方面都会有相似之处，正如人们常说的“近朱者赤，近墨者黑”。因此，服务工作者的行为会对大学生的成长产生影响和渗透作用。人在青春时期对外界的影响更为敏感，每一位服务工作者都应在工作态度、道德修养和言行举止方面严于律己，以自己好的思想、好的作风影响和教育学生，久而久之，便会在学生群体中产生良好的渗透影响，并得到广大学生的理解和尊重。

4. 塑造功能

人的行为习惯不是一朝一夕形成的，一旦养成就会保持相对稳定，但也不是一成不变的，它具有一定的可塑性。正因为行为习惯具有可塑性，培养大学生良好的行为习惯才成为可能。任何行为习惯的形成，都是把所接受的外部的社会要求逐步转变为自己内部需要的过程。一个好习惯会影响人的一生，一种好修养会成就人的一生，好习惯、好修养是一个人事业成功的基本保证，而服务工作者良好的行为示范对大学生行为习惯具有塑造作用。

## 二、 行为育人的理论依据及现实意义

对一个人的成长来说，理念决定行为，行为养成习惯，习惯铸就人格。服务育人工作要取得实效，理念是先导，行为是关键。

### （一）行为动机理论

人的行为无一不是动机性行为。“动机”原意是指引起动作之意，即引起个体行为、维持该行为并将此行为导向某一目标的过程。凡能引起行为发生的原因或条件皆可称为动机。例如，眼睛在强光的刺激下收缩，可视为动机行为。当一个动机获得满意，另一个动机继之而起，或同时有好几个动机引导一个人的复杂行为。动机的种类很多，归纳起来主要表现为以下三类：

1. 生理性动机

它是由身体内部生理平衡状态的变化而产生的，是生物共同的需要，又称为原始性驱力，或称有机性需要。

2. 心理性动机

人的行为的另一个重要来源是心理因素，如恐惧和愤怒的情绪，寻求愉

快、满足好奇心的探索等，都是心理性动机的反应。

3. 社会性动机

社会性动机来源于在后天社会环境下学习而获得的需要，又称为“学习动机”或“衍生性动机”。这种动机是个体对社会的人际互动关系经验的总结。个体本能的驱力，可以被社会化的学习所改变，也可能被生理发展本身的变化所改变。各种动物都有其本能性的行为，人的行为也不例外，但人的本能性行为受社会和文化的熏陶而改变的程度比动物大得多。

（二）蝴蝶效应

美国气象学家爱德华·洛伦兹于20世纪60年代初发表了一篇论文，其大意为：南美洲亚马孙河流域热带雨林中的一只蝴蝶，偶尔扇动几下翅膀，可能在两周后引起美国得克萨斯州的一场龙卷风。其原因在于，蝴蝶翅膀的运动导致其身边的空气系统产生变化，并引起微弱气流的产生，而微弱气流的产生又会引起它四周空气或其他系统的相应变化，由此引起连锁反应，最终导致其他系统的极大变化，这就是蝴蝶效应。蝴蝶效应说明，事物发展的结果对初始条件具有极为敏感的依赖性，初始条件的极小偏差将会引起结果的极大差异。对于大学生个体来说，大学期间的生活过程是一个学习和领悟的过程。任何一个知识素材、生活事件、话语信息，都可能对其人生观、世界观和价值观产生这样或那样的影响，因此，服务工作者的行为会对大学生的成长产生深远的影响。而人总是要生活在一定的社会关系中，因此，高校服务工作者对大学生成长的行为引导能够起到以点带面的效果。蝴蝶效应理论也正是高校服务工作行为育人的坚实的理论依据。

（三）行为育人的现实意义

中共中央十六号文件指出：要把思想政治教育融入大学生专业学习的各个环节，渗透到教学、科研和社会服务各个方面；把思想政治教育与教学、科研、社会服务工作结合起来，学校各部门要明确各自责任，密切协作，切实完成相应任务；广大教职员工都负有对大学生进行思想政治教育的重要责任；服务人员要努力搞好后勤保障，为大学生办实事办好事，使大学生在优质服务中受到感染和教育。由此可见，新形势下高校服务保障部门积极践行行为育人，具有其必然性和重大的现实意义。

1. 有利于培养大学生的责任意识

遵纪守法是大学生在日常学习、生活中必须具备的最基本的行为要求。遵纪守法规范教育，是一种学会做人做事的养成教育。培养学生遵纪守法，就是要培养他们对国家、对民族、对社会、对学校的责任感，造就他们最基础的人格。高校后勤规范制度的实施，有利于大学生依法行事习惯的养成，改变以自我为中心的观念，增强服务他人的意识。具备服务意识是一个人立足社会的基本条件，服务意识的培养应该贯穿于大学生学习生活的方方面面。高校服务保障部门通过优质服务承诺活动的开展，使大学生们耳濡目染；通过规范服务行为，言传身教，能增强大学生的责任意识，为他们走上社会打好基础。

2. 有利于大学生养成良好的行为习惯

大学生的行为习惯关系到千家万户，关系到我国的社会风气。目前，部分大学生还存在行为认知与实际行动不一致的现象，高校服务保障部门通过对大学生的日常行为进行规范管理，充分发挥行为育人的功能，有利于大学生养成良好的行为习惯。

3. 有利于大学生树立正确的价值观

在新的历史时期，随着社会结构的全面转型，大学生的行为取向发生了新的变化。通过对大学生日常行为的引导，注重基础文明教育，培养学生仁爱意识，有利于大学生处理好个体和集体的关系，正确把握社会主导价值取向，树立正确的世界观、人生观、价值观，增强事业心和责任感，提高明辨是非的能力和防微杜渐的自觉性。

## 三、 行为育人的途径

提供服务的过程，就是服务工作者与服务对象的交往过程。服务工作者的工作态度、工作作风、工作技能、精神风貌等无一不影响和感染着作为被服务对象的大学生。服务工作者热爱本职工作，认真钻研业务，掌握过硬技术，有强烈的事业心和责任感，在工作中脚踏实地、任劳任怨，克己奉公等，对大学生都是一种无声的教育和引导。

（一）规范服务影响人

所谓规范服务，是指将通行的或约定的行业规范作为服务的客观标准，要求从事该服务的工作人员必须在规定时间内按标准进行服务。要提高服务质量，离不开制度保障。为了更好地为教学、科研及师生生活提供保障，高校服务保障部门必须制定各项规章制度，使各项管理有章可循，如从住宿、就餐到乘车、用水、用电都应按制度来约束、规范、调整个人行为，要求服务工作者及大学生自觉遵守和执行各项规章制度，这对大学生牢固树立纪律观念，养成良好的生活习惯和文明修养，都将起到促进作用，也有利于培养大学生的规则意识和规范意识。同时，服务工作者按照有关管理制度的要求对大学生的某些行为进行直接指引和示范，可使大学生的行为朝着规范的方向发展。服务工作者在管理和服务的过程中，必须认真落实各项规章制度，不折不扣地做到按章办事。高校服务工作者只有牢固地确立行为规范准则，并做到规范服务，才能对大学生的生活和工作行为产生良好的影响。

1. 规范体系

高校服务社会化改革的内涵是后勤服务的社会化，社会化的目标是要建立"市场提供服务，学校自主选择，政府宏观调控，行业自律管理，职能部门监督"的新型高校服务保障体系。随着高校服务改革的逐步深入，高校内部的服务模式按照市场开放程度出现了三种情况。但从笔者看来，无论是哪种模式，高校服务社会化改革都只是一种手段，其最终目的是建立和完善优质高效的服务保障体系，以促进高等教育的发展和全方位人才的培养。因此，优质、高效、规范的服务才是高校服务改革应坚持并不断追求的方向。

高校服务保障工作要实现由粗放型、经验型的管理转变为高质量、高效率、高水平的管理和服务，必须要深入推进行业标准化建设。事实上，越来越多的高校认识到标准化建设是规范工作流程和保证服务质量的有效手段，如今许多高校后勤纷纷导入国家质量管理体系，以顾客关注为焦点，覆盖本单位管理服务的各个领域。

2. 规范行为

培养大学生的最终目的是使之养成符合社会规范和教育目标的良好行为习惯和道德习惯，而习惯本身具有情境性和下意识性的基本特点，一旦遇到相同的情境，人就会自动地做出符合要求的反应而不需要管理人员的强制和监督，如见到老师会下意识地说出"老师好"，就餐时会自动地排队，习惯性地将垃圾放进垃圾桶，等等。行为习惯的培养不仅仅属于学校教育的范围，更属于整个社会精神文明教育的范围，高校服务保障部门这个特殊群体应树立服务意识，转变服务态度，强化服务规范性，并在潜移默化的过程中践行无声有形的行为育人，久而久之就会对大学生的意识行为产生影响。

据统计，大学生在校的大部分时间是在宿舍、教室、食堂、文体活动室等场所里度过的。而大学生良好行为习惯的养成，除了取决于大学生自身的素质之外，学校服务工作者的行为对其也有重要的影响。服务工作者强烈的事业心和责任感、良好的工作作风，对大学生来说是一种无声的教育和引导，可促使他们学习和效仿；在服务过程中，服务工作者热情周到的服务，真心的关怀和体贴，想他人所想、急他人所急的热心行为，能创造良好的服务环境，增进与服务对象的亲近感，赢得大学生的尊重和理解。

（二）人性化服务感化人

人性化服务是指以人为本，全心全意为消费者提供优质的服务，给消费者以人文关怀。它是近年来备受赞赏和推崇的一种服务模式，有人将其称为新世纪服务模式的一场革命。人性化服务要使服务符合人性，服务者在服务过程中要认识人性，重视人的尊严与价值，包容人性的弱点，同时以满足人对资源的需求和社会的需求（安全感、舒适感、自由、权利、关心、尊重、心理满足等）为核心和动力来开展服务，简而言之，就是主张以人为本、以人为中心的服务。随着社会生活水平的提高和人们消费观念的改变，满足广大学生的人性化服务要求已引起高校服务保障部门的高度关注和重视。如何通过人性化服务持续改进和提高高校服务保障部门的服务质量，并在此过程中实现行为育人是值得探讨的问题。

高校服务的主要对象是大学生，对大学生的服务是否得法，是否符合他们身心发展和内心诉求等特点，将直接影响服务育人的质量。如果服务工作者能够从大学生身心发展特点出发，使自己的行为育人活动更具针对性，必然能使大学生在享受优质服务的同时感受到更多的温暖。“十个指头有长短”，学生心智和个性的发展各有不同，服务工作者应承认并接受这种不同，尊重学生的个体差异，在可能的范围内尽量满足学生的个性需求。高校服务保障部门的人性化服务是指以大学生需求为中心，高度重视大学生情感和心理上的满足，通过为大学生提供全方位、精致化、个性化的服务，获得大学生的认同和满意，使大学生在校园内舒适地生活。其实，人性化服务是一种对细节的关注，是服务的较高境界。

## 第四节　体验育人

### 一、 体验育人的内涵及功能

大学生有着与其他社会群体不同的属性和特征，他们精力充沛、对新鲜事物充满好奇心及渴望被认同的特点都决定了高校服务保障部门要想进一步实现育人的使命，除了通过潜移默化的感染、影响外，还必须运用一些更加行之有效、更具吸引力、更有针对性的育人途径和方式。

体验活动是高校服务保障职能部门实现育人使命的一条重要途径。从一般意义上讲，体验是一个过程，是一个直接认知、欣然接受、尊重和运用被教授的知识和能力的过程。对于高校服务保障职能部门来说，体验活动可创造一种环境，与广大学生进行互动，相互发生作用，传递意识和信息；而对于大学生来说，主动参与式的体验活动比被动式的教育更易在内心产生一些感觉、想法和领悟，从而形成正确的信念、态度和价值观。

#### （一）体验育人的内涵

体验育人是指以开展活动为导引，以学生参与为重点，以学生的人格完善为目的，最终促使广大学生更好地学习与生活。

高校服务保障职能部门应依托自身所具备的各种条件，以任何可用感官接触的媒质为道具，以学生为主体，开展值得学生回忆、让学生有所感悟、能留下难忘印象的活动，并对学生观念的改变和自身发展起到积极的作用，这才是高校服务保障职能部门实施体验育人的目的。

#### （二）体验育人的功能

感悟让人牢记终身，验证让人发现规律，学知让人扩展视野，习技让人增强能力。当代人生活在知识的海洋中，也生活在体验的沙漠里。在现实生活中，人们很难被某种知识改变，却极易因某种经历而变得不同。对于即将迈入社会的青年学生，高校服务保障职能部门的体验育人功能能有效地促进其心灵成长。体验是一种触及大学生心灵的学习方式。在体验过程中，高校服务保障职能部门通过精心设计的活动让学生参与体验或者对过去进行再体验，引导学生感悟自己的体验，积累积极正面的体验，引导其树立正确价值观。体验育人与环境育人、行为育人有一定的内在联系，是在环境育人、行为育人基础上的强化，具有鲜明的功能特点。

1. 体验产生情感

体验是高校服务保障职能部门与学生相互作用的过程，在这个过程中，参与的双方都是平等的，更重要的是，在体验育人的过程中，主角是学生而不是服务部门，双方共同讨论、共同分享、共同提升。体验产生情感，也就是说，对某物有体验，必然伴随着对之产生某种情感。情感是体验的核心，体验育人增进了学生对高校服务保障职能部门的认同感和包容感。

2. 体验产生乐趣

体验总是因人而异的、个性化的，对于同一事物，不同的人会形成不同的体验。学生在参与体验的过程中，充分展示自己的才华，通过克服不同的困难去反思自己，获得成功，最大限度地满足人性中最本质的一种需求，即受尊重和成就感。这种体验方式给参与的大学生带来了无穷的快乐，因为有了快乐，学生的参与度才会更高，这样就会形成良性循环，高校的服务育人功能则在这种不断循环的过程中得到发挥。

3. 体验产生协作

体验是一种具有指向意义的活动，有着既定的目标。在实现目标的过程中，需要体验的双方——高校服务保障职能部门与学生相互协作、齐心协力，以团队合作的方式共同朝同一个目标前进。参与活动体验的学生可能来自不同的学院、专业和班级，共同的目标要求他们在一定的时间内处理同一个问题，这必然要求大家学会团队配合，最终通过有效的沟通、协作去解决问题。体验可以快速打破服务部门与学生之间、学生与学生之间的冰层，实现人际关系融合。

4. 体验产生启迪

体验总是体验者自己的事，是体验者以自己的需要、价值取向、认知结构、情感结构、已有的经历等完整的“自我”去理解、去感受、去建构，从而生成自己对事物的独特的情感、感受、领悟和意义的过程。体验是高校服务保障职能部门与大学生发生关联的直接方式与途径，大多数体验活动要求服务工作者与学生一起动手、动脑，而不是要求学生单纯地静坐倾听和思考。体验活动的主体是大学生，服务工作者可以在体验过程中鼓励学生独立思考，大胆探索，勇于标新立异，培养学生的自主探究精神，通过引导学生亲自经历活动的过程，了解行为处事的方法，提高解决问题的能力。

5. 体验使人进步

体验活动本身就是一个不断尝试、不断探索和不断磨合的过程，在这个过程中，活动组织者与参与者共同进步。当然，由于事物存在矛盾普遍性和不确定性等，故体验也有失败的可能，因此在失败中学习经验、吸取教训，锻炼学生承担风险的能力也是体验育人的重要目的。更重要的是让学生在体验活动中了解并发掘自己的潜能，提升对风险的承担和适应能力，适应环境的变化，从而不断进步。

综上所述，体验的功能决定了高校要通过体验活动实现服务育人的使命，必须通过各种方式对广大学生施以潜移默化的感官上和心理上的影响。因为“我”的体验无法完全对“你”说，所以高校服务部门在组织各类体验活动时，应创造各种有利条件，尽量使广大学生都能够获得“感”和“悟”。体验育人能否真正践行，不仅在于高校服务部门所创造的环境和活动的体验性是否良好，更重要的是对整个体验过程的把握是否可使体验育人的价值最大化。同时，服务人员有效地对体验过程中大学生的行为进行引导，使学习效果最大化，也是体验育人的目的之一。体验只是过程，体验过后的归纳、总结、提炼，才是高校实现体验育人的真正催化剂。

## 二、 体验育人的理论依据及现实意义

实施体验育人是对当代大学生课堂教学之外的有益补充。因此，高校必须对体验育人的理论进行认真深入的研究和探索，并以此来指导体验育人活动的开展。

### （一）理论依据

现代美国教育家杜威以“教育即生活”“教育即生长”“教育即经验”为依据，对知与行的关系进行了论述，并提出了举世闻名的“从做中学”的理论。在《明日之学校》（*School of Tomorrow*）一书中，他明确提出：“从做中学要比从听中学更是一种较好的方法。”在杜威看来，“从做中学”充分体现了学与做的结合，也就是知与行的结合。与传统学校所采用的被动的“静坐”“静听”方式相反，杜威明确提出“从做中学”的方式。他认为，“在仅是教科书

和教师才有发言权的时候，那发展智慧和性格的学习便不会发生；不管学习者的经验背景在某一时期是如何贫乏，只有当有机会从其经验中做出一点贡献的时候，他才真正受到教育”。因此，杜威确信在所使用的方法与获得的结果之间存在着密切的和持久的联系。

（二）现实意义

大学生的大部分时间是在宿舍、教室、食堂、文体活动室等公共场所里度过的，因此其大部分的行为活动都与服务保障工作息息相关。而高校服务保障职能部门自身所具备的优势，为“从做中学”实现体验育人提供了空间，弥补了课堂教育之外的“短板”。高校服务保障职能部门应该深刻认识到自身的重要使命，在日复一日的服务过程中，努力践行体验育人，从而真正实现“三服务、两育人”的工作目标。

事实上，伴随着高等教育的发展和高校服务社会化改革的深入，高校服务保障职能部门通过管理、服务来影响、教育大学生的功能已逐渐被认可并得到重视，因为它是大学中其他教育形式所不能替代的。因此，高校服务保障职能部门能够在大学生课堂之外，对大学生素质的培养和道德规范的形成等发挥积极的作用。高校服务保障职能部门通过开展一系列的体验活动，让大学生更进一步地了解基层生活、了解社会生活，从而更有利于其树立正确的世界观、人生观、价值观。高校服务保障职能部门体验育人的价值和意义主要体现在以下几个方面：

1. 促进人格发展

联合国教科文组织提出的面向 21 世纪的教育改革报告《学习——内在的财富》指出，要重视人的发展，强调教育要以学生人格发展与社会性发展为核心内容，这成为世界各国比较公认的教育原则。作为教育者的高校服务人员，可以通过实施体验育人，用大学生自身的行为实践和内心体验来促进其综合素质的提高，实现人格的发展。

2. 改善心智模式

心智模式是指一种根植于人们心中的对周围环境及世界的看法及其采取的行动。人们常常以自己的观念和假设来看世界，很多时候透过自己的“过滤眼镜”去诠释和认定外在的世界，其实看到的只是自己的假设，然而却把它当成了真实的世界。体验式学习探寻的是改变的根本动因——根植于心中的观念，而且从操作层面来观察和改善人们的心智模式——这些观念如何影响我们的行为和成果。根源改变导致行为改善，成果自然彰显。体验的过程，是一个直接认知、欣然接受、尊重和运用被教授的知识及能力的过程。高校服务工作者通过体验过程中的有效引导，触碰到了学生深层次的信念与态度，改善其根植于内在的情绪和价值观，促进其心智模式的健全和完善。

3. 激发内在潜能

体验教育的宗旨是“你拥有的超过你意识到的”，让每个学生学会向内学习、向内发掘潜能，发现影响自己创造和发展的盲点、障碍，把那些平时认为“会的”最大限度地发挥出来，向外不断挑战自己，通过“还有其他办法吗?”“我还能干什么?”“我还能不能做得更好?”等一系列发问，找到更多解决问题的通道，使个人的综合素质得以有效提升，从而为个人的持续健康成长提供源源不断的动力。高校服务部门为学生创造的体验环境，本身就是设置了一些矛盾和问题，倡导学生主动参与、亲身实践、独立思考、合作探究、勤于动手，培养他们搜集和处理信息的能力、获得新知识的能力、分析和解决问题的能力及交流与合作的能力，能够引导学生学会学习、学会合作、学会生存和学会做人，最终达到激发学生潜能的目的。

4. 达成相互理解

理解比认知更具有丰富、深刻的教育意义，只有被理解的认知才是真知。理解是心灵的交流，是主体间的对话，是理解者与理解对象之间的“视界融合”。在体验的过程中，帮助学生“发现他人”“发现自己”是体验育人的重要目标。体验育人的另一个重要意义就是引导服务部门及工作者与大学生之间、大学生相互之间学会理解，包括引导他们学会对话、尊重、鼓励、宽容、友爱、诚实、正直、负责任，等等。

## 三、 体验育人的途径

### （一）社会实践锻炼人

大学生社会实践活动是高等教育的有机组成部分，是高校服务保障职能部门实现育人目标的重要途径，是促进大学生素质全面发展的重要环节。中共中央、国务院发出的《关于进一步加强和改进大学生思想政治教育的意见》中专门强调："社会实践是大学生思想政治教育的重要环节，对于促进大学生了解社会、了解国情、增长才干、奉献社会、锻炼毅力、培养品格、增强社会责任感具有不可替代的作用。"参与社会实践是适合当代大学生要求和特点的教育模式。社会实践对于大学生的成长成才有着十分重要的意义：它有助于培养大学生与人交往、共事和管理的能力，以及培养他们独立生活和系统学习的能力；有助于提高大学生的自我评价、政治识别、审美鉴赏和研究创新的能力；有助于大学生全面了解我国国情、增强社会责任感和历史使命感，促进其远大理想与实现奋斗目标的结合；有助于锻炼大学生适应社会、为社会服务的能力，培养大学生的吃苦精神和脚踏实地的工作作风，激发其学习的积极性，巩固和深化知识，消除"高分低能"现象。有计划、有目的地组织学生参加社会实践工作，可以培养学生的社会活动能力，达到自我教育、自我管理、自我服务的目的。高校服务社会化改革以来，后勤企业在开展多种形式的社会实践活动方面积累了很多好的经验并取得了一定的成果。

1. 勤工助学

勤工助学是指大学生在学有余力的情况下，利用业余时间，自愿通过合法的诚实劳动，获取一定经济报酬的活动。勤工助学是推进素质教育全面实施，促进学生顺利完成学业的重要途径。学生通过劳动取得一定报酬，用以改善学习和生活条件，这大大减轻了学生的经济压力和家庭负担。随着高校扩招和收费制度改革，在校贫困学生人数逐年增多，开展勤工助学活动是高校服务部门落实"科教兴国"战略、加快人才培养、帮助贫困大学生顺利完成学业的重要措施。勤工助学活动日趋活跃，其育人功能日益受到人们关注，并已成为当前高校学生工作理论研究和实践创新的一个热点问题。高校后勤作为学生生活保障的提供者，其自身所具备的条件对帮助学生开展勤工助学活动有着得天独厚的优势，并且在多年的社会化改革历程中，许多高校后勤企业已采取了很多好的措施和办法。

2. 劳动实践

高校服务保障部门采取灵活多样的方式让学生参与管理与服务，可以增长其才干和实际工作能力。开展劳动实践教育活动是青年学生成长成才的重要手段，是高校服务保障部门践行育人使命的重要途径，也是青年学生实践科学发展观的重要表现。劳动实践活动的开展，是推进大学生素质教育，加强和改进学生思想政治教育工作的一项重要举措。实践证明，大学生参与高校后勤管理和服务的劳动实践是一项非常有益的尝试，不仅能让大学生对社会工作产生感性认识，也能加深服务部门和学生之间的沟通和交流，形成一种双赢的局面。高校服务保障部门应提高学生的参与度，通过有目的、有计划地组织学生参加劳动实践，扩大学生劳动实践岗位范围，鼓励和支持学生参加服务、管理、监督等工作环节。如以餐厅、学生公寓或教学楼为实践场所，为学生开设劳动实践课，让学生在劳动中体会服务工作的艰辛、体会劳动者的伟大，感悟做人做事的道理，充分调动学生参与公益活动的积极性，实现自身价值，并且在实践过程中增长才干和阅历。

3. 实践基地

大学生社会实践基地建设已日益成为大学生社会实践工作的基础性工程，但是目前我国大学生社会实践基地建设尚不完善，需要进一步加强可行性研究。高校服务保障部门应充分利用自身的教育资源，根据大学生全面发展的需要，开展群众性的“服务育人”活动，把后勤建设成大学生劳动教育实践基地、勤工俭学基地和社会实习基地，提升服务水平与境界，扩大社会效益，切实为培养人才服务。实践基地建设是根据深入开展社会实践活动的根本目的和要求，在充分研究和把握大学生社会实践活动特点及其规律的基础上展开的。在建设实践基地的过程中，应该始终贯彻“共赢”的原则，以达到调动高校及后勤企业双方积极性的目的。高校服务保障部门应始终秉承社会责任感，践行服务育人的使命，以开放、热情的姿态欢迎大学生参与到本单位的生产经营活动中，积极为大学生提供锻炼的机会。

（二）互动活动启发人

中共中央、国务院发出的《关于进一步加强和改进大学生思想政治教育的意见》指出，“校园文化具有重要的育人功能，要建设体现社会主义特点、时代特征和学校特色的校园文化，形成优良的校风、教风和学风。”校园文化建设的宗旨是提高大学生的综合素质，创建以人为本的和谐校园文化环境不仅是社会主义精神文明建设的重要内容，也是学校育人工作的重要组成部分，对贯彻党的教育方针、培养优良学风校风、优化育人环境、提高大学生的思想道德水平和科学文化素质具有极为重要的意义。校园文化是指在校园内进行的一切文化活动和一切文化现象的总和。因此，后勤作为高校服务育人的主体，与大学生开展的各类互动沟通活动不仅是校园文化的一部分，而且对大学生的培养起着非常重要的作用。

1. 开展交流沟通，寓教育于管理服务中

大学生正处于生理、心理的成熟期，高校服务工作者的工作作风、责任感、服务态度等都能在一定程度上影响学生的价值取向。因此，高校后勤企业应经常性地开展各类交流沟通活动，如组织“走进食堂”“开展技能比武，请学生当评委”及参观供应商原料基地等活动，对于管理和服务过程中的敏感环节，敢于阳光操作，采取价格听证、服务听证等形式，公开相关信息，增强数据的说服力，让师生充分了解服务工作、理解服务工作，取得学生的理解和信任。通过让广大学生参与到高校各项服务的环节和过程中，加强与学生的互动沟通，拉近双方的距离，并改进服务。同时，在不断的交流沟通过程中，服务工作者以自身勤恳工作的模范行为、任劳任怨的奉献精神和真诚做人的服务态度去影响学生，以周到、热情、细致的服务和崇高的职业精神去感化学生，最终形成高校服务保障部门与学生和谐互动的良好局面。此外，高校服务保障部门也应深刻认识到加强宣传交流工作的重要性，逐步完善和丰富座谈会、服务质量满意度调查、师生开放日等沟通形式的内涵。在平时的管理和服务工作中，服务保障部门可通过定期或不定期召开师生座谈会及膳、宿工作座谈会，定期组织“走进后勤”等活动，搜集一些有价值的信息，及时处理师生关注的问题，促进自身服务质量的提升。同时，在与广大学生的互动沟通过程中，各级管理人员应不失时机地对大学生进行随时、随地、随人的教育，发挥服务育人的功能。

2. 开展互动活动，寓教于娱乐活动中

高校服务保障部门做好大学生思想政治教育工作的途径有很多。其中，开展丰富多彩、喜闻乐见的活动，把思想政治教育的内容寓于文化娱乐活动之中，是广泛采用且效果明显的一种形式。但这种“寓”不应当是简单的、生硬的，而应当讲求艺术，如春雨润物那样自然而然。高校服务保障部门要根据广大学生的需求和兴趣，开展诸如演讲、竞赛、心理咨询、社会调查、体育竞技和专业比武等活动，为大学生提供施展聪明才智的机会，满足他们开眼界、得信息、学知识、交朋友的需求。同时，通过开展各种形式的活动，表彰表现优秀的学生，不仅能起到激励先进、鞭策后进的作用，还能弘扬正能量，增强思想政治教育工作的实效性。

# 第六章 江苏大学服务育人的实践与思考

## 第一节 服务保障全面融入，夯实育人环境基础

### 一、 全面提升校园文化品位

新时代背景下，经济发展突飞猛进，硬件环境景观早已成为城市化建设中不可缺失的关键因素。对于新时代的高校校园来说，优质的环境景观是学校的重要特征要素之一，其不仅仅是现代都市的浓缩，更是完美地展现出都市景观的灵魂。

校园文化是指“大学育人环境中，以学生为主体，以教师为主导，以促进学生成人成才为目标，由全体师生员工在教育、教学、科研、管理、生活等各个领域相互作用、共同创造的物质财富和精神财富的总和。”校园文化作为一种客观存在，与学校相伴而生，别具风格。作为校园的微型文化之一，校园文化是对学校师生、员工的行为方式具有约束或影响作用的价值观念的总和。它包括物质文化形态、行为文化形态和精神文化形态三个层次。第一层次是物质文化形态，是指校园建筑设计、校园景观、绿化美化等器物文化，它是一种以物质为形态的表层校园文化，是校园行为文化和校园精神文化的显现和外化的结晶；第二层次是行为文化形态，是指大学在教学育人、人际关系中产生的活动文化，它是以人的行为为形态的中层校园文化，以动态形式作为存在形式；第三层次是精神文化形态，是指学校在校园功能活动中形成的一种学校意识和文化观念，它是一种以意识为形态的深层校园文化。从表现形式上来看，校园文化有“显性”和“隐性”之分。表现在外的是显性的，如物质、环境、行为、规章等；表现在深层的是隐性的，如师

生个人的思想修养、教风学风、责任感和敬业精神等校园精神。本节讨论的是校园文化的第一层次，即物质文化形态。

校园文化及景观是作为一种氛围与精神理念存在的，环境景观是表达校园文化的基础，校园文化是依靠显性文化形态传递的。作为显性校园文化形态的文化景观，是影响学生成长成才的主要外部因素之一，在教学育人中发挥着重要的作用，对学生综合素质的提升有着不可低估的作用，高校的校园文化魅力是在校园人文景观的发展下逐渐得到提高的。在创建校园空间时，应营造出富有文化特征与育人功能的人文环境，不但要符合各项教学的需求，而且要传达出相应的精神理念与艺术境界，展现校园文化的实质和端庄典雅、肃静大方的环境氛围，使人产生一种庄重、肃穆的感觉。

高校校园文化景观是指一种存在于高校校园环境中，以大学校园空间环境为载体，以一定的历史时期一个地区的文化价值观念、精神风貌、审美情趣及价值取向为线索，以教师、学生等为参与主体，以学校精神和学术文化为核心的物质文化、制度文化、行为文化相统一的具有时代特征的一种群体文化以景观的形式呈现。这种载体包含自然的山水、森林景观，以及人造的亭台楼阁、建筑群、绿茵小道、雕塑等。校园内部的自然风景和人为风景都可称为校园文化景观。校园文化景观是一个功能复杂的综合体，是具有一定的规范力量及潜在教育功能的物质景观，它不仅要为学习及学术活动提供良好的物质条件，还要为在校师生提供良好的场所背景。校园文化景观必须能很好地迎合使用者的身份及其所从事的行为活动。营造校园文化景观的宗旨是创造出浓厚的学习氛围与文化气息，并把学校的办学宗旨、教育理念及精神文明等通过景观展现在世人面前，让人们能够通过这种物质形式直接体验学校独有的文化底蕴。

优质的校园文化景观在无形之中对教师与学生的品行产生重要影响，具有“环境育人”的功能。在新时代背景下，“环境育人”及“以人为本”等理念深入人心，师生们也更加重视校园文化景观的创建。优质的文化景观不但能够在无形之中对身处其中的人的性格与行为产生重要影响，而且可以使人得到心灵上的感召，让身处校园空间环境的教师与学生体验到愉悦。因此，校园文化景观对于培养德智体美全面发展的人才，以及树立教育品牌、提高教育质量、增强校园的凝聚力和向心力具有重要的现实意义。

新时代对校园文化景观建设提出了以下新要求：

（1）舒适宜人

在人类的自发行为中，安全感十分重要，而有安全感的前提是要有舒适的环境和宜人的氛围。这是进行沟通与交流最为基础的环境特点，设计师需按照建筑特点及绿化要求等多个方面设计出层次感较强的校园空间环境。

（2）自由独立

人类具有自由独立的思想，因而需要适合交流的独立空间，该空间能让人们在安静、私密的环境中进行交往。

（3）方便快捷

人类的自发行为会产生方便快捷的需求，这就要求建筑设计师能悉心设计交流的环境，并且全面顾及人和重要流通环境之间的关联。近年来，很多高校都积极创造交往环境，但是现实效果却不尽如人意，产生这种情况的根本原因是没有切实意识到方便快捷这一要求。

（4）景观优美

人类会自发对优美的景观产生青睐，建筑设计师在选择交流环境的时候要选择较佳的视野，面朝绿树草地、山水亭台等。这些美丽的景观，必然会使老师与学生产生美好心情，使其愿意驻足此处，从而有益于自发活动的形成。

（5）可参与性和多功能性

人类的自发行为具有参与倾向，这便需要建筑设计师在设计的过程中注意普通交流空间的多功能性，从而吸引更多的学生参与交流与学习。

### （一）江苏大学校园概况与文化景观

#### 1. 校园概况

江苏大学是2001年8月经教育部批准，由原江苏理工大学、镇江医学院、镇江师范专科学校合并组建的重点综合性大学，是江苏省人民政府和农业农村部共建高校、首批江苏省高水平大学建设高校、全国“三全育人”综合改革试点高校。学校始终以推动我国农业机械化、现代化为使命，培养了我国第一批农机本科、硕士和第一位农机博士、博士后，形成了“工中有农，以工支农”的鲜明办学特色和独特的文化情怀。学校占地面积约3 045亩（203万平方千米），各类建筑140余万平方米，在校学生37 600余人。江苏大学办学历史可追溯到1902年刘坤一、张之洞等创办的三江师范学堂，具有百年办学历史，文化底蕴深厚。

学校先后建成国家水泵及系统工程技术研究中心大楼、小礼堂、材料实验楼及后勤服务楼，实施了科技园大楼、青年教师公寓建设项目，对单身教师公寓、留学生公寓、学生二食堂等进行维修改造，为校本部及北固校区的所有学生宿舍安装了空调。智慧校园建设不断推进，有线、无线网络基本实现校园全覆盖；开通并全面更新了校园电动交通车，引入镇江市绿色自行车系统，初步建成了校园绿色交通体系。

学校精心打造了“梅花园”“樱花园”“樱花大道”等校园景观，使得校园环境品位进一步提升。以镇江海绵城市建设为契机，学校大力实施海绵校园建设工程，对家属区直供水和玉带河环境进行整体改造。校内治安、消防及综合治理工作进一步加强，学校获评全国平安校园建设优秀成果二等奖、全省首批平安校园，被表彰为江苏省文明单位和江苏省和谐校园。

2. 校园主要文化景观

梧桐大道：穿过这条梧桐大道，映入眼帘的是“博学、求是、明德”的校训。盛夏的林荫、晚秋的金色都使这条道路成为一道独特的风景。

三江楼：它是江苏大学最高的建筑、学校的主要教学楼之一，其造型庄重肃穆，是学生心目中“至高无上”的存在。

图书馆：江苏大学图书馆是一座综合性的高校图书馆，由校本部馆和北固分馆组成，另设有文学院、外国语学院、管理学院、艺术学院4个资料室，使用统一的集成管理系统并实行通借通还。校本部馆现有馆舍面积43969平方米，设有17个阅览室、20个研究包间、2个研讨室，可提供阅览座位3900余个，拥有远程视频会议室、多功能影视报告厅、空中教室等信息交流活动空间，馆内环境优美、舒适，设施先进、完备。

图书馆馆藏资源丰富，涵盖人文科学、社会科学、自然科学与应用技术等学科领域。截至2020年12月，累计馆藏中外文纸质图书272.1万册，电子图书176.2万余册，中外文纸质报刊1405种，电子报刊24600多种，订阅数据库

116 个，二次文献数据库 16 个，同时自建“农业装备工程”“赛珍珠”等特色文献数据库。“农业装备文献资源中心”“国际赛珍珠文献资源中心”已成为国内外文献资源种类最多、原著作品最全的机构。“江大文库”收集了上千份教师手稿、备课笔记等珍贵资料，收藏展示中共中央政治局原常委、国务院原副总理李岚清同志捐赠的 7000 多册图书。

校史馆：江苏大学校史馆于 2012 年 10 月开馆，建筑总面积约 1500 平方米，共分三层，由“序厅”“百年英华”“三校共进”“今日江大”四个部分组成。校史馆通过图文、实物展陈、视频、情景还原等方式，全方位展示了江苏大学百余年的发展历程。

体育馆：体育馆是学校标志性建筑之一，建筑面积约 1.38 万平方米，2003 年投入使用。第一层为教学和群体活动区，有乒乓球厅、多功能厅、保龄球馆、温水游泳池、健身房、武术房等活动场所。体育馆第二层为大型活动区，包括主赛场、训练馆和配套用房。主赛场的内场面积为 34 米 ×48 米，拥有 2938 个观众席位，其设施按照承接国际比赛要求配置，被国家体育总局定为国家青年排球队指定训练场馆。

自然景观：绿化服务的园丁用自己高超的技艺培育出形态各异、竞相斗艳的植物，把校园装点得生机勃勃。

静湖：静湖畔的牡丹园种植了两千余株牡丹，每年春季牡丹盛放，迎风起舞，湖畔花海的景色美不胜收，令人流连忘返，被称为“恋人的天堂”。

梅花园：江大梅花园位于学校图书馆后方，占地约 2 万平方米，有南京红、江梅、大红梅、玉蝶梅等上千株梅花。此处四季的景色均不同，最美自是花开时，屈曲盘旋的枝干，片片白皙的花瓣，一丛鹅黄的花蕊，组成一朵朵玲珑的梅花，为校园增添了一抹文雅之气。

四季花海：走在江苏大学的校园里，随处可见的是盛开的花朵，春夏秋冬，陪我们走过四季。

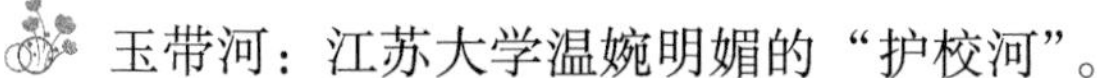

玉带河：江苏大学温婉明媚的“护校河”。

学校食堂：近年来，学校陆续对食堂进行改造出新，着力打造“文化食堂”。在硬件方面，提升食堂就餐环境，引进智慧餐盘，刷脸结账，改善学生的就餐体验；在软件方面，充分融入传统文化、校园文化、“江大精神”元素，使食堂服务上升到一个更高的文化层次，获得了广大师生的一致认可。

### （二）江苏大学校园文化景观提升思路

#### 1. 校园文化景观应表现出不同的地域特征

不同地理位置的高校在历史文化、风俗文化、地理环境等方面都有很大的不同，从而孕育出特色鲜明的校园环境，能够使人感受到不一样的文化特征。校园建设能够凸显出地理位置的特征，表现出地理位置的优势，是体现高校特色校园的一个方面，同时也有利于学校提升区位层次。江苏大学位于国家历史文化名城江苏省镇江市，镇江风光旖旎多姿，具有真山真水的独特风貌，以“天下第一江山”而名闻四方。金山之绮丽，焦山之雄秀，北固山之险峻，丰姿各异，人称“京口三山甲东南”；南郊的鹤林、竹林和招隐三寺，山岭环抱，林木幽深，又延伸入城，被誉为“城市山林”。江苏大学以城市山林为切入点，先后在校园内建成了梅园、学子林、园丁林、樱花大道等特色景观，实施“海绵工程”美化玉带河周边环境，建设校园绿道，校园整体呈现出“春有花，夏有荫，秋有果，冬有绿”的美景，被广大师生誉为镇江的“东郊公园”。

#### 2. 校园文化景观应继承厚重的历史文化

校园文化能够通过可视的景观来展现和传承。景观是校园精神的具体表现，可通过修建纪念性建筑，充分地展现学校历史和办学特征、学校发展目标等，此外，文化景观还能够增强学生对学校的认同感。江苏大学注重将校园文化与校园景观相融合，在校园规划时将20世纪60年代镇江农业机械学院原有的仓库建筑和部分住宅完整地保留下来，在展示结构形式和原有坡屋面的基础上，又增加了深挑檐和整体维保，保留了校园的历史文化记忆，具有良好的精神文化价值，富于历史的延续性，但又不拘泥于固有的建筑形式，从而透露出时代的气息。

3. 校园文化景观应服务于教育文化

苏霍姆林斯基曾经说过："我们的教育需要让每一面墙都在表现。"所以在校园文化建设当中，需要赋予每一个景观以生命力，增强其对大学生的感染力。在学生的生活、审美、人文等方面，让"每一面墙"都具备育人的能力，就是景观文化建设的真正价值。舒适宜人的校园文化景观能够增强学校的号召力、凝聚力，感染师生，激发其积极向上、勇于拼搏的精神。江苏大学将历史文化和校园景观深度融合，透过这些自然景观传递"江大故事""江大人物""江大精神"。漫步校园，随处可见利用绿植制作的"江大校训""江大精神"和在校园名贵树木上精心制作并悬挂的"双语"树牌等特色景观，令人不自觉地静下心来学习、思考。梅园、樱花园、向日葵景观等诸多"网红"景点的落地赢得了全校师生、校友及社会人士的称赞。

## 二、 全面构建服务育人协同机制

习近平总书记指出，高校育人工作始终要将"培养什么人、怎样培养人、为谁培养人"这一根本性问题作为导向。高校是开展大学生思想政治教育的主要阵地，高校的工作主要围绕教学、管理和服务三个方面展开，这三个部分承担着不同的职责与任务。虽然教书育人的理念得到了大部分高校的重视，但是，管理育人和服务育人在高校体现得并不明显。因此，要整合高校内部的各种教育资源，将协同育人理念融入其中，深入挖掘管理和服务领域所蕴含的思想政治教育要素，把教书育人、管理育人和服务育人结合起来，建立全员育人机制，使三部分发挥各自的长处，实现优势互补。高校教育的系统性、长期性和科学性决定了高校教育具有其他教育领域所不可比拟的优势，因此要积极整合利用高校内的教育资源。江苏大学始终坚持"全员育人、全过程育人、全方位育人”相配合的理念，不断完善服务育人协同机制。

学校建立思想政治理论课教师与非思想政治理论课教师协同育人机制，加强并培育专业课教师的思想政治理论素养。第一，为专业课教师开设思想政治理论课程，并定期开展培训，使思想政治教育的育人理念、育人目标等深入每一位专业课教师的心中，同时将思想政治教育的内容和方法传授给专业课教师，使其在日常教育教学活动中灵活运用所学内容，将思想政治教育的内容与专业课教学结合起来，实现“双赢”。第二，学校开展思想政治理论课教师与非思想政治理论课教师结对活动，通过一对一的帮扶与交流，帮助专业课教师制定既适用于各自专业教学，又能够提升学生思想政治理论素养的教学大纲。在具体的教学实施过程中，思想政治理论课教师给予专业课教师密切的关注和适时的引导，帮助专业课教师解决学生心理、思想和行为等方面的问题。第三，通过开展宣传教育活动，提升非思想政治理论课教师的职业道德，并开展形式多样的主题宣传活动。例如，为新教师开设思政教育培训，在广大教师中举办道德建设演讲、征文比赛；通过广播、网络、报刊等媒介选出教师中的师德模范人物，发挥其模范带头作用；聘请校外专家为学校教师上道德预警课，切实解决教师只教书不育人、道德失范、表率作用不强等问题。“打铁还需自身硬”，江苏大学始终秉承“育人者先育己”的育人思路，通过各类活动、培训、宣讲，不断提升教师的思想政治理论素养、育人意识和职业道德，培养教师优良的品德情操、严谨的治学态度及良好的言谈举止、风度、气质和仪表，从而对学生产生潜移默化的积极影响。

学校建立教育与管理相结合的协同育人机制，改变教育与管理“两张皮”的状态，把思想政治教育融入学校管理之中，将育人职责作为考核指标纳入各管理部门的考核之中。第一，要求各管理部门提升自身素质、提高管理水平、转变管理意识，时刻铭记教育初心与育人使命，规范自己的言行，以身作则，通过不断的学习提升自身的思想政治素养和管理水平，把握管理艺术。第二，要求各管理部门用自己的实际行动潜移默化地对大学生开展思想政治教育，管理者自身的言行举止直接影响到大学生思想政治素养的培育效果。因此，管理者必须以身作则，为学生树立良好的道德行为榜样。第三，要求各管理部门在管理中以科学理论为指导，建立现代管理制度，做到“以生为本”，重视学生的特点及实际需求，关注大学生的心理需求及思想状态，在民主与平等的环境中，营造良好的管理氛围，创设科学的管理模式，充分利用各种管理载体，采取科学的管理方法，在管理中提升大学生的思想政治理论素养。

学校建立管理与服务相结合的协同育人机制，将育人理念贯穿于学校服务的全过程。在新时代高校育人工作开展的过程中，服务育人有其自身的特点和优势。在高校中，宿舍管理人员以关爱学生之心，认真负责地开展学生宿舍工作；食堂服务人员以艰苦朴素、吃苦耐劳又热情洋溢的工作态度服务学生；校园的园丁用自己高超的技艺培育出形态各异、竞相斗艳的植物，把校园装点的生机勃勃。这些直接展现在学生面前的服务人员的优秀品质，能够对大学生产生潜移默化的影响。服务育人具有贴近生活、以情动人、润物无声等显著特点，这是教书育人和管理育人难以比拟的独特优势。相比之下，服务育人更能够影响学生的情感、心理和成长，引发学生思考。江苏大学服务保障职能部门还通过定期举办学生座谈会深入学生之中，听取学生意见，以提高服务质量与满意度；通过表彰模范服务人员、定期组织开展实践教学活动等形式，将服务育人的理念植入服务人员的心里，培养其育人意识。此外，江苏大学每年还为贫困学生和学生党员等提供免餐费服务岗位与志愿岗位，让学生真正参与到校园的管理与服务之中，培养学生的集体主义精神与为人民服务的意识，同时也为学校服务保障系统补充了新鲜血液。

## 三、 全面营造服务育人文化氛围

新时代大学不仅是知识的殿堂，更是文化的聚集地。大学文化是大学在长期的教育实践中形成和创造的精神和物质财富之和，大学的力量来源于大学的文化。作为社会文化传承创新的重要载体，大学是技术进步和科学发展的重要基地，是增强国家文化软实力的重要力量。在人生成长的过程中，个性的塑造、人格的完善都离不开文化的影响。大学时期是青年个性、品格形成的重要时期，且大学生的文化需求广泛，若此时能通过不同形式的文化来潜移默化地对其进行引导、启迪、熏陶，对于大学生成长成才意义重大。

### （一）新时代高校文化氛围的特征

高等教育的根本使命和理念是“育人为本”，但首要问题是“怎样育人”。大学需要具有引领性与先进性的文化氛围来引领学生的发展。从文化的属性、载体及文化育人的过程、表现形式等方面来看，相对于传统的育人方式，大学服务育人所需的文化氛围具有如下几个特征：

1. 隐蔽性

从文化形态学的角度来看，大学文化氛围中的制度文化和物质文化并不直接发挥育人的作用，而是通过精神文化及其反映的文化行为发生作用。大学精神、大学传统等直接反映了师生的价值观念、审美情趣、思维方式等高层次意识形态的实质，是创造性思维的产物。大学精神文化、行为文化剥离了物质文化、制度文化显著的符号形式，形成了知识、价值观、意向、态度的次级抽象，化身为一种集体的“潜意识”对身处其中的“大学人”发生作用，这就是文化育人“润物无声”的效果。例如，校风对人的同化作用和规范作用，就是利用从众心理，通过群体压力等无形的方式，使后来者渐渐融入既有的环境氛围之中。校风中承载的大学精神、意识和态度等价值形态被无意识地内化和主体化，这种育人的方式远比自上而下的灌输和说教有效。又如，有文化载体“轻骑兵”之称的大学纪念性雕塑，具有显著的文化象征意义。如果是人物雕塑，则象征着大学所推崇的一种治学精神或人格魅力；如果是艺术雕塑，则象征着大学追求的高雅审美情趣。这些形式的教育，往往可以起到“不言自明”之效。

2. 柔软性

大学文化氛围的营造是一个漫长而持久的过程，贯穿于大学发展建设的全过程，需要全体教职工通过教学、管理、服务等方式将大学的精神与内涵传授给学生。整个教育过程是一种以全体教职工为主体的教化过程和以学生为受体的内化过程，只有教师与学生充分互动、积极配合，才能将这两个过程紧密地衔接起来，从而实现文化的发展、创新与传承。对学生来讲，学习外在文化并把外在文化内化为自己的品德、智能、体魄和审美，是一个非常复杂的心理发展过程。文化氛围的柔软性体现在学生“传承”外在文化的过程更加贴近学生的个性、心理和认知特征，更加注重学生“个体社会化”方法的多样性，更加鼓励学生在“教”“化”过程中的互动。传统的育人过程注重理论的灌输，常常忽视了教育对象的主体性，强调“传”的“刚性”和“效率”，把教育对象机械地看作教育“生产线”上的“毛坯”，只需要通过教育者的“轻轻敲打”就可以“生产”出合格的“产品”。随着时代的进步和视界的开放，文化育人逐渐进入教育者和教育管理者的视野，“人文主义”思想也开始在社会各个领域畅行，文化以其“至柔至刚”的特征受到了广泛的重视。

3. 持久性

大学文化氛围是长期发展并沉淀下来的精华，其本质属性是持久性。大学和宗教团体之所以能在组织竞争中延续下来，源于它们具有的共同的文化特征，也就是文化的力量。现在许多大学开展文化建设，常常借鉴企业文化建设的经验。如果将企业文化的发展放在一个较大尺度的历史时期中，企业固有的逐利逻辑决定了其必然是短命的。大学和宗教团体生产的对象就是文化和价值，而企业文化只是企业生存的手段，而不是存在的方式，这就是它们的本质区别。每一个有过大学经历的人，都会怀念自己的大学故事，对校友、名师的逸闻趣事津津乐道，这些细节体现出大学文化对人们生活和深层意识的渗透，体现出文化对主体持久的深刻影响。

4. 多样性

大学文化氛围是指大学生在大学学习过程中创造的全部成果的总和，既有物质形态的成果，如大学课程、专业设置、师资队伍、校舍建筑、馆藏图书、仪器设备和体育运动设施等；也有已经物化了的精神形态成果，如校徽校训、校园雕塑、主题性活动、典礼仪式等。文化育人的多样性，不仅体现在知识传授的层面，还体现在价值和信仰层面。例如，军训活动可以培养学生的爱国主义和集体主义精神，可以锻炼学生的体魄，培养其艰苦奋斗、吃苦耐劳的作风；可以帮助学生了解军人，培养学生的责任感；可以培养学生基本的军事素质，增强国防观念与国防意识；可以培养学生积极参加公益劳动的意识，增强对劳动人民的尊重和了解，体会劳动的艰辛；可以培养学生为人民服务的精神，增强社会责任感；可以培养学生团结互助的品质，强化集体主义精神。总之，大学文化表现形式的多样性决定了文化氛围的多样性。

（二）新时代高校服务育人文化氛围

高校服务育人文化是以高校服务保障职能部门、后勤员工为主体，在服务师生的长期活动过程中形成的，被全体服务人员认同和遵循的价值理念、道德准则、行为规范和规章制度等各种有形与无形要素的集合。它包括物质文化、制度文化、行为文化和精神文化四个系统。

1. 物质文化

高校服务育人物质文化是以物质形态为主的表层文化，主要包括后勤环境和服务保障。后勤环境是校园大环境的重要组成部分，是广大后勤员工为师生提供各项服务保障的工作环境。后勤服务是能够直接被感受到的有形和无形的物质表现形态，诸如可口的饭菜、醒目的标志牌、统一的着装、明亮干净的教室和清洁温馨的宿舍等。物质文化质量的高低直接影响到师生的学习、科研和生活水平，也是衡量高校后勤文化水准的重要标志之一。

2. 制度文化

高校服务育人制度文化是以文字、图表等形态为主的浅层文化，是高校服务保障职能部门围绕后勤管理和服务工作制定的各项规章制度、办事指南和工作流程的集合。制度文化既是服务规范，也是行为准则，是高校各项事务能够正常运转和发展的制度保障。

3. 行为文化

高校服务育人行为文化是以行为方式为主的行为层文化，是高校服务保障职能部门、后勤员工在提供后勤服务过程中表现出来的各种文化行为的集合。表现形式包括日常服务工作、日常管理活动、文体活动、技能竞赛和学习培训活动等。行为文化建设的成败直接影响到后勤员工工作积极性的发挥、服务产品的质量及服务对象满意度等诸多问题。

4. 精神文化

高校服务育人精神文化是以理念为主的深层次文化，是高校服务保障职能部门、后勤员工在长期的活动过程中积淀、提炼出来的，能够反映广大后勤职工共同意愿的价值目标、发展战略、后勤精神和文化传统的价值观念体系，也是高校后勤开展各项工作的价值准则。

（三）江苏大学服务育人文化氛围的全面营造

1. 强化人文精神

当前高等教育正处于飞速发展之中，大学校园是高层次和高水平的人化自然，不仅仅要体现自然的，更要体现人文的，大学校园文化应当是人文与自然的有机统一。从自然性的角度来说，大学校园是自然界的一部分，为师生提供自然和谐的校园环境，使大学师生亲近自然，是“大学人”作为自然存在物而存在的根本要求。从人文性的角度来说，大学校园只有创设浓厚的人文氛围，提升科学内涵，才能够激励“大学人”去提高自己的人文品格和科学素养。良好的育人环境应当是自然性与人文性的内在有机结合。江苏大学在校园建设中不仅注重硬件设施的完善，建立了很多便利的生活服务设施和教学设施，同时也注重人文精神、文化底蕴和内涵的营造，真正做到以学生为中心，强化学生的主体地位，培养学生的独立性，提高学生自我管理、自我教育和自我服务的能力，鼓励学生参与各种管理活动，追求个性发展和共性需求，做大学真正的主人。

首先，江苏大学注重对“人”的培养，把学生能力发展培养放在第一位，除了开设专业基础课以外，学校服务保障职能部门还开设了大量适应社会需求的第二课堂，以及各种有利于学生拓宽基础、开阔视野、培养能力的公共教育课，使学生学会学习、学会选择、学会合作。这些第二课堂具有科学精神和人文精神，能帮助学生更深刻地理解人生的意义，以实现全面发展。

其次，江苏大学紧抓学生组织的文化建设。学校积极开展各种社团活动，鼓励学生发挥主观能动性，根据个人特长，通过各种途径和形式，发挥自身的优势和特点，锻炼个人能力，提高自我管理能力。学校对于学生组织的文化建设给予高度的重视。学生可以根据各自的情况选择自己感兴趣的社团活动，这有效地激发了学生参与社团活动的欲望和热情。

最后，江苏大学始终把高校服务保障职能部门作为服务育人文化建设的核心资源。在服务育人文化氛围的营造上坚持“以人为本”的理念，让学校服务保障职能部门、后勤员工参与到文化建设的各个环节中，把广大教职工视为建设服务育人文化的主要力量。同时，学校充分肯定服务保障职能部门、后勤员工在服务育人文化建设中的作用，激发他们的主人翁意识和参与热情。同时，学校把握时代发展脉搏，围绕新时代广大师生、员工对服务育人文化的新要求，积极探索新时代高校服务育人文化建设的新思路。

2. 制定发展规划

作为大学校园文化的重要组成部分，高校服务育人文化不仅体现了大学的文化特色、文化底蕴和校风，也体现了高校服务保障职能部门的战略规划和组织目标。高校服务育人文化建设应服务于学校的中心工作，同时展现高校后勤行业的特点和特色。江苏大学将服务育人文化建设纳入学校的发展规划中，并专门制定了服务育人文化建设子规划及实施方案，阐明服务育人文化建设的思路、发展理念、发展目标、工作任务及具体措施，指出服务育人文化建设的方向，将服务育人文化融入校园文化，以便更好地落实“三服务、三育人”的目标。

3. 拓展宣传渠道

塑造良好后勤形象是建设高校服务育人文化的有效途径。一方面，江苏大学加强宣传，把学校后勤精神、服务宗旨、服务指南、先进典型事迹等文化元素通过中国院校后勤信息网、校园网、后勤微信公众号、校报等多种媒体和平台传播出去，塑造后勤服务形象，打造良好服务品牌。另一方面，学校注重后勤文化的实践和升华，积极营造与时俱进、服务师生的后勤文化氛围，让广大后勤人员理解后勤文化、营造后勤文化、践行后勤文化，用文明的言行影响人，文明的服务感染人，在整个校园内构建良好的文化育人环境。

4. 搭建交流平台

学校师生是高校服务育人的主要对象。因此，提升高校服务育人质量的重要途径就是加强与师生的沟通和交流，充分了解师生的实际需要，虚心倾听师生的声音，重视师生的反馈信息。江苏大学服务保障部门为建立有效的交流平台，每年开展师生交流会100余场，将学校后勤各方面的工作及时展现给广大师生，确保各服务保障职能部门能全面深入地了解广大师生的需求，听取他们的建议，以改进后勤服务工作中的不足，从而达到服务育人的目标。

5. 完善制度建设

完善的规章制度是高校服务育人文化建设成熟的重要标志。近年来，江苏大学通过不断建立健全人事管理制度、财务管理制度、安全规章制度等相关制度和文件，有效引导、规范和约束后勤员工的言行。同时，以制度的力量来发展和繁荣服务育人文化，营造全面的服务育人环境，把规章制度融入服务育人文化建设当中，创造稳定、持久和创新的制度文化，使学校各项服务保障工作都有规可依、有据可查。通过制度文化建设形成激励机制，使想干的员工有环境、肯干的员工有机会、能干的员工有舞台，进一步充分激发广大后勤员工的内生动力、敬业精神、奉献精神和主人翁精神。

6. 加强教育培训

服务育人文化建设的重点在于贯彻和落实。江苏大学通过不断加强对服务保障部门员工的教育和培训，提升他们的工作能力和综合素质。一方面，通过开展专题讲座和学习心得交流会等活动，加强对广大服务保障部门员工思想道德与职业素养的培训，促进工作交流和沟通，优化员工职业生涯发展。另一方面，结合每一名后勤员工的工作岗位特点，通过经验交流、岗位技能竞赛等方式开展针对性的专业技术培训和学习，进而提高他们的工作技能和水平。

通过以上一系列的重要举措，江苏大学一方面狠抓服务育人保障体系建设，另一方面狠抓服务育人文化建设，努力营造具有本校特色的服务育人文化氛围。

## 第二节　服务保障多维贯穿，提升育人实际成效

江苏大学“三全育人”在时间、空间和内容等多维度呈现出连续性的特征。“三全育人”填补了过去学生从入学到毕业离校成长成才过程中的许多空白点。首先，江苏大学着力打造一种课内与课外育人并行的模式，教育者不仅在日常的课堂教学中向学生传授专业知识、进行思想政治教育，还以个人高尚的道德情操去影响学生；课下教师关心爱护学生，通过友好的沟通帮助他们解决生活上、学业上遇到的困难，使育人过程得到充分延展。其次，学校将思想政治教育理论知识与实践教育充分结合，育人不仅在校园内进行，思想政治教育不局限于课堂形式，还加强对学生实践能力的培养，以理论指导实践，以实践充实理论。最后，学校统筹多方育人资源，将显性育人手段与隐性育人手段、校园物质环境和精神文明相结合，时刻凸显育人主题，提升育人实际成效。

### 一、 服务育人时间维度全流程贯穿

大学是一个阶段性学习过程，主要分为三个时期，即入学时期、关键时期和毕业时期，无论在哪个时期都存在阶段性问题。入学时期，存在如何迅速适应新环境，实现身份角色转换的问题；关键时期，存在素质水平和社会要求不同步的问题；毕业时期，存在理想和现实差距悬殊的问题。

无论是本科生还是研究生，都需要以学年为单位在学校上课，完成学校规定的学业，在此期间学生享受国家法定节假日，还有长达三个月的寒暑假。而寒暑假成为高校育人工作的断点，也是高校亟待解决的问题。

江苏大学深入思考育人断点问题，将学年与假期、教学与实际相结合，构建育人长效机制，实现服务育人时间维度的全流程贯穿。

（一）做好学生在校期间的服务育人工作

入学时期的心理健康教育至关重要。初入大学的青年学生，心理上会经历兴奋转为迷茫、期待转为焦虑、憧憬转为懈怠的变化，而入学时期又是专业知识和专业技能提升的关键期，专业课程占主导地位，思政课多以公共课形式存在，课时占比较少，专业技能活动的频率高于思政实践。江苏大学坚持针对性原则，以问题为导向，以学生面临的发展新问题为出发点，增加思政课的课时，充实思政课程内容，鼓励学生开展实地调研，发挥第二课堂的育人作用。准确把握学生入学时期产生的跨幅度式、越等级式的心理变化，开设心理健康教育课程，做好心理健康宣传服务保障工作，开展心理健康咨询与疏导，引导学生及时纠正心理偏差，掌握调整心态的科学方法，以积极的心态迎接新的发展阶段。通过课程引导，大学“萌新”迅速融入新环境，实现角色转换。同时后勤处（集团）定期举办饮食课堂、风味厨房、园艺手作等第二课堂培训活动，填补思政课程的空白点，积极开展大学一年级新生的引航教育。学校团委开设理想信念教育课程，引导学生坚持正确的政治方向，自觉将个人前途与国家命运相连；开设职业规划课程，引导学生树立正确的职业目标，科学规划学习生涯，消除迷茫。

毕业时期是对大学学习成效的最终检验期，是学生步入社会开展工作的新起点，也是高校思想政治素质教育的重要阶段。毕业时期，顺利就业是大学生面临的重要任务。为确保学生顺利就业，江苏大学开设就业指导课程，实施“一对一”就业帮扶计划，同时开设就业心理指导课程，开展就业心理疏导服务工作，缓解毕业生就业心理压力，引导学生树立正确的就业观。后勤处（集团）还联合校外企业共同开设职业道德课程，帮助学生了解职场生存规则，以良好的职业素养融入工作环境。学生宿舍、公寓全力配合学生就业面试需要，在宿舍楼设亲情服务驿站，增设免费熨烫正装服务，让学生面试无忧。在每年毕业和开学季，后勤处（集团）全体党员深入服务一线，在学生报到服务点、毕业生宿舍配合一线员工完成返校学生报到服务和毕业生宿舍清理工作，以“走心”的服务使学生们感受到温暖和谐的校园氛围，加深了学生对江苏大学的归属感。

## （二）做好节假日期间的服务育人工作

江苏大学为了解决育人断点问题，合理安排假期服务育人工作，让假期思想政治工作成为学校课堂教学过程的有效延伸，进一步提升学生的思想政治素养。

第一，强化内容引导。放假期间，学生会面临更为复杂的情况，如待人接物、消费购物、外出旅行、人身安全等。江苏大学综合考虑复杂情况，强化内容引导，有效开展育人工作。首先是弘扬优秀传统文化，加强亲情教育、感恩教育、文明礼仪教育、消费观教育，倡导学生文明健康过节。其次是开展人身安全教育，引导学生提高安全意识，将人身安全放在首位。后勤处（集团）通过联合市公安局定期开展网络安全宣讲，对虚假宣传和网络诈骗进行介绍，增强学生的网络安全意识。最后是开展管理工作，做好留校学生登记工作，实行留校学生集中管理制度，并妥善安排假期值班工作。学校服务保障职能部门充分履行职责，维护校园假期秩序。

第二，尝试多元方法。放假期间，学生无须应对日常的课堂作业，拥有的自主时间更多。针对这一特点，江苏大学要求各专业课教师在每学期末归纳总结本学期教学的重难点内容，根据理科和文科专业特征，突破传统期末考核方式，开展多样化假期社会实践调查活动，打造衔接育人方式，解决育人工作断点问题。同时，学校后勤处（集团）联合各服务保障职能部门在假期中组织、鼓励留校学生参加红色圣地志愿服务活动，做红色文化的弘扬者、继承者，接受红色文化精神洗礼，提升学生的思想高度。校团委运用线上媒介，开设假期思政特色网络课程，宣传新思想、新理论，开展每周思政知识答题活动，发放电子问卷调查，及时掌握学生思想和行为动态。

第三，建立长效机制。江苏大学为统筹推进一体化育人格局建设，不断探索创新领导体制和工作机制，建立服务育人长效机制。具体措施包括：推进教育教学软硬件设施保障，在教学过程中尊重学生的主体地位、体现教学规律、强化育人功能，努力实现课堂内外的有效衔接；促进主渠道、主阵地一体化，实现“三全育人”教育课堂与日常生活匹配衔接。在主体理论课程规划上，牢牢根植中华优秀传统文化，大力发展校本文化，利用各种文化活动营造育人软环境；搭建以马克思主义、中国特色社会主义等理论学科为核心，覆盖哲学、社会科学等相关学科在内的“三全育人”学科群，不断巩固和强化思想政治教育的优势领航地位，打造一个育人的“同心圆”。通过推动服务育人体系与其他育人体系相结合，构建由中华优秀传统文化课程、创新创业教育课程等组成的课程体系，通过发掘各学科、各专业的育人元素，提升课程育人的亲和力、吸引力。同时，将“三全育人”的总体规划与学生价值导向相结合，因势、因群、因业、因材地把“立德树人”渗透到学生成长成才的全过程。

## 二、 服务育人空间维度全方位包围

高校思想政治工作不应局限于平面空间，而是要具有立体性，应渗透至各个环节。江苏大学以主流文化为依托，提升学生的文化自信；以实践活动为桥梁，构建应用理论知识的平台；以科学研究为节点，营造良好的育人氛围；以校园网络为媒介，创建便捷的线上沟通渠道。学校通过多维度服务保障建设，打造服务育人全方位空间维度。

### （一）提升教学软硬件服务保障，占领校园文化阵地

江苏大学拓展服务育人作用，通过教学软硬件服务保障促进高校思政学科内涵式发展。学校清晰认识到“硬”设施对“软”文化的促进与保障作用，努力通过学校教学硬件保障促进学校校园文化环境提升，并依托主流文化，紧抓课堂教学，运用校园媒介，占领校园文化阵地。

#### 1. 依托主流文化，提升教学设施水平

江苏大学将服务育人与文化育人相结合，通过提升教学设施设备为文化育人提供有力保障，不断增强主流文化育人的效果。学校构建以中华优秀传统文化、革命文化、先进文化为核心的独立课程，把握正确的政治方向与文化取向，深入推进主流文化进课堂，增加主流文化课时安排，使主流文化入脑入心，打开文化育人的理论教学缺口；以主流文化为主题，开展实践教学，鼓励学生进行校内外调研，了解主流文化认同现状，探究增强主流文化宣传实效的路径，增强主流文化的实践性，提高当代学生对主流文化的认同感，提升主流文化的教育实效。

#### 2. 运用校园媒介，占领文化阵地

江苏大学注重校园文化建设，学校文化建设呈内涵式发展态势。学校后勤处（集团）及学校服务保障部门通过美化校园文化环境，遏制亚文化发展态

势，掌握校园文化话语权，占领校园文化阵地。同时，学校服务保障职能部门善于运用物质载体，加强校园文化基础设施建设，增加楼宇墙体的文化标识，深挖物质文化资源，营造浓厚的文化氛围。通过校园环境氛围的营造突出学校校训，体现治校精神，如校内随处可见利用绿植制作的“江大校训”“江大精神”和精心制作并悬挂的“双语”树牌等特色景观，令人不自觉地静下心来学习、思考。学校充分利用精神载体，加强精神文化宣传，统一师生思想共识；加强校园媒体建设，校报设计迎合学生需要，校园广播内容抓主流、重多样化报道，官方网络平台开设文化专栏，增强文化推送作用，打造“物质＋精神”“实体＋网络”的宣传模式，优化校园风气，滋养师生心灵，占领校园文化阵地。

（二）深化服务保障，推进实践活动

学以致用是新时代高校教育的应有之义，通过丰富多样的实践活动可以开拓高校育人工作新视野，为高校育人工作增添活力。江苏大学高度重视实践活动的打造，学校服务保障职能部门坚持以科学理论为指导，通过创新活动形式，改善活动运行模式，将实践活动落到实处并实现新突破，使活动价值向深层发展。

1. 以科学理论为指导，扎实推进实践活动

“思想政治教育学是一门应用科学，具有鲜明的实践性特征。”科学理论直接来源并最终检验于学科实践，这并不意味着实践活动不需要科学理论的指导。相反，科学理论是实践活动高效运行的重要保障。江苏大学服务保障职能部门始终坚持以马克思主义关于人的全面发展理论、习近平新时代中国特色社会主义思想为指导开展实践活动，通过把好指导思想的方向之舵，加强中国梦实践教育，引导青年树立社会责任感，自觉投入社会建设中。同时，学校团委、后勤处（集团）、图书馆等相关部门结合不同专业的特点、学生的发展阶段、课堂教学进度、社会热点问题等，为大学生提供各类实习实践机会，帮助其提升实践技能、树牢尊重劳动的观念，探索社会实践组织新模式，鼓励运用多元活动形式开展实践活动。例如，在食堂厨师的帮助下，完成简单的摆盘和烹饪；在学业之余打扫教室、清除校园海报；等等。这些实践活动不仅能让学生更好地平衡学习与劳动的关系，还能更好地教育学生，让其体会劳动的艰辛，从而更加热爱学习和生活。

2. 重视制度建设的完善，构建高效运行机制

实践活动运行机制的构建对于实践活动的深入开展具有决定性的作用。江苏大学深入思考、明确规划实践活动指导教师责任体系、评价机制，以及责任分配模式等主要因素，建立社会实践活动协同育人体系，明确实践育人主体的地位，合理分配工作职责。学校服务保障职能部门协同校内、校外各部门做好育人政策制定工作，安排育人主体培训，全面统筹实践活动。学校后勤处（集团）牵头，会同宣传部、档案馆、图书馆、信息化处、基建处等相关服务保障职能部门成立江苏大学服务育人小组，为实践活动提供教育资源与基础保障。同时，设立服务育人监督小组，监管实践活动运行，定期开展理论培训，提升实践指导教师理论素养；聘请校外优秀指导教师，吸取实践活动经验；通过制度化建设严格规范实践活动，使实践活动的评价向纵深发展，运用制度有效地解决了实践活动形式化的问题。

（三）着力智慧后勤建设，打造新型育人平台

新时代网络信息化程度日新月异，高校建设后勤服务育人信息化平台是必然趋势。只有提升服务育人信息化程度，通过平台和内容建设，打造网络育人新渠道，才能保证服务育人的长效性与渗透性，引领网络育人工作新风尚。

1. 基于内容维度，构建服务育人新体系

当代大学生媒介素养较高，信息需求多样化，获取途径多元化，既可以发布信息，也可以消化信息。江苏大学为了满足学生多样化的信息需求，加强网络内容建设，严控网络信息传播，积极宣传正面网络信息，以满足学生需求为导向，以打破单一内容为目标，以实现网络育人为目的，引领网络内容建设，加强主流意识形态的传播，坚持舆论导向，不容错误思潮滞留于学校网络平台。同时，学校聚焦社会热点问题，持续更新热点动态，坚持问题导向，引发学生思想共鸣；紧扣学科教学计划，突出网络信息专业性。学校信息化处重视网络信息的引导性，要求网络信息同向同行，定期过滤垃圾信息，取缔不良网站权限，严把学生浏览信息的安全关；增加内容反馈板块，及时获取学生评价，提高内容供给与学生需求的匹配性。

2. 基于平台建设，打造服务育人新渠道

互联网平台是互联网时代的核心，是汇聚优质资源的高地。江苏大学迎合

时代发展需求，以互联网平台为发展驱动，以开放、共享思想为精神支撑，打破网络平台建设模式化局限，构建网络平台责任共同体。根据学生追求新事物的鲜明特征，将时代和科技因素融入网络平台建设，以新理论为指导，以学校特色建设为主题，以社会热点信息为辅助，构建主体性网络平台；同时在学校微信公众号、微信小程序、企业微信开设办事大厅与服务平台，进一步丰富服务保障部门的线上服务功能。学校服务育人小组还增加网络组织者、实施者、使用者评价板块，及时掌握学校网络平台使用现状，了解线上育人工作的进展，及时发现网络平台建设短板并有效解决。学校以去繁易简、清晰明了的板块内容，在微信短视频、抖音、快手、微博等社交互动平台开设官方账户。一方面，通过平台与学生进行互动交流，了解学生需求；另一方面，通过平台的打造，提升学校网络的影响力与话语权，增强学校文化软实力。

## 三、 服务育人主体维度全员参与

江苏大学服务育人从主体维度构建上下、内外联动全员育人机制，不断拓展学校育人职能。

### （一）坚持学校党委全面统一领导

江苏大学始终将立德树人作为学校的初心与使命，建立党委责任机制，以学校党委为中心，全面建设统一领导体系，明确各服务育人职能部门的主体职责，并定期开展党内巡察，了解工作进度与情况。

#### 1. 发挥党委的核心领导作用

江苏大学党委高度重视学校“三全育人”工程，学校始终以“立德树人”为根本、以“强农兴农”为己任，不断强化学校育人职能，围绕“为谁培养人，培养什么人，怎样培养人”，逐步形成了“党委领导、分级负责、系统运营”的“三全育人”工作格局。学校服务保障部门从思想上坚决拥护党中央集中统一领导，强化基层党组织主体责任，提高政治站位，坚持学习党的最新理论，提升思想觉悟，掌握新思想精髓，以科学理论知识武装自己；实际工作中牢记“服务育人”工作初心，不忘服务育人工作的责任与使命，克服育人工作的弱化、虚化和边缘化问题，合理划分教学、管理、服务等党支部育人职责，结合各类学生特点，统筹推进育人工作。

2. 增强党支部战斗堡垒作用

江苏大学充分发挥各服务保障职能部门党委与院系党委的政治核心作用，贯彻执行校级党委组织部署的“三全育人”任务，监管育人工作执行状况，在贯彻执行中及时发现育人工作短板，提出行之有效的解决对策。同时发挥教职工党支部的战斗堡垒作用，健全“三全育人”评议考核机制，打造“党建+教学+管理+服务+育人”的特色模式。学生党支部积极传播新理论，抵制错误思想；严格把控人员进入标准，选拔优秀青年充实学生支部组织；突出学生党支部团结学生的桥梁优势，发挥模范带头作用，进行思想和行为引导。

（二）强化学校服务保障人员的骨干作用

江苏大学着力解决服务保障队伍建设短板，提升服务育人工作能力，以“立德”为出发点，紧扣“为谁培养人”的根本问题，坚持以体制机制为切入点，努力实现“树人”目标。其中，队伍建设是主要渠道，职业培训是有效补充；职业认同是精神保障，工作待遇是物质基础；角色定位是重要保证，明确职责是基本要求。

1. 加强队伍建设，增强职业培训

江苏大学服务保障职能部门坚持队伍建设，加强职业培训，不断增强高校服务保障人员处理新问题的能力。首先是队伍年轻化程度不断提高，学校后勤服务保障相关部门科级领导干部40（含）岁以下的占40.5%，50（含）岁以下的占62.5%；处级干部40岁（含）以下的占24.3%。其次是队伍学历层次不断提升，学校后勤服务保障相关部门高中以上文化程度的人员（含劳务工）占比提升至66%。最后是新鲜血液的补充使得各服务保障职能部门的分工进一步细化，学校服务保障工作效率进一步提升。教育培训是队伍建设的重中之重，学校制定继续教育政策，继续追加教育投资，鼓励学校服务人员提升学历层次，增强学习能力；建设基层服务人员培训基地，提供交流平台；制定服务人员培训政策，奠定制度保障。在思想上强调经典著作研读，扎实科学理论知识，为处理现实问题奠定理论基础。同时，各部门立足本职工作邀请校外专家开展教学培训，增强员工的服务育人能力；通过合理安排培训内容，增加基础知识培训板块，开设专业技能培训，扎实科学理论知识；开展分层次培训，针对不同工种的服务保障人员，系统开设思政专业知识培训；针对新入职的服务人员，严格按照工作职业标准，全面开展思想政治素质、理论知识、专业技能等方面的培训；针对工作年限较长的服务人员，专门开设职业道德、职业归属等方面的培训，以帮助广大员工立足本职岗位做好服务育人工作，进而实现工作的专与精。

2. 提升职业认同，落实职称待遇

职业化是高校服务岗位的发展方向，提升职业认同感是服务保障工作职业化的精神保障，落实晋升待遇是服务人员工作职业化的物质保障。服务保障人员往往会因为自己做的不是教学、科研工作就忽视自身的育人功能，缺乏职业认同感，这种认同感的缺失导致其不知如何处理职业需求和职业利益之间的矛盾。江苏大学服务保障职能部门严格职业规章制度，调整内在利益驱动，将职业标准与职业礼仪相统一，本着“以生为本，服务至上”的职业理念，鼓励广大员工以积极的情感投入工作岗位，消除负面情绪，达到情感上的认同；同时服务保障职能部门不断深化队伍建设，落实职称待遇，本着多劳多得、优劳优得的工作理念，打通员工内部晋升通道。学校设立后勤管理岗位、一线员工独立考评机制，根据员工的工作属性，实行服务人员职级制，参照行政岗位职称，设置相应的职称等级，解决服务人员的岗级晋升问题与待遇问题。

3. 找准角色定位，明确工作职责

高校服务保障职能部门要求后勤管理人员与一线员工既要做好本职工作，又履行自身的服务育人职能，因此高校服务人员必须找准自身的角色定位，明确工作职责。江苏大学服务保障职能部门立足本职工作，为员工理顺工作思路，理清服务保障人员的管理属性、服务属性、育人属性，以文件制度的形式明确工作职责。同时各部门协同合作，明确各部门员工的职责，打造线上线下沟通机制，提升工作效率，培养服务保障人员的育人意识。学校通过这一系列的举措使服务人员明晰工作职责，明确日常工作范畴，知道“如何培养人”，增强其职业认同感，以更好地发挥服务人员的主观能动性，为工作注入创造性。

（三）强化学校各职能部门的育人功能

江苏大学充分发挥学校各服务保障职能部门的育人作用，不断拓展管理和服务部门育人功能的外延，提高服务人员的育人意识。虽然服务保障职能部门的人员不直接参与教学工作和科研环节，但他们为教学工作和科研项目提供了管理和服务，已经成为维持高校正常运转的重要隐性力量。

1. 提高职业道德，树立育人理念

仍有相当一部分人认为后勤服务与育人无关，对后勤职工的职业认同度也不高。事实上，高校后勤作为附属于高等学校的基础性部门，其最终目标与高等教育的目标是一致的，即培养人才。从内容上看，高校后勤工作是为全校师生服务的服务性工作；从属性上看，高校后勤工作是辅助高校实现育人目标的育人性工作。高校后勤的育人功能正是通过其服务性行为实现的，后勤服务工作不仅是一种简单的事务性工作，还是具有真情实感、隐性内敛的思想政治教育工作，即寓育人于服务之中。

树立一流意识，把牢育人航向。“大学之道，在明明德。”高校育人工作要把握好教育、管理、服务的辩证统一，各项工作都应始终围绕“立德树人”的根本任务展开，育人主体应明确教师教学是育人，管理和服务也是育人。江苏大学党委召开4000人参加的“三全育人”综合改革推进会，将“三全育人”确立为学校事业发展的三大支柱之一，提出每一位教职工都要树牢“争创一流、人人有责”的育人意识，让崇尚一流、追求一流、培育一流人才成为每一位教职工的自觉行动。学校充分认识到课堂教学、社会实践、校园文化、教师榜样等都是影响高校育人实效的重要因素，服务保障职能部门亦是如此。江苏大学职能部门人员，尤其是与学生联系紧密的后勤处（集团）、信息化处、图书馆等部门人员，通过自觉研习经典著作，掌握主流意识形态内容，学习职业道德理论知识，了解高校育人政策，不断激发育人意识，为提高职业道德和树立育人理念奠定了理论知识基础。学校服务保障职能部门坚持“以生为本”的工作原则，以优质的服务为学校教学和科研工作的正常开展保驾护航，在全校范围内营造出健康、文明、和谐的育人氛围，服务人员热情、主动的服务态度，激发了大学生对劳动的热爱和对劳动者的尊重。

发挥后勤服务育人功能，强化主动服务理念。首先，应加强后勤服务育人宣传，端正后勤服务工作者对后勤工作的态度，让他们充分认识到后勤服务工作的教育属性和价值，增强职业使命感，树立“全心全意为学生服务”的服务意识，尊重爱护学生，一切工作围绕“为学生服务”开展。其次，加强后勤部门和学生之间的沟通，使后勤工作者和学生相互了解、彼此贴近。通过与学生的有效交流与沟通，掌握学生的心理发展变化，化解学生的思想矛盾，帮助他们解决学习生活中的困难，为他们快乐学习、健康生活创造温馨的环境，在做好后勤保障和服务工作的基础上，充分发挥后勤对于思想政治教育的补充作用，强化后勤育人功能。同时，要求后勤工作者尊重和理解学生。多数大学生是初次离开家长的庇护开始独立生活，自理能力较差，尤其在入学时面对陌生的学习生活环境会产生强烈的不适感，或者容易与同学发生冲突，甚至对后勤管理服务提出苛刻的要求，这就需要后勤工作者在尊重理解的基础上给予耐心细致的解释，帮助他们尽快适应新的生活环境，让学生与后勤工作者达到相互沟通和理解，让学生在关爱中感受到如家般的温暖，用实际行动赢得学生的尊重和理解。

2. 完善评价体系，提升育人水平

大学生思想政治教育实践育人评价机制是大学生思想政治教育服务育人的一个重要环节，是大学生思想政治教育过程的有机组成部分，同时也是一个复杂的、可操作的、系统化的评价体系，它是对大学生思想政治教育服务育人所取得的成效进行检验、评估，并且指导大学生思想政治教育服务育人发展的重要标准。在实践探索过程中，江苏大学高度重视大学生思想政治教育实践育人评价机制，其在服务育人方面发挥了重要作用。

（1）确立了评价机制的重要地位

江苏大学通过大学生思想政治教育实践育人评价机制，以具体的标准来衡量当前服务育人工作的业绩和实效，保证了大学生思想政治教育服务育人决策的科学性，改变了过去主要依靠组织领导的知识、阅历和经验做决策的“一言堂”的工作局面，改变了依赖“经验论”等传统工作模式做判断的工作格局，更多的是通过科学客观的评价标准和评价路径做出研判。目前，评价机制已成为推动学校服务育人不断创新的强大动力，它不仅能够引导大学生思想政治教育服务育人工作设定既定目标，还能通过科学的评价标准的制定和实施，以及与配套的奖惩措施有效结合，激励大学生思想政治教育工作者奋发有为，将评价与研判内化为改革的动力，推动学校思想政治教育服务育人工作创新发展。虽然学校的某些评价标准还不够完善，不能很好地完成评判和推动思想政治教育服务育人工作前行的任务，但可以在评价机制和具体的运行机制、保障机制之间形成互动，通过良好的发展势头倒逼双方调整或创新，从而达到相互适应的效果。

（2）形成了多维度的评价机制功能

江苏大学育人评价机制的功能不只是简单的评价判断，而是呈现出一种多维度、多视角的评估分析功能，主要体现为引领功能、导向功能、筛选功能及激励功能等。多维度的评价机制功能，使得被评价对象获得了全方位的自我完善机会，既可以设定当前高校思想政治教育工作所要达到的标准，也可以为大学生思想政治教育服务育人指明未来发展的方向。

江苏大学育人评价机制量化评价指标体系后，完全可以作为衡量大学生思想政治教育服务育人工作是否达标的评价标准，甚至可以具化为对教育工作者水平、业绩、能力的考量标准，以实现优胜劣汰。当前学校大学生思想政治教育服务育人的现有制度尚有许多不完善的地方，但评价体系科学而客观，可以运用评价标准来衡量现有制度，分析这些制度是否适合大学生思想政治教育服务育人现状，适合的就继续保留，不适合的就及时调整或创新。育人评价机制作为一种价值判断和科学标准，可以使大学生思想政治教育实践育人的工作队伍在平等竞争的环境下形成拼搏进取的工作氛围，及时向评价对象反馈信息，肯定其成绩，发现其不足，激发其动力。

（3）建立了相对完整的评价体系

江苏大学展开广泛的民意调查，制定评价标准，充分利用大数据技术科学处理数据，分析评价信息，介入网络媒体评价，大大提高了大学生思想政治教育服务育人评价的科学性和实效性，在不断探索中逐渐形成了趋于完整的评价机制。由于当前大学生思想政治教育服务活动是以学校为中心，是辐射和涵盖包括家庭、社会等多方面因素在内的一种网状体系，交互性特征明显，学校与家庭、家庭与社会、学校与社会之间都存在各种形式的交流和沟通，所以大学生思想政治教育服务育人评价机制也不能局限于学校内部，而是应以学校为主体，将家庭和社会等外部因素也纳入评价范畴，对外部环境也要有衡量标准和具体要求。江苏大学不是只满足于单一的、片面的、具体的某些规章制度的制定，而是积极建立全面的、动态的、网络化的评价机制，使得评价机制充分发挥其评价功能，并对大学生思想政治教育服务育人起到整体的指引和评判作用。

江苏大学通过健全考评机制，充分发挥评价机制的“指挥棒”效应，加强资源统筹，提升育人水平。学校积极健全育人政策资源统筹机制，每年在党委常委会、校长办公会上研究“三全育人”综合改革政策措施，构建了“十大”育人协同推进的政策体系；健全了专业教师、服务保障职能部门、管理类人员等不同育人主体间的交流沟通机制，促进了育人队伍资源流向学生；健全了线上线下思政一体化格局，打造了一批思想先进、内容丰富、形式新颖的育人宣传活动。通过完善考评体系，从外在要求方面约束学校职能部门人员的职业行为，使其行为符合职业道德标准，并将其内化为自身职业道德认知，融入职业道德情感，转化为职业道德信念。

江苏大学将师德考评作为职能部门人员职称晋升的重要标准，坚决破“五唯”，回归育人初心和育人本真，将“三全育人”软要求转化为硬约束。师德考评作为单独指标纳入学校年度目标任务综合考评和二级单位领导班子年度考核，育人考评得分计入二级单位年终考评总分，并与每一位教职工绩效分配挂钩，让育人育才成为每一位教职工的必修课，做到育人工作全覆盖、可量化、可考核。建立“一票否决”的师德考评制，不留师德空白点，全面提升师德考评质量。后勤处（集团）、信息化处、图书馆、档案馆、校团委等职能部门人员与学生联系紧密，考评制度更细更实，从考评对象来说，除了自我考评和同事考评之外，学校还将服务保障职能部门人员管理和服务的直接对象——学生纳入考评体系，并赋予较高权重纳入部门年终考评之中，通过360°全方位考评体系，全面覆盖考评主体，拓宽师德考评视角，提升考评的实效性。

（4）重视有效沟通，形成育人合力

要充分实现大学生思想政治教育合力的组织目标，就必须实现方方面面的有效沟通，以保证组织的合理分工与协作，提高组织的适应性，促进组织意义上的合力生成与共享，进而达成广泛共识，发挥重要的示范和凝聚作用，最终实现师生与学校的共同发展。

江苏大学积极理顺各部门管理人员服务育人职能。虽然，服务与管理是两种不同的方式，但两者也有共同点，它们都表明了对人的关注。近年来，大学生思想政治教育要“以人为本”、高校管理要人文化等观念的提出，很大程度上表明大学生思想政治教育与高校管理有同向发力的可能性，有遵循效率逻辑的目标追求的一致性。学校深谙教中管、管中教，教即管、管即教，教管结合，教管互融及教管合一这一时代发展的必然趋势，从服务育人角度出发，要求学校的管理工作体现育人导向，把严格日常管理与引导大学生遵纪守法、养成良好行为习惯结合起来。部门管理人员要改变以往习惯于说教，甚至训斥、态度生硬的工作作风，增强育人意识，本着教育为主、思想为先的原则，满腔热情地面对学生，热爱学生，关心、理解、尊重学生，既要晓之以理，又要动之以情，做好深入细致的思想政治工作，努力达到说服人、启发人、激励人的效果。此外，学校积极建立和完善各种规章制度，这样不仅可以在解决问题时有章可依，使大学生思想政治教育务实化、规范化、科学化，而且可以把大学生思想政治教育引入管理制度中，从而提高大学生思想政治教育服务育人的实效。

江苏大学努力提高后勤人员服务育人的自主意识。后勤战线作为学校的一个重要组成部分，在为学校教学、科研、管理和师生做好服务的同时，还承担着创造良好育人环境、培养教育学生的重要职责。一般而言，后勤服务人员的育人工作大多不是对学生的直接说教，而是行为的示范，通过自己对承担工作的极端负责和对学生的真心关爱，去影响学生、感染学生。这样的育人模式轻松而自然，容易为学生所接受。学校实施全员育人战略，应从以下几个方面着手，理顺后勤人员服务育人渠道。一是重视后勤服务工作，体现服务育人。随着高校后勤社会化改革的不断推进，学校要求后勤广大职工不应为利益所驱动，而要紧密围绕学校培育人的中心任务，规范后勤管理，实施标准化服务，努力搞好后勤保障，为大学生办实事、办好事，使大学生在优质服务中受到感染和教育，努力实现服务育人和创造效益的“双赢”。二是强化后勤管理，坚持活动育人。后勤工作不能仅仅局限于管学生的“吃喝拉行睡”，也不能只是提供“头疼医头，脚痛医脚”式的被动服务，而应紧紧围绕学校中心工作，充分利用自身的特点和优势，积极、主动、创造性地实施后勤管理和开展育人活动。例如，及时主动地维修损坏的教学及生活设施，不断改善校园学习和生活环境，使广大学生感到学校有家一样的温暖，从而培养学生强烈的主人翁意识和集体主义观念。再如，针对学生就餐节约意识差、环境意识差的现象，在学生中广泛开展“治理校园环境，杜绝不文明行为”的活动；针对开学后学生乱扔、浪费、损坏公物的现象，开展“不要乱扔，不要浪费，不要损坏公物”的“三不”活动。三是硬化教育设施，实现开放育人。学生平时的生活一般是“寝室—教室—食堂—运动场”四点一线，校园是学生生活的主要场所。学校服务保障职能部门重点应想学生之所想，急学生之所急。特别是面对“信息社会”的新形势，学校更是要通过校园网平台创建后勤管理网页，广泛宣传后勤管理制度，加强后勤与学生的交流，对外宣传学校后勤改革的现状，与外界交流后勤改革的成果，展示学校后勤服务的新形象。

江苏大学高度重视部门之间的有效沟通，各部门以系统性思维架起沟通与交流的桥梁，树立以师生的共同健康成长与全面发展为宗旨的办学理念。第一，学校重视师生间的沟通，建立健全各种形式的师生沟通机制，完善师生互动的各种平台，各服务保障部门通过各种渠道与学生沟通，并建立反馈机制，保证沟通的实效性。尤其是对于关系学生切身利益的事情，学校充分听取学生的意见，做到学生有呼声、教师及部门就有回音。各部门立足本职工作在联系学生、了解学生、服务学生上下功夫，坚持“三贴近”原则，有针对性地解决学生的困惑和困难，并针对热点、焦点问题加以引导，把思想政治教育同大学生的心理疏导、就业指导、成长成才教育紧密结合起来。各服务保障职能部门通过与学生平等交流和沟通，真正成为学生思想进步、学业发展的良师益友，切实提高教师对学生的影响力。第二，学校重视校内沟通。通过各部门的沟通形成育人共识，学校各二级学院与职能部门通过广泛沟通、相互理解形成共同的育人目标、育人理念。同时，通过充分的沟通也使学生对思想政治教育的各项政策形成更多的共识和认同，从而使政策实施的成本降低，进而减少阻力，提高效率。第三，学校充分认识到学生的思想政治教育工作是一项系统性工程，仅靠学校自身的力量是远远不够的。针对大学生易受社会不良风气和文化影响，也容易受家庭影响的现实情况，江苏大学积极构建“学校、社会、家庭”全方位育人网络，使育人活动覆盖学生活动的更大空间，消除育人的盲点，减少不良影响；深入挖掘社会蕴含的丰富育人资源与家庭独特的育人优势和作用，构建全方位育人网络，形成育人合力。

## 第三节　服务保障精准提升，树立育人品牌标杆

“德”，是一个人的灵魂，更是一个民族、一个国家的灵魂。青年学子是民族的未来，是国家的希望，新时代的大学生是否具有良好的道德品质和理想信念，关系到国家日后的兴衰成败。江苏大学坚持以“立德树人”为根本，坚持“全员育人、全过程育人、全方位育人”的理念和方法，将其作为开展思想政治教育的重要抓手。新时期江苏大学充分创新服务育人的实现路径、健全各项评估体系、创建“三全育人”全国试点院校，为更好地育人提供全员、全方

位、全过程的保障，以实现立德树人的根本任务，培育出高素质的社会主义新型人才。

## 一、 创新探索， 形成经验做法

### （一）强化思想引领，坚持社会主义办学方向

中国的大学肩负着为实现中华民族伟大复兴中国梦培养人才的历史任务，办好我国高等学校必须旗帜鲜明地坚持中国特色社会主义办学方向。如果不能把握正确的政治方向，就如同衣服系错了第一个扣子，难以穿出堂堂正正的效果。党的十九大以来，我国的高等教育之所以取得显著成就，根本原因就是依靠党的全面领导，牢牢把握正确的思想政治方向，把思政工作贯穿于高校育人的全过程、全方位，集中全部育人力量承担起立德树人的根本任务。党的十九大以来，习近平总书记在推进治国理政的进程中反复强调，要把教育工作摆在突出位置，揭示了教育的本质功能，明确了教育最根本的任务，发表了诸多指导方向的新理念、新思想、新观点，系统回答了一系列方向性、全局性、战略性的重大问题，为高等教育赋予带有中国特色的新理念，同时也是中国特色社会主义教育理论发展的最新成果。高校服务育人具有与时俱进的特点，其理论内容也随之不断更新，江苏大学以习近平新时代中国特色社会主义思想为指导方针，始终坚持以习近平总书记的教育思想为指引，深入落实习近平教育思想的重要论述和理论成果，全面贯彻党的高等教育方针，将新时期对高等教育提出的立德树人新要求、新内涵内化为高校服务育人的思想纲领、行动指南和生动实践。学校始终把握正确的办学方向，全面提升人才培养质量，为实现扎根中国大地办具有中国特色的“双一流”大学的梦想而努力。

江苏大学将“三全育人”的发展摆在重要位置，出台《江苏大学思想政治工作质量提升工程实施方案》，推进思想政治工作“十项质量提升工程”，切实加强对教职工的思想引领和政治把关，加强对学生的政治引领和价值塑造，全面推动思想政治工作因事而化、因时而进、因势而新，形成党委统一领导、各部门各方面齐抓共管的工作格局。一是在将“三全育人”纳入党建工作的过程中，牢牢抓好高校基层党组织建设，加强学生党支部建设，确保思想政治教育有受教育者的积极参与，把党建思想融入学生群体并转化为“三全育人”的绝对优势。同时，将立德树人理念贯穿于学校党建教育，促进“以德治教”。二

是将立德树人的理念融入“三全育人”工作之中。江苏大学加强和改进党建教育的实践有利于中国特色社会主义大学的发展，既注重以党风建设带动学风建设，又紧紧围绕立德树人的教育主线，其与“三全育人”的理念相辅相成。三是着重进行对学生党员的发展工作，考察他们的觉悟程度、思想品质，强化对入党积极分子的教育管理，以党章为基本行为准则严格要求学生，把学生成长成才与学校党建教育紧密结合，在思想上引导学生走向正确的方向。

（二）实现内涵式发展，创新“双主体”人才培养模式

“人才培养一定是育人和育才相统一的过程，而育人是本。”立德树人是高校服务育人的根本任务，“以德育人”更是重中之重。脱离了“德育为先”，“立德树人”就失去了根基。近年来，我国高等教育的办学规模迅速扩张，在校大学生数量和毕业生数量已居世界首位，但规模的扩大并不代表着高质量和高效益，内涵式发展才是高校今后发展的必由之路。当前我国高等教育进入提高质量、调整结构的新阶段，具体来说要着重把握人才培养制度改革、科研体制机制改革、高校与社会耦合机制改革等方面的革新，这些发展变化也必将给高校服务育人工作带来新挑战、新机遇。因此，高校服务育人工作就要更加富有创造力，不断推进立德树人系统化落实的创新驱动。中共中央办公厅、国务院办公厅印发的《关于深化教育体制机制改革的意见》中十分详细地说明了高校立德树人系统化落实的具体机制和举措，以及这些举措如何与育人、如何与各种体制机制改革相衔接，融入“三全育人”的全员、全方位和全过程。只有高校不断更新观念，实现内涵式的人才培养质量提升，才能保持源源不断的发展动力，让立德树人全面落实，让“三全育人”取得成效，培养出全面发展的高端创新人才。

江苏大学在实现内涵式发展的过程中，创新人才培养模式，改变传统模式下“教师教，学生学”的单向形式，依靠专业化、科学化、精细化的育人队伍协调发挥各部门的育人作用，校级领导、党政干部、后勤处（集团）、图书馆、档案馆、信息化处及相关服务保障职能部门的后勤职员以服务管理学生的工作形式，汇聚力量，牢牢抓好服务育人工作队伍的建设。首先，促进育人队伍的专业化、职业化建设，坚持严管严进原则，优化管理队伍结构，为育人工作提供稳定的人员保障。其次，一方面根据自身实际状况，引导教职员工和后勤服务保障人员参与学生管理工作，并按照职能划分为不同的工作小组，注重对相

关教职工和后勤服务保障人员的职业技能培训，借助不同的工作小组模式开展有针对性的个性化服务，强化服务育人的支撑作用；另一方面，学校通过健全完善学生实践平台、实行自主实践学分制、建立自主实践管理系统等方式，确保学生自发性活动的高效运行，尊重学生的主体地位，挖掘学生自组社团的育人功能，打造服务育人的新型活动平台，充分调动育人者和学生“双主体”的能动性和创造性，使两个主体更好地进行双向互动，产生协同并进的效果，形成教育合力，构建服务育人的良好生态。

### （三）树立育人模范榜样，建立“三全育人”示范高校

教育部在2018年工作要点中指出，要深入落实《高校思想政治工作质量提升工程实施纲要》，推动“三全育人”综合改革，培养一批“三全育人”示范区、示范校、示范院系，实施“高校思政课教师队伍建设年”专项工作。“三全育人”综合改革试点工作要求以习近平新时代中国特色社会主义思想为指引，认真学习领会全国高校思想政治工作会议精神，推动实施“三全育人”质量提升工程，形成全员、全过程、全方位的一体化育人格局，紧紧围绕“立德树人”根本任务，树立“一盘棋”的系统思维，着力培养德智体美全面发展的社会主义建设者和接班人，培养能担当民族复兴大任的时代新人。

江苏大学作为全国25所、江苏省属唯一一所“三全育人”综合改革试点高校，紧紧围绕思政教育“大协同”、育人机制“全贯通”、育人要素“强融合”的总体要求推进改革任务，推动育人工作人员全担当、过程全天候、方位全覆盖，以立德树人为根本任务，推进人才培养体系、教学质量监控体系、育人服务保障体系、校园延展体系建设，为卓越人才的个性化成长和全体学生的复合发展提供坚实保障。

首先，学校层面通过强化组织领导，完善顶层体制设计，建立工作体系，成立“三全育人”创新发展中心办公室，下设本科课程育人工作组、科研育人工作组、实践育人工作组、文化育人工作组、服务育人工作组等“十大”育人工作组。各工作组根据分工又下设研究生、本科生育人工作小组，从组织结构上将育人工程落到实处，层层压实工作责任。同时，学校在部门层面强化协同育人，力求育人实效。在服务育人工作中，各服务保障职能部门重点发力，实现系统推进。其次，通过整合高校各方面的育人资源、育人力量及育人环节，从服务育人队伍统筹、后勤条件保障、服务育人分工等方面进行整体设计，由

整到分，从多个层面全方位构建服务育人工作的制度体系，实现各方服务育人力量的协同合作、互联互通。最后，服务育人工作小组深入挖掘相关部门、岗位及各环节的育人要素，将相关工作人员岗位定期考核与评估融入部门制度设计和具体操作，打通服务存在的隔断、盲区，切实将各项服务育人工作的主要目标落在育人成效上，更高水平地完成“三全育人”工程提出的新要求、新目标，以满足学生成长成才过程中的新需求，不断提升服务育人的科学化水平。

（四）把握后勤社会化改革方向，打造服务育人增长极

高校后勤是高校服务育人工作的主阵地，它具有独特的育人属性，在新时期社会化改革中，高校后勤逐渐由原来的机关部门转变为分散的经营实体，其主要职能是做好后勤经营服务，在服务师生的同时使企业得以生存和发展。虽然从表面上看，它和社会上的企业没什么两样，必然要追求经济效益，其生存应符合市场经济的法则，但是从更深层次来看，它是以服务学校教育教学为导向的，更应遵循教育的规律。服务育人是高校后勤的独特属性与特殊使命。因此，高校后勤虽然有其经营性，但它的存在以实现公共教育目标为任务，经济利益的实现不是其最终目的，服务育人使命才是其应重点强调的。例如，在香港大学曾经颁发的名誉院士名单中，出现了一位没有接受过正规文化教育、来自基层的食堂服务员。这位被学生们尊称为“三嫂”的 82 岁老婆婆叫袁苏妹，在香港大学食堂服务了 44 年，她还是“宿舍灵魂人物”。香港大学用“名誉院士”的头衔，表达了对她的尊重。虽然未见香港大学有“服务育人”的说法，但这种“港大精神”足以显示他们对服务育人工作的重视。“港大精神”对内地高校应有所启示，“杰出人士”“名誉院士”等荣誉不应专属于精英阶层，对杰出的普通劳动者也应给予尊重。

新时期高校后勤在进行社会化改革的同时，必须坚持教育属性，不能只讲究经济属性。高校对后勤员工应多一分敬重，给予后勤经费上、人才上特别是政策上的支持，充分体现后勤服务的育人性。应建立和完善相关的制度及考核评价体系，实现后勤服务育人的制度化、长期化，真正形成全员育人、全过程育人的良好氛围。习近平总书记说：“一种价值观要真正发挥作用，必须融入社会生活，让人们在实践中感知它、领悟它。”服务育人更多的是一种“润物细无声”的隐性育人。后勤工作者良好的职业道德，任劳任怨、勤勤恳恳的工作形象，不追名逐利、甘愿做“店小二”的奉献精神，会让大学生产生情感上

的认同，从中受到熏陶、感染和教育，进而引导学生养成吃苦耐劳、乐于助人、勇于担当、奉献社会的良好品质和道德修养。

高校后勤肩负着安全教育职责。高校的安全工作是高校后勤服务工作的重要方面，无论是师生人身安全，还是食品安全，都关系到学校正常的教学、科研秩序，涉及师生的切身利益。安全无小事，如果在饮食安全、宿舍安全等方面出现不可挽回的问题，对师生、学校、社会的伤害都是巨大的。从某种意义上说，后勤安全工作做得越到位，校园就越安全稳定。

高校后勤肩负着实践教育职责。后勤服务保障工作涉及范围广，可以为大学生提供各类实习实践机会，是学生接受劳动教育、提升劳动技能、树牢尊重劳动观念的良好平台。

高校后勤是育人的“综合体”“胶溶剂”。江苏大学后勤处（集团）坚持把学校所提倡的理念、观念、行为准则与师生的日常生活紧密联系起来，在落细、落小、落实上下功夫，打造极具学校特色的服务育人增长极。近年来，江苏大学后勤处（集团）秉承服务育人宗旨，发扬实干求真的“江大精神”，不懈努力，每年召开多次学生、教师、部门、员工等群体座谈会，研究解决“急”“难”“愁”“盼”问题；在学生宿舍区设立44个便民点，安装近400台自助电吹风，有投影的教室“告别”无窗帘时代；风华苑、润江缘餐厅融入传统文化元素，开辟师生小憩、学术交流等空间，获得师生点赞，成为“网红餐厅”；学校二食堂、六食堂荣获“江苏好食堂”称号；恒昌公司荣获全国校园物业服务百强单位和江苏省诚信服务示范单位，1人和1个团队分别荣获“感动江大”人物；在国家、省级各类职业竞赛、评比表彰中，后勤多名干部职工获褒奖。同时，学校后勤服务育人新举措频出，为落实立德树人根本任务，大力推进服务育人、实践育人、资助育人，在“劳”字上下功夫。学校积极搭建社会实践、志愿服务、劳动体验一体化育人平台，将后勤打造成学生教育成长的“第二课堂”；成立后勤事务学生助理团，让学生参与后勤管理服务与监督；开展美食与营养课堂、礼仪课堂、茶艺课堂、校内景观植物现场讲解等活动，组织“弘扬劳动美德　共建美丽校园”“食堂一日体验”等活动，进一步丰富了体验式育人、课堂式育人内容，提升了学生的综合素质和生活技能；联合学工处实施“自强计划”，每年为35名贫困生提供免费用餐，为近300名贫困生提供勤工助学岗位，等等。这些实实在在的举措，很好地教育了学生、培养了学生，充分发挥了服务育人功能。

## 二、总结凝练，打造特色品牌

随着社会的发展，人们对服务质量的要求越来越高，往往不再满足于一般的服务，对服务的及时性、有效性等均提出了更高的要求，这就要求服务部门不断提高自身的服务水平与服务质量。高校作为众多高素质人才的聚集之地，更要以高规格的服务质量来满足广大师生的需要。因此，打造高校服务育人品牌、提高服务育人质量，成为高校后勤服务部门提升自身竞争优势、满足广大师生需求的必由之路。

### （一）高校服务育人品牌的价值与内涵

#### 1. 品牌的定义

“品牌”（brand）一词来源于古挪威文字“brandr”，它的中文意思是“烙印”，但具有现代意义的“品牌”广泛应用于社会和经济等其他方面，是近几十年的事。美国的营销专家菲利普·科特勒认为，品牌是一种名称、术语、标记、符号或图案，或是它们的相互组合，用以识别某个消费者或某群消费者的产品或服务，并使之与竞争对手的产品或服务相区别。广告专家约翰·菲利普·琼斯为品牌所下的定义是“能为顾客提供其认为值得购买的功能、利益及附加价值的产品”。现代意义上的品牌已演变成消费者对产品的全部体验，既包括物质的体验，更包括精神与情感的体验。它向服务对象传达一种生活方式、一种价值取向和文化内涵，并最终影响人们的生活态度和审美情趣。一个蕴含深意的品牌应具备属性、利益、价值、文化、个性和服务对象评价六层内涵。

#### 2. 高校服务育人品牌价值

高校服务育人品牌价值，包括有形价值和无形价值两方面的内容。其有形价值包括一流学科、品牌专业、知名教师、生源质量、毕业生质量及就业状况、社会对高等教育机构的评价和高校参与社会服务的质量等。其无形价值，即营销学中所谓的品牌资产，体现为高等教育机构独特的办学理念、一种深厚的校园文化、一种广泛而持久的社会影响力，它不但在同领域内产生影响，而且在整个社会起示范作用。这种理念、文化和影响是品牌价值的核心，是推动高等教育发展的软实力。

3. 高校服务育人品牌的内涵

在目前中国特色社会主义市场经济体制下，高等院校服务产品观的形成推动了高等教育品牌服务的觉醒。品牌的本质无非就是产品利益点、核心价值和消费者体验与感受这三种属性的独特组合。因此，在高等教育管理中引入市场营销理念，可以说高等教育服务品牌是由学生主导，由高校创造与维护，通过高校提供高等教育服务和学生接受高等教育来表达的一种复杂而独特的教育服务关系。高校服务育人品牌是以优秀人才的培养和创新能力的提升为支撑的，而优秀人才的培养和创新能力的提升也使高校服务育人品牌得以确立和提升。

（二）打造服务育人品牌的意义

高校品牌的产生与高校外部环境的变化是分不开的，同时也存在一定的内部动力，高校实施品牌战略是社会发展的必然选择。打造服务育人品牌的主要目的是提升高校后勤服务的质量和水平，使高校的广大师生能享受到高质量的后勤服务，更好地体现高校后勤存在的社会价值。

高校品牌是指高校的名称、标志和为教育消费者提供教育服务、培养教育消费者的各要素，是师资、校园文化、教学设施等的总和。高知名度、高美誉度和强大的市场号召力是形成一所学校的品牌的基础。高校品牌是一种无形资产，它若能发挥作用，就会给学校带来实质性的附加值，并形成品牌效应。打造后勤服务育人品牌，有助于树立高校后勤的形象。高校后勤是为高校广大师生服务的服务机构，服务对象是高素质群体，后勤服务的质量高低直接影响到广大师生员工的工作和学习热情，也直接关系到师生的切身利益和学校的稳定与发展。一所高校综合实力的强弱，不仅要看学校教学质量和水平的高低，还要看校园学习生活环境的优劣。随着社会的发展和高校的发展壮大，师生对后勤服务质量的要求也越来越高，后勤工作者必须适应这种发展的大环境，认清高校后勤服务的根本属性，以学校大局为重，积极进取，以师生的根本利益和需求为着眼点，努力满足广大师生的需求。这些都要求高校确立一个明确的目标，打造高含金量的后勤服务品牌，从而树立后勤的良好形象。

高校服务育人面临实施品牌战略的严峻挑战。随着高等教育活动范围的逐步扩大和高等教育功能的丰富，高等教育中的市场力量逐步受到人们的关注和重视，其重要作用日益显现，突出市场力量已成为当今世界高等教育改革的主要趋势和大方向。随着连续几年大扩招和人口出生高峰期对高等教育的冲击波逐渐消退，我国高等教育正从高速增长向有节制增长过渡，高等教育的发展环境将随之发生根本性的变化，国内高等教育的竞争更趋激烈。因此，高校需要通过打造特色亮点服务品牌来应对激烈的竞争，这也是后勤文化发展的必然趋势。一个品牌代表了一种文化，文化是这一品牌的内涵。我们知道一个企业都应该有自己的品牌和企业文化，它们是企业生存和发展的灵魂。国内外众多成功企业的案例都可以说明服务品牌的重要性，高校可以“以他山之石，为我所用”的方式借鉴学习。海尔作为国内家用电器制造领域的龙头企业，充分利用自己独特的企业文化，发挥员工的积极性，树立员工的服务意识，为顾客提供满意的服务，留住了顾客的心，使得企业效益得到了极大提升，从而真正将企业文化融入服务品牌之中。

后勤文化是后勤服务品牌取得成功的关键，而后勤服务品牌所代表的就是后勤文化内涵。从高校后勤自身来说，打造后勤服务育人品牌，有助于提高后勤服务的竞争力。美国零售业巨头沃尔玛公司正是秉承“顾客永远第一”的经营理念，建立了以顾客满意为核心的企业价值观和经营哲学，打造了与其他公司不同的服务品牌，提高了自身的竞争力。目前，高校后勤服务的竞争力还比较薄弱，高校后勤保障职能部门的服务育人水平还有很大的提升空间，高校后勤必须打造自身的品牌，并通过努力塑造好这一品牌，赢得广大师生员工的认可，从而提高自身的竞争力。由于高校后勤实体在高校内长期处于垄断地位，社会上的服务公司很难进入高校与其竞争，进而造成高校后勤实体养尊处优，缺乏竞争力，这一现实问题必须得到有效解决。打造服务品牌并不能一蹴而就，其过程中存在许多难点问题。

1. 高校服务育人定位不明确

高校服务育人品牌定位主要是指高校后勤的类型、层次、服务特点、服务对象，高校所处的地理位置、所属主管部门，现有发展水平在同行中的位置等方面的定位。例如，类型方面，是定位于“管理型”“服务型”还是“管理—服务型”；层次方面，是定位于“国际一流”“国内一流”还是“省内一流”，这些都是要认真考虑的。高校品牌创设的奋斗目标能否实现，关键在于高校服务育人品牌定位的科学性和可行性。高校在服务品牌定位上应避免定位过低或过高，定位过高会使高校的发展如空中楼阁，定位过低则会妨碍高校的进步。高校的品牌定位应顺应国内外高等教育发展的趋势，适应国家的人才培养需求，且必须置身于世界教育发展大背景中考量。高校服务育人品牌定位必须充分发挥自身优势，彰显高校个性特征。对于综合性高校，要在综合的基础上突出优势学科，而对于专业性高校不能搞“大而全”，必须明确“特色就是竞争力”，需根据自身办学实力和现实状况，坚持量力而行原则。

2. 高校后勤服务质量有待进一步提高

服务行为是一种无形产品，服务行业的劳动力价值在于从业者通过服务行为为顾客提供热情、周到、贴心的服务。可以说，服务行业是靠服务质量在市场上说话的，只有服务得好才能刺激顾客的再次光顾和消费，才能保证服务经营实体长久的生命力。当前，高校后勤服务的质量普遍不高，高校后勤员工未能很好地贴近服务对象，这主要体现在两方面：第一，后勤员工的素质普遍不高。许多高校后勤为降低成本，依旧沿用旧体制的管理手段，聘用文化水平较低、业务技能不精的人员，导致服务质量欠佳。第二，“铁饭碗”“大锅饭”等旧观念在后勤人员中仍然存在，一些老员工固守老的思想、旧的利益分配习惯，后勤社会化改革不彻底。高校后勤服务不优不佳，直接影响高校广大师生对后勤服务的认可，从而影响后勤服务品牌的建立。

3. 高校服务育人品牌的形象建设还需进一步加强

高校后勤服务如同企业服务，也迫切需要塑造自身的形象。良好的高校后勤服务形象是一面“金字招牌”，有利于吸引社会公众的注意力，并赢得赞誉和支持。高校后勤形象是高校知名度和美誉度的直接反映，关系到高校的生存和发展，是极为宝贵的无形财产。高校后勤服务育人既要做得好，又要宣传得好，通过媒体把自己的形象树立起来，以获得广大师生的信赖和支持，从而打造出自己的品牌。有些高校没有明确的高校品牌传播意识，忽视与外界的沟通，认为只要扎扎实实地提升服务质量，高校服务品牌就会自然而然地形成。其实不然，在信息社会，高校需要建立品牌传播意识，整合传播内容，把高校品牌信息以同一符号和声音传播给社会公众，让公众不但能在众多品牌中很快识别高校品牌，而且能够产生认同感。高校后勤的整体形象建设和内涵建设是统一的，形象是内涵的外在表现，内涵是形象的本质内容，二者在高校服务育人品牌的创建过程中缺一不可，相辅相成。

4. 高校服务育人品牌规划和设计有待完善

品牌如同市场，是按照市场客观规律运作的。高校的服务育人品牌发展同样要遵循企业品牌的发展规律，同企业品牌一样，高校服务育人品牌也有“生命周期”，要经历诞生、成长、鼎盛、衰亡的过程。高校服务品牌的创建需要一个长期的积淀过程，不可能一蹴而就。一些高校后勤在服务品牌前期知名度的推广上不遗余力，不惜重金，一旦品牌打造成功，就疏于管理，也不知道如何继续维护和提升品牌价值。高校切不可认为品牌的创建就是前期建立品牌的过程，后期品牌的维护和管理也是品牌创建的重要组成部分，高校后勤要想长久赢得学生的信任和拥护，就应提高服务育人品牌创建的理性认识，自觉遵循品牌创建的内在规律——品牌创建非一日之功，品牌一旦创立，品牌的维护、发展工程就应同时启动，并且不断创新。只有不断创新品牌，才能不断优化提升品牌影响力，才能真正增强育人的实效性。

（三）江苏大学着力打造后勤服务育人品牌

江苏大学重视后勤建设，根据学校特色与后勤实际着力打造具有江大特色的服务育人品牌。

1. 提升后勤员工队伍整体素质，提高后勤服务质量

新形势下，后勤员工只掌握基本的工作技能已经不能满足创建后勤服务品牌的需要，后勤员工应全面掌握综合职业道德、销售技能、操作技术、情感交流于一体的全新的服务方式和科学规范的服务技术。江苏大学通过多层次、多角度、多渠道的全方位培训，解决后勤员工服务思想和服务态度上的问题。首先，加强对员工的技术培训，提升他们的服务技能，依据岗位职责，对服务员工分别进行专业技能、礼仪文明、行为作风、服务技能技巧及专业知识等方面的培训，提高员工技术、技能及管理水平，并使教育培训常态化、规模化，形成自我培训、自我开发、终身学习的人才成长机制。其次，学校积极招聘优秀的管理人才，重点培养，稳定骨干，放手使用，鼓励人才适度流动，并形成智囊团队。再次，学校牢固树立服务理念，提升高校后勤文化的内涵。服务理念是服务育人品牌的核心，在当前高校后勤社会化改革进程中，应大力倡导“热情、高效、优质、安全”的服务理念，改变过去那种“等、靠、要”的思想，使后勤员工认清自己的能力，明确职责，切实意识到服务学生是后勤服务实体生存和发展的基石；学校后勤服务实体以师生的需求为标准，打破常规服务模式，深化服务内容，拓展服务空间，多开展感动式服务、主动式服务、引导式服务。最后，学校还建立起科学有效的激励机制，调节后勤员工绩效薪资水

平。学校为后勤部门提供具有市场竞争力的薪酬水平，稳定与协调后勤内部评价的公平性，通过奖惩结合，将薪酬与绩效挂钩，使得后勤服务实体的管理者和员工都能充分发挥积极性和创造性，全身心投入工作。

2. 优化资源配置，提升保障能力

随着高校后勤服务市场放开、社会竞争加剧和劳动力价值回归，高校后勤服务实体原有的服务市场稳定及受保护的优势逐渐减弱或消失。江苏大学服务保障职能部门与服务实体大幅降低服务成本，提升服务保障能力，并逐步加强校内服务平台建设。学校服务保障职能部门与服务实体将“科学定价”与“成本领先”策略相结合，后勤服务实体精确核算成本，通过改善采购标准、人员配置、服务过程中的物资耗费等方面的管理，建立严格的成本控制标准，树立成本领先的地位。同时，校内经营服务实体在保证合理利润的基础上尽可能地扩大服务覆盖面以提高服务深度。另外，学校服务保障职能部门与经营食堂根据广大师生的消费结构、消费偏好和购买能力推出各类符合师生需求与偏好的服务与产品。学校食堂保供稳价，每年支出 40 万元保障师生在校的饮食支出，并通过能源管理整合资源，确保学生在校生活支出合理。学校图书馆推出个性化服务，提升信息服务功能。近年来，学校加大投入，注重打造特色化、个性化图书馆服务，利用设备、人才、技术、信息资源方面的优势，从图书采编环节开始，根据广大师生的需求提供导航服务、开展追踪服务，利用大数据分析向广大师生推荐国内外书刊文献、专题书目、特色书目及电子文献资源等；同时利用图书馆主页加大对馆藏资源的宣传，建立本校重点学科、重点科研项目专题特色数据库，力争把最新、最好的信息资源及时传递给广大师生。

3. 精心谋划建设，打造服务育人品牌

江苏大学服务保障职能部门与经营实体重视服务育人品牌的树立、宣传和推广，打造“育人后勤”品牌。后勤党委根据校党委的决策部署，坚持后勤服务育人的初心，以铸魂领航为先导，以党员先进模范和党支部堡垒作用为依托，寓教育于优美舒适环境中、寓教育于勤恳的工作和细微的服务中、寓教育于科学规范的管理中，将服务育人渗透到各项管理与服务工作的全过程，推进整体工作水平的提升。把后勤服务信息的标识、载体塑造成富有视觉冲击力的宣传介质，正面树立后勤服务实体的品牌形象。后勤始终坚持学校农机特色，以强农兴农为己任，持续开展“树后勤形象，育时代新人”活动，充分发挥后勤党员先锋模范作用；组织学生深入开展农业生产实践活动，以劳动实践提升学生素养；自采校园水果免费送，加深师生爱校情；志愿搭建服务平台，“第二课堂”收获颇丰；开展师生意见征询会，贴近师生、促进沟通；“以爱之名感悟青春”，与各学院组织开展面向员工子女的知识援助活动。同时，在服务过程中因时因地制宜，为不同年龄、性别、身份、爱好的服务对象，提供差异化服务，赢得广大师生对后勤服务育人品牌的认可。例如，以“美丽校园”为抓手，增强环境育人作用；以学生自治服务平台为依托，培训践行社会主义核心价值观；通过员工的言传身教，使学生感受到后勤人发自内心的爱；以“爱在后勤”活动不断增强学生“爱国家、爱学校、爱他人、助他人”的美好情感；发挥后勤工作的熏陶作用，让学生在后勤服务中受到感化，懂得尊重劳动和劳动者，树立踏实工作的正确劳动观；推出自取自付等无人服务方式，培养学生的诚信品质；以“按需取菜”为主题，培育学生勤俭节约的习惯；以快递盒重复利用为抓手，践行绿色生活理念；以优化资源配置为载体，让师生花最少的钱、用最少的时间、耗费最少的精力，获得最多的优质服务，从而将更多的精力投入教学、科研、学习和生活中去。

学校图书馆根据自身馆藏优势，在读书内容和形式上不断创新，在促进师生学习方面发挥越来越大的作用。图书馆利用数字化服务对师生的阅读倾向及阅读行为、习惯、心理进行分析和研究，提供多种阅读方式，增强师生的阅读能力。此外，学校图书馆积极与国内外各种数字图书馆合作，为新型阅读方式提供环境支持和技术保障，打造在线阅读平台，让广大师生能利用阅读器或读书卡上网阅读电子图书。同时，加大对电子资源的宣传推广，加强对读者信息素质的培养，让更多师生掌握新型的阅读方式。学校后勤还以更高标准指导和约束后勤服务人员的心态和行为，并以此来衡量服务人员的工作方式，也为创建服务育人品牌提供了良好的基础和条件。要将良好的服务理念转化为可让服务对象感知的服务措施，需要有高超的服务艺术。图书馆服务艺术主要通过馆员的精神状态、仪表仪容、服务语言、服务技能等表现出来，是馆员提供优质服务的必要条件。例如，图书馆工作人员统一的着装、亲切端庄的服务形象、良好娴熟的服务技能，可使读者在获取知识的同时，享受到情感的愉悦。高校图书馆还可以借鉴其他服务行业的优秀经验，提供“微笑服务”“细节服务”“提醒服务”等人性化服务，若读者长期享受这种超值服务，会自然成为图书馆服务形象最好的宣传者，形成极高的品牌忠诚度。

高校应提炼后勤服务核心理念、服务宗旨、服务精神、服务特色等，并在实际工作中倡导与施行，最终形成鲜明而独特的后勤管理服务文化。

## 三、宣传推广，扩大育人成效

高校主要通过思想政治教育、科学理论传播、新闻舆论引导、校园文化创建，为教书育人营造和谐的意识形态，为教学工作提供强有力的舆论支持，为学生身心健康和个性发展创设有声有色的文化环境。由此可见，高校宣传思想工作与育人中心任务有着密切的关系。

### （一）正确定位，促进学校发展

新时代，国际、国内形势发生了深刻而巨大的变化，对高校宣传思想工作提出了新任务、新课题和新挑战。积极适应新的形势要求，找准高校思想宣传阵地的定位，构建高校宣传思想工作的科学格局，是发挥高校宣传思想工作全方位功能和作用的基础。江苏大学宣传思想工作以“服务中心，促进发展”为理念，着力把握以下三点：首先是围绕中心，突出重点。学校工作的中心是培育人才，是教学科研。学校宣传思想工作应紧紧围绕“育人”这一中心，突出教学科研工作这一重点，加强对学校中心工作的宣传，引导广大师生员工把思想和力量凝聚到学校的事业发展上来，为学校事业发展提供思想保证、精神动力。其次是着眼成绩，突出亮点。学校是师生员工学习、工作和生活的家园，学校的发展与师生员工自身的发展休戚与共。学校发展好了，办学质量提高了，社会声誉提升了，广大师生员工就会得到极大的精神满足和激励，产生自豪感。江苏大学通过宣传学校的改革发展成就、宣传师生员工的先进典型，激发师生员工的爱校热情，增强师生员工的归属感和自豪感，激发和调动师生员工的积极性和主动性。最后是把握特色，突出特点。江苏大学有百年的建校历史与“实干求真”的精神传统，始终以强农兴农为已任，农机学科特色突出、独树一帜。学校的宣传工作应注重把握学校特色，突出学校特点，着力打造江苏大学特色宣传品牌，特别是深入总结和挖掘学校的特色工作、特色经验，并加以宣传推广。

### （二）加强服务育人宣传，突出服务育人成效

宣传思想工作要坚持以科学发展观为统领，创新工作理念，拓展工作思

路，统一思想，凝聚力量，以实现服务育人工作的最终目标。

1. 舆论聚焦服务保障

人才培养是高等院校的根本任务，而服务保障工作则是至为关键的一个环节。宣传思想工作要始终坚持立德树人的根本任务，加强服务育人的舆论宣传，牢固树立育人目标，把握育人工作舆论导向。要充分发挥校报、广播、宣传栏及网络等宣传媒体的作用，占领主阵地，唱响主旋律，广泛宣传学校加强服务保障的办法和举措、服务保障改革经验及成效、服务育人的典型案例，以及学校服务保障职能部门的培训竞赛、学生第二课堂教学、大学生社会实践拓展等服务育人成果等。通过整合媒体资源，实现多媒体全方位宣传，牢牢掌握舆论主动权和引导权，构建服务育人工作的立体宣传网络，通过主题高度统一、内容丰富多彩、形式表现多样的专栏、专题、专版宣传，让广大师生心灵为之震撼，干劲为之鼓舞，凸显宣传舆论的正面引导力量；通过广渠道、多途径、全方位、成系统地开展宣传，舆论聚焦教学，并逐步升温，使服务育人工作朝学校舆论的中心发展。

2. 舆论导向构建和谐

和谐的校园环境是大学生健康成长的基础。构建和谐高校校园，宣传舆论导向要以思想教育为核心，以服务学生健康成长为宗旨，以人文精神培养为抓手，以素质拓展为目的，立足学校实际，突出特色，大力加强爱国主义教育和思想道德教育；加强人文素质教育，营造健康高雅的文化氛围；加强校园环境建设，规范校园文化管理，优化育人环境，构建具有特色的校园文化体系，营造文化育人的良好环境。

（三）新时代江苏大学服务育人宣传思路、主体及载体

江苏大学积极推行媒体整合的宣传策略，进一步优化了校内宣传资源，实现校报、校园网、广播台、电视台等媒体信息资源的共享，构建了一个为学校发展服务、为师生服务、为学校各项育人工作服务的立体宣传网络。校园各类媒体紧紧围绕学校的育人中心工作，充分发挥各自的特色和优势，坚持“唱响主旋律，打好主动仗”，通过大张旗鼓地宣传学校改革发展和建设的成就，弘扬正气，鼓舞士气，营造积极向上的舆论氛围，激发广大师生员工热情地为学校的发展贡献自身的才智和力量。在新闻宣传工作中做到精心策划，周密部署，力求内容丰富多彩，形式生动活泼，真实地展现校园的崭

新风貌，宣传学校的服务育人成就，弘扬学校的先进典型和人物事迹，反映广大师生员工的思想生活。这样不仅调动了广大师生员工积极支持和参与教育改革的积极性，在推动教育事业发展中发挥重要的作用，也为思想政治工作凝聚人心、鼓舞斗志创造了良好的舆论环境。例如，校内新闻传媒在抗疫先进集体与个人事迹宣传方面，充分展现了学校服务保障部门的先进典型与标志性成果，彰显出学校服务保障职能部门的战斗力，从而更好地激励广大后勤服务保障人员适应新形势的需要，斗志昂扬，不懈奋斗。在迎接“三全育人”综合改革试点高校评估工作中，校内新闻传媒充分利用现有资源，全面综合地反映了学校迎检准备动态，打好迎检促建主动仗，使服务保障职能部门员工熟知服务育人优势，明确服务育人立场，在学校服务保障职能部门形成了良好的育人氛围。同时，通过强大的舆论力量，激励广大师生员工统一思想认识，在各自的工作岗位上积极主动工作，以展示学校多年来在服务育人工作方面的亮点和成绩。

1. 转变校园媒体的宣传思路

江苏大学充分认识到高校媒体除了内部的激烈竞争外，还要面对社会各类媒体的冲击。师生有选择自己喜欢的、信任的媒体的自主权，当社会媒体的各类信息如潮水般涌来的时候，校园媒体无疑是势单力薄的。所以，校园媒体只有统一思路，合理利用现有资源，扬长避短，形成媒体合力，才能以自己的特色构筑校园文化的安全堤坝，应对社会各类媒体对校园文化的冲击。江苏大学积极转变媒体宣传思路，对校园媒体进行有效整合，在统一思想认识的前提下，有效地利用人力资源、新闻资源，改变因媒体形式的不同而造成的校内媒体工作人员的职能单向性，打破原有的媒介服务单向性的限制以丰富信息传播手段，在利用各媒体的传播特点进行优势互补的同时，建立有效沟通互动机制和合作机制，实现资源充分高效共享，变各自为战为联合作战。通过高效的合作互补，学校媒体不再以单层面的形式开展工作，而是以纵横兼备的新形式突破传统的宣传形式，宣传的信息也不再是简单的几个版面、多少万字和单一的声音、画面，而是以文字为载体，以声音、图像、网络为媒介的动态信息网的形式存在于校园生活的每一个角落。

一是建设好专门的思想政治教育网站，搭建思想政治教育平台，并与学校宣传部、校团委、教务处等工作平台联合，大力推进网络教育，让网络安全意识走进每个学生的内心，印在每个学生的脑海里；进一步强化和完善校园网络文化建设与管理，推进网络育人体系建设，促进思想政治教育工作的传统优势同现代信息技术高度融合，积极引导学生增强网络安全意识，拥有网络思维，提高辨别是非真假的能力，能够自觉抵御网络上的各种不良“诱惑”与负面影响，形成网上网下思想政治教育的合力。网站要加强与学生的互动交流，密切关注网上动态，了解大学生的思想状况，及时为大学生解疑释惑，有效地发挥育人功能。

二是打造“移动客户端+思政工作”新模式。我国的移动互联技术处于世界领先地位，手机等移动设备与互联网的结合已经成为重要的大众传播媒体。当下，手机已然成为大学生学习、生活、娱乐的标配，以手机为代表的移动互联网设备不仅使教育对象呈现出广泛性，而且促使教育内容更具时代性、教育手段更具互动性、教育方式更加人性化。同时，移动互联网设备所具有的高度便携性、广泛的交互性，以及丰富的受众资源、快捷的更新速度等特点深受广大学生的欢迎。江苏大学广泛借助移动客户端等新媒体，将其与传统思想政治教育模式深度结合，探索“移动客户端+思政工作”新模式，变传统的以“说教式”为主的模式为“寓教于乐”和“渗透式”的教育模式，拓展了思想政治教育的广度，加大了思想政治教育的深度。此外，学校还有效整合网上教育教学资源、思想政治资源，构建新型网络教育模式，便于学校教师及时掌握并处理学生存在的思想问题和舆情动态，做好热点问题和突发事件的网上舆论引导，为加强校园网络舆情搜集、研判，切实监督网络意识形态安全，守好网络精神家园，唱响网上主旋律提供了有力保障。

2. 双向提高服务育人宣传主体素质

新时代、新媒体环境对高校服务育人工作的“媒体化”发展提出了新的要求，高校服务育人工作者作为大学生健康成长的指导者和引路人，应变传统型的单向灌输模式为与学生交互的双向互动模式。在使用新媒体对大学生进行思想政治教育时，不仅要教育引导学生提升媒介素养，更要提升服务保障职能部门的媒介素养，只有这样才能有效地利用新媒体平台开展教育工作，提升大学生思想政治教育效能，开拓思想政治教育工作新局面。江苏大学充分认清新形势，通过提高学校服务保障职能部门与学生的媒体素养，切实提高服务育人宣传的实效性。

（1）学校服务保障职能部门切实提高自身的媒介素养

江苏大学校园服务保障职能部门紧跟时代宣传新要求，不断提升自身素质与宣传质量。一是建立校园媒体教育资源共享平台，通过平台建设，进一步提高思想政治教育工作者的新媒体信息意识，使学校思想政治教育工作者不但在心理上接纳新媒体，而且在实践中学习新媒体，保持积极的学习心态，有意识地了解新媒体，在工作和生活中使用新媒体，提高对媒体信息的敏锐感知。新媒体环境下，不仅要求高校思想政治工作者具备较强的信息意识与信息敏感度，还要求各服务保障职能部门工作人员具备新媒体宣传能力，以便与学生有效交流，缩小因年龄、地位等客观因素所产生的距离感。二是开设相关课程和培训。江苏大学通过课程学习和培训，使学校服务保障职能部门工作者具备较强的新媒体能力，能更好地利用新媒体为高校服务育人工作服务，充分发挥新媒体所具有的优势，使服务育人宣传成效最大化。学校积极开展新媒体专题技能培训，使得服务保障职能部门员工在掌握媒介基础知识的同时，能正确使用媒介工具，熟练操作媒介设备，全员动员，共同打造良好的实践环境。在日常服务过程中，服务保障职能部门工作人员要提高宣传意识，通过共享平台展示热点问题、典型案例，与学生展开深层的沟通、交流，引导学生多角度认识各种现象，理性看待社会问题，进而促进学生形成正确的新媒体道德观。三是不断提高服务保障职能部门工作者的新媒体道德水准。江苏大学着力引导学校服务保障职能部门工作人员树立正确的新媒体伦理道德观，自觉抵制不良信息的侵袭，合理并有效地控制自己的媒体行为，在思想上、心理上构筑网络安全红线，积极自我实践，全面增强媒介法律法规意识。在此基础上，有针对性地对学生开展有说服力的媒介素养教育，全面提升服务育人宣传工作的实效性。

（2）学校努力引导并强化学生的媒介素养

当下，新媒体以无处不在的姿态存在于我们的生活中，复杂的环境及其他外部因素的存在，使得大学生的认知方式、思想观念不断地发生变化。因此，作为受教育者的学生需要不断提高自身的媒介素养。江苏大学从理想信念、传媒道德、心理健康等多方面着手，开展学生媒介素养提升工作，全面提升大学生科学使用新媒体应具备的媒介素养与能力。

一是强化大学生理想信念教育。安格尔曾说：“你的信念应当成为你的甲胄，它驱使你勇往直前，不遇难而退。”江苏大学始终坚持立德树人根本任务，以学生全面发展为导向，为国家、社会培养有用的人才。大学阶段是学生“三观”形成的关键时期，学校以加强理想信念教育作为当下思想政治工作的首要任务，主要从教育内容、形式、载体、路径等方面入手，将大学生的理想信念与社会及个人发展的实际情况相结合，积极引导他们科学地规划自身的学业与人生，引导他们以国家发展、民族复兴为己任。同时，利用不同载体开展不同层次的理想信念教育，从个体出发，针对不同的专业，因材施教；注重互联网新媒体的使用，提升学校新媒体的宣传实效。

二是加强传媒道德教育。在新媒体环境下，学校大力加强对学生的教育引领，培养他们的传媒意识，帮助他们不断提高自身的传媒素养，有效防止新媒体带来的不良影响与消极作用。学校思政工作者与服务保障职能部门引导学生学会在网络中汲取营养，加强大学生新媒体道德建设。一方面培养学生正确使用新媒体所应具备的道德意识，另一方面深化现实生活中的道德教育。大学生道德教育是思想政治教育的基本内容，新媒体环境是实现大学生思想道德教育的新载体，通过现实生活与网络生活相结合的方式不断深化新媒体道德教育，可形成新媒体道德与传统道德虚实结合、互融互补的育人模式。同时，针对新媒体道德教育存在的盲区，学校组织开设相应的课程，如传媒素养课、新媒体道德教育课、规范使用指导课等，帮助学生全面认识新媒体，不仅要求掌握新媒体相关知识与技术，更要求其遵守相关的道德要求与行为规范。“网络不是法外之地”，要尊重规则，自觉提高抵制各种新媒体带来的不健康思想的能力，不断提高自身判断信息和选择信息的能力，懂得为自己的言行负责。

三是积极开展心理健康教育。学校通过开展新媒体心理健康教育，不断增强大学生心理素质。面对新媒体给大学生带来的困惑与烦恼，学校心理中心积极开设大学生心理健康课程，加强心理健康辅导，使学生明晰过度依赖新媒体会对自己的心理产生消极影响，树立正确使用新媒体的思想观念。同时，学校服务保障职能部门还在线下开展丰富多彩的实践活动，帮助大学生克服过度使用新媒体引发的心理问题，通过搭建好各种平台，全面适应学生的多样化需求，大力拓展心理健康阵地，促进学生形成积极向上的健康心态。

3. 着力打造服务育人新载体——微信公众号

微信作为一种全新的、受到当代大学生欢迎的社交通信工具，为高校思想政治教育工作注入鲜活的动力和强大的灵感。“做好高校思想政治教育工作，要因事而化、因时而进、因势而新”，“要运用新媒体、新技术使工作活起来，推动思想政治教育传统优势同信息技术高度融合，增强时代感和感染力”。高校传统的舆论引导工具主要是校园报纸、广播、宣传栏、校园网等，面对校内的突发舆情事件，传统的舆论引导工具还需要经过校级、院级、辅导员逐级传达才能告知学生，存在一定的滞后性。微信公众号的即时性、便捷性优势打破了时间与空间的界限。微信公众号为高校开展思想政治教育工作带来了新的启发，为高校育人工作提供了新的载体，不仅使大学生的主体能动性得到积极发挥，还大大增强了高校思想政治教育工作的吸引力和感染力。

第一，有利于增强学校育人工作的吸引力。大学的思想政治教育理论课，以教师讲授理论为主，而枯燥、刻板的理论知识对于大学生来说缺乏吸引力，因此教师在讲台上讲课，学生在下面睡觉、玩手机的现象并不少见。运用高校微信公众号开展思想政治教育工作，不同于思想政治教育理论课，它能以生动活泼的形式把一些蕴含思想政治教育目标的内容渗透到每次推送的信息中，可淡化教育痕迹，激发学生的情感共鸣，提高思想政治教育的吸引力。高校微信公众号的运营团队可以结合文字、图片、影音等形式，将枯燥乏味的政治理论知识转化为吸人眼球的视频、动画等，通过技术手段把高校的育人理念融入作品中，再通过公众号推送给大学生，这种生动活泼的表达方式对于大学生来说充满了吸引力和趣味性，更能吸引大学生的关注，使他们潜移默化地受到影响，自觉自愿地接受思想引领。

第二，有利于加快学校育人工作方式的进步。长期以来，我国的思想政治教育主要以思想政治教育理论课的形式开展，在课堂教学中，教师处于主导地位，学生则处于被动的状态，学生的主体性没有得到充分重视，这种教育形式的局限性日益凸显。通过微信公众号辅助开展思想政治教育工作，能够将符合社会主义主旋律的正能量以学生喜爱的方式传播给他们，以端正他们的思想，促进他们树立正确的理想信念、价值理念、道德观念，充分提高学生的主体地位，增强大学生学习的积极性和主动性。此外，高校微信公众号的运营团队通过学生们对其发布内容的点赞、转发、收藏等互动行为，可以判断大学生的兴趣点和关注点，不仅为学生与思想政治工作者之间提供了一个平等对话的机会，还能根据学生的实际需求及时调整教育内容。高校微信公众号还拉近了大学生与思想政治教育工作者的情感距离，有利于推进师生间的良性互动，进而加快高校育人工作方式的转变。

第三，有利于提升高校育人工作的实效性。思想政治教育本质上是一种充满生活体验与生活关怀、感悟生活意义、富于生命活力的人本教育。与其他社会微信公众号和个人微信公众号不同，高校微信公众号的受众群体比较集中，面向的是所有关注的学生，提高了思想政治教育的针对性。高校微信公众号能在收到学生对其发布的思想政治教育类信息的评论后，第一时间根据学生们的思想动态，及时调整推送内容和频率，从而提高思想政治教育工作的实效性。高校微信公众号推送的校园动态、科技竞赛、学生活动、国家时事等方面的内容，涉及大学生学习和生活的方方面面，能够在全面的服务中增强大学生的认同感，使思想政治教育更容易被大学生所接受，其教育效果也更深远和持久。

近年来，通过精心设计，江苏大学成功打造了一批校园品牌微信公众号，提高了学校各部门与学生进行线上实时交流的能力。通过与学生们交流信息，学校可以筛选整理出舆情热点和大学生关注的焦点问题，“预报”校园舆论焦点，提前做好预防措施。学校微信公众号还借助信息技术手段，对校园内的微信环境进行舆情监控，一旦发现有可能对全校造成负面影响的信息和言论，能够第一时间协调各个部门进行处理，减小舆情事件的负面影响。同时，学校各服务保障职能部门也相继推出自己的微信公众号，有信息通知导向型的，也有实际业务服务型的。例如，通过图书馆公众号，学生可以直接借阅电子图书或使用手机进行图书检索，还可实现图书线上借还；后勤处（集团）公众号不仅有后勤第二课堂信息发布，还有线上下单报修业务，极大地方便了学生的学习与生活；档案馆公众号能为学生提供线上翻译成绩单等实际服务。

2019 年，江苏大学官方微信公众号发布信息 267 期，其中阅读量破万的信息 52 篇，全年总阅读量超过 238 万次。官微推出首届新媒体（原创微信）作品设计大赛，做细做实“立德树人”“江大有个你”“多彩校园”等栏目，扩大了官微影响力。学校在微信公众号运行机制上也形成了独特的经验与成果。

（1）内容至上，加强微信公众号内容建设

高校微信公众号作为思想政治教育的载体，其在内容设置上首先要以社会主义核心价值观为导向，积极发挥高校微信公众号的思想引领作用。

一是以社会主义核心价值观为导向，以习近平新时代中国特色社会主义思想的相关内容为内核引领，通过宣传校园内“小人物”身上的“大情怀”，使大学生受到感染和鼓舞。例如，“他们，用一年时间，书写别样青春”一文讲述了江苏大学研究生支教团远赴青海支教一年的经历，同学们用行动展示了江大青年的担当，文章的阅读量高达1.6万次，对我校有志加入支教队伍的优秀学子起到了极大的鼓舞作用。又如，通过推送我国优秀传统文化、革命文化、先进文化等相关内容，培养了大学生的文化自信；通过推送“校史故事”“趣话校史”等内容，一方面使学生们了解学校的悠久历史，另一方面使学生们能够对我国革命历史有更为深刻的了解，厚植爱国主义情怀。

二是将道德教育、法治教育、心理健康教育宣传作为育人工作的重点，善于抓住教育契机，在一些社会新闻、学生故事中融入道德教育、法治教育、心理健康教育的内容，丰富高校微信公众号的思想政治教育内容。考虑到社会环境的变化，以及大学生所处的年龄阶段，他们或多或少都会有关于情感、就业等方面的困惑，学校微信公众号推出一些与之相关的道德教育、法制教育、心理健康教育方面的话题与内容，能够帮助大学生及时解决情感与就业方面的困难。

三是用学生喜闻乐见的方式表达育人内容。当代“95后”“00后”大学生群体追求个性，自我意识强，学校的育人宣传工作要用他们喜欢的方式表达育人内容，才能让他们爱读、爱听、爱看，提高思想政治教育的实效性。在表达形式上，应注意多样性，长期采用单一的图文结合的形式容易造成学生们的审美疲劳，学校微信公众号应结合视频、GIF、动画等多种形式，给学生们带来不一样的感官体验，以提高推送内容的吸引力。

四是在语言风格上增加亲和力。高校微信公众号的主要受众群体是大学生，生硬、严肃的长篇大论缺乏吸引力，可以使用一些新鲜的网络用语拉近学校与学生之间的距离，构建平等、和谐的语言沟通环境，带给学生轻松愉快的阅读体验，要想方设法使原本枯燥的思想政治教育内容更生动、活泼，更具有“人情味儿”，更能走进大学生的内心。

学校服务保障职能部门积极增加特色内容和优质原创内容，使学校微信公众号更加贴近大学生们的生活，体现学校特色，使大学生看到后更有亲切感。例如，“樱为你最美，愿君多善行”，通过拍摄樱花之美，提醒学生文明赏樱，爱护校园，对学生的文明行为进行引导与规范。“静湖畔，牡丹香”讲述了后勤绿卫园丁引进2000余株牡丹幼苗培育直至花开的故事，通过赏美景激发广大师生和校友的爱校之情。“秋天的第一块月饼的故事，江大安排”讲述后勤处（集团）在中秋来临之际将江苏大学校训融入月饼设计，为广大师生推出江苏大学限量版月饼，引发广大师生追捧，推文阅读量更是突破3.8万次。这些优质原创推文很好地激发了学生的情感共鸣，使服务育人工作入情入理，深入人心。

（2）运行保障，建立科学有效的公众号管理制度

“凡事预则立，不预则废。”完善的管理制度能够为高校运用微信公众号开展思想政治教育工作提供有力的制度保障，促进高校微信公众号的稳定、高效运营及长远、可持续发展。江苏大学制定了科学、有效的公众号管理制度。一是明确分工责任。一项完善的管理制度要对各岗位、各团队成员的具体工作进行明确划分。学校公众号推文分工从策划、统筹、编辑到摄影、审核，层层细化落实，保证责任到人，运营团队协调配合，各司其职。二是实施奖惩制度。① 对学生团队成员的培养、晋升做出明确的规定，激励学生们主动作为、努力做好高校微信公众号。② 对微信公众号运营过程中可能出现的不当行为进行约束，提前树立规范意识，当由于团队成员的不当行为造成高校微信公众号运营问题时，应问责到人。三是建立信息沟通及危机预警机制。学校内部的各级、各部门微信公众号之间能够实现畅通的沟通与交流，在发生紧急的校园舆情事件时，能够保证高校微信公众号第一时间统一发布澄清信息，及时把控校园内舆情事件的发展情况，有效地解决突发危机。

（3）优化环境，构建清朗的高校微信公众号思想政治教育环境

良好的网络运营环境对高校的思想政治教育工作起到环境保障作用。江苏大学从微信公众号的环境监控和引导入手，运用线上线下统筹结合的思想政治教育方式进行环境建设，形成了生态文明的思政教育环境。

一是提高微信公众号运营团队对校园舆情的搜集、分析、解决能力。运营团队在发现校园舆情事件时，形成了规范的处理流程：发生舆情事件后立即将情况汇报给学校行政部门，在商讨出解决方案后第一时间在学校微信公众号上发布事件说明，引导舆论的正确走向。在技术方面，学校与运营商达成合作，借助运营商的技术手段对校园内的微信环境进行监管，获取学校微信公众号的大数据，及时了解和把握校园舆情动态，当发现学生有不良思想倾向时，对其进行重点监测，并向辅导员、思想政治教育教师反映，对这些学生进行思想疏

导，有效解决思想教育工作中遇到的问题。

二是线上线下结合形成育人合力。当前，思想政治教育理论课仍是高校对大学生进行思想政治教育的主阵地，利用高校微信公众号开展思想政治教育工作是思想政治教育理论课的延伸，因此线上线下教育相结合的方式将成为当下高校思想政治教育的主流方式。思想政治教育理论课与微信公众号在高校的思想政治教育工作中，各具优势。固守传统、忽视高校微信公众号的思想政治教育功能和一味地夸大高校微信公众号的思想政治教育功能，都不利于提高高校思想政治教育工作的实效性。高校要做好思想政治教育工作，就必须将思想政治教育理论课和微信公众号紧密地联系起来，形成思想政治教育合力。江苏大学一方面通过思想政治教育理论课实施思想政治教育，在长期的发展中积累了丰富的思想政治教育经验，这些经验可为运用高校微信公众号开展思想政治教育工作提供借鉴。另一方面学校微信公众号运营团队通过与学生的在线交流活动，及时了解大学生的思想动态，并将之反馈给学校各相关职能部门，学校各职能部门根据这些信息对自身的教学过程、服务过程、管理过程进行调整，可提高高校思想政治教育工作的实效性。

三是成立融媒体中心，实现育人资源整合。学校借助网络开展思想政治教育工作，在构建线上育人环境上仅仅依靠微信公众号是远远不够的。网络的发展催生了各种新媒体平台，如微博、抖音、B 站等新媒体平台越来越受到大学生们的欢迎。江苏大学推动校报、电视、广播、网络等传统媒体与新媒体融合发展，加强与各单位媒体联盟联动，构建全校宣传“中央厨房”，突出新媒体做快，传统媒体做深、做强的优势，实现“一次采集、多种生成、多元发布”。完善官微、官博平台，加强官方 QQ、抖音、B 站、快手平台建设，及时发布信息，紧扣热点推送，定期发布各单位官微用稿榜单，评选全校“十佳新媒体运营单位”，成立融媒体中心，整合思想政治教育资源，实现优势互补。2019 年学校官方微博发文 2002 条，阅读量 5175 万 +，短视频浏览量 902 万 +，“江苏教育发布”用稿 27 篇；全年进行开学典礼、军训、毕业典礼等微博直播20 次，开学典礼启用的 10 场视频直播阅读量均超 10 万 +；官方 QQ 点赞量近 20 万次，平均浏览量 30 万 +；官方抖音发布 100 部作品，浏览量 752. 86 万次；开通官方 B 站账号，发布 29 条视频；同年 12 月开通官方快手平台。通过整合全媒体资源，校园内的各新媒体平台能够互通互享，及时沟通与交流，实现思想政治教育资源的互补，各新媒体平台之间也能够互相合作，全面扩大了学校思想政治教育的受众范围和影响力，切实提高了江苏大学思想政治教育的实效性。

## 第四节 江苏大学服务育人具体实践

### 一、建设和谐校园，强化后勤保障服务育人

#### 案例一：光盘引领育人新风 饮服开拓服务新貌

（一）案例概要

为深入贯彻落实习近平总书记关于“坚决制止餐饮浪费行为，切实培养节约习惯”的重要指示精神，后勤饮食服务中心不断推进精细化管理、程序化工作、创新化育人管理体制，把规范管理的严格要求和春风化雨、润物无声的育人方式结合起来，细化制度建设，实现管理育人；创新服务形式，实现服务育人；学生全程参与管理，实现实践育人；以开展“光盘”系列活动为切入点，努力实现全员、全过程、全方位育人。首先，通过实施“光盘师”系列行动，使师生的节约意识得到进一步强化，减少了饮食过程中的浪费。其次，饮食服务中心在办好基本伙食的同时，引入具有地方特色的小吃，丰富了饮食品种，建立了多元的饮食体系，形成了多元化、多层次的饮食格局，以满足不同地区、不同饮食习惯的师生的就餐口味。最后，饮食服务中心为贫困学生提供勤工助学的机会，真正解决其生活中的困难与需求，让学生感受到家的温暖和温馨。这些具体的服务举措，以及服务人员在服务过程中的亲切微笑和问候，不仅对学生进行了爱的教育，还在教育的过程中得到了学生的理解和尊重，使学生学会关心与关爱他人，为学生今后步入社会打牢高尚的道德基础。系列活动的推出，引起了较好的社会反响，学习强国刊登《江苏镇江：倡导舌尖新时尚“光盘行动”我最行》的文章，江苏教育频道也进行了《减少“舌尖上的浪费”江苏大学在行动》等报道。

（二）主要做法

1. 精准把握路线，实施思政引领工程

把学习贯彻习近平总书记对制止餐饮浪费行为作出的重要指示精神与主

题教育有机结合起来，围绕落实立德树人根本任务，按照“学生为本，服务为魂”的工作思路，以打造温馨食堂、提升校园文化氛围、引领学生成长为目标，通过“三全育人”综合改革管理服务示范平台进一步完善以“支部共建”为抓手的“三全育人”体系建设，全面实施后勤育人工程，积极探索实践饮服中心“全员、全过程、全方位”育人机制，创新服务新思路和育人新格局，全面促进人才培养质量，助推学生成长成才。在学生中积极开展艰苦奋斗和勤俭节约的宣传教育，结合校内外媒体加强宣传工作。校宣传部积极联系镇江市电视台到学校做“光盘行动”报道，宣讲学校后勤“拒绝舌尖上的浪费”的一些积极有效的做法，扩大“光盘行动”的影响力。与校学生会、研究生会、社团联合会积极接洽，开展线上（对“光盘行动”的思考，对习总书记指示的感悟）线下（“光盘行动”从我做起签名活动）联合互动活动。

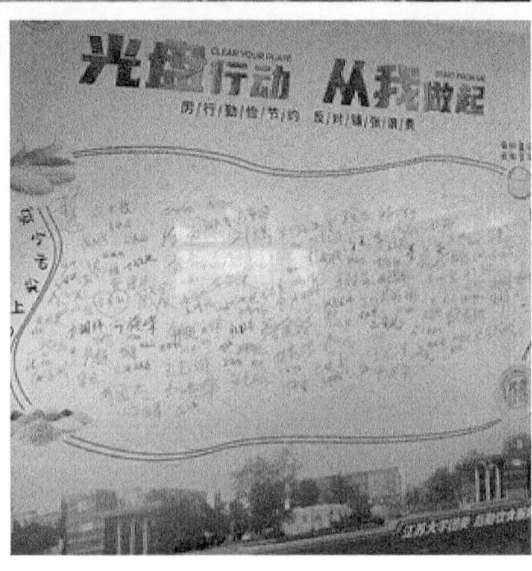

2. 理论联系实际，实施实践提升工程

将“光盘行动”向前延伸，让学生知道粮食是怎么来的、了解粮食的生产过程，培养学生的节约意识和艰苦奋斗的品质。将校外农业培训基地与红色教育基地相结合，组织学生在农业培训基地上好“劳动体验课”“文化体验课”，让农业培训基地的体验教育成为一种价值召唤，让学生在扎根农田的实践体验中锤炼成长。校内的实践也有很多，如学校伙专会与学生会取得联系，共同配合，带上红袖章，由食堂工作人员和学生组成节约引导小队，在就餐时倡导文明就餐，节约粮食，让学生全过程参与到厉行节约的活动中去。

3. 育人春风化雨，实施环境润化工程

饮服中心通过在食堂内摆放宣传展板，在座椅上粘贴桌贴，在墙壁上悬挂横幅，进行健康饮食、文明就餐、勤俭节约及社会主义核心价值观宣传教育，让学生感受到节约的氛围，做到人人知晓、人人了解。宣传展板展出习总书记的重要指示，桌贴上会印一些节约的故事和诗句，让师生们在感受节约氛围的同时，多积累一些知识。饮服中心积极打造主题食堂餐厅，在部分食堂餐厅设立图书漂流角，以良好的就餐环境感染、影响每一位学生，让学生在潜移默化中得到精神陶冶。

4. 服务润物无声，实施服务感染工程

在后勤一线服务人员中深入推行激励机制，有效激发队伍的内生动力，实现服务的专业化、精细化，提升后勤整体服务品质。食堂内部开展厉行节约、品质提升活动。一方面，根据不同的菜品，提高净菜率，把反对餐桌浪费、实施“光盘行动”向前延伸。另一方面，加强菜品创新，做出师生想要的那道菜、想要的那个味；为方便学校西南片区学生就餐，后勤保障部门还新设立了2号接送就餐车；饮服中心与校团委取得联系，推送餐车宣传微信，提倡“光盘行动”；临近打烊时，推出5元打折套餐，所有菜品不过夜。服务人员以彬彬有礼的态度、热情周到的服务、专业精湛的技能、吃苦耐劳的精神感染学生，践行育人宗旨。

### （三）效果启示

#### 1. 打造具有育人素质的后勤服务工作队伍

后勤职工是开展后勤育人工作的具体实施者，这支队伍素质的高低决定着后勤服务工作的开展效果，也决定着后勤服务工作本身是否具备育人的基础条件。首先，要提高员工的政治思想水平，培养职工勤俭节约和甘于奉献的精神，要求员工具有高度的责任感和事业心，切实转变服务观念。其次，要提升员工的专业技能水平，结合工作实际，从后勤管理、服务礼仪、岗位技能、食品卫生安全等多方面对员工进行职业技能培训。最后，要坚持“以职工为本”

的管理理念，在强调后勤员工本职工作的同时，关心员工的生活，充分调动员工的积极性，更好地发挥后勤的育人作用。

2. 建立健全灵活、高效的服务育人管理和运行机制

通过有章可循、规范有序的管理秩序教育和影响学生，让学生充分认识到遵守纪律的重要性。同时，还要完善监督制度，公布监督电话，让师生对后勤服务工作进行监督。通过监督，可以使学生的自律意识增强，对学生良好行为的养成和素质培养起到积极的促进作用。

3. 引导学生体会后勤服务工作的育人内涵

大学生对高校后勤服务工作了解甚少，或是对后勤服务工作性质存在误解，在很大程度上是因为后勤部门与学生沟通交流少。社会实践是育人的重要环节，对于大学生了解社会、增长才干、锻炼毅力、培养品格具有不可替代的作用。大学生参与社会实践活动是学以致用，将外在知识转化为内在知识的磨练过程。高校后勤部门应充分挖掘自身资源，提供机会，让学生参与实践锻炼，促进实践育人；应定期召开学生座谈会，让学生走进后勤、了解后勤、监督后勤，及时整改学生提出的合理意见和建议，让学生体会到后勤全方位的服务和家一般的感觉。

4. 促进内涵式服务育人

后勤服务应精准对接师生思想实际和行为习惯，以文明礼貌、热情周到、爱岗敬业的工作态度，在关心人、帮助人、服务人的过程中教育人、引导人，使师生在潜移默化中受到教育。后勤服务应引导师生在进行自我服务的同时，树立平等、互助和资源共享的意识，培养师生“自我服务，服务他人”的良好品质。后勤工作与学生的衣、食、住、行息息相关，在为学生提供服务保障的过程中，应将正确的社会价值取向、高尚的人文精神及“真诚、尚德、进取、担当、知恩、包容”等人性美德渗透到大学生的骨子里并扎根于其内心，使学生在学到知识的同时，也大幅提升自身的素质。

### 案例二：“家乡美食‘味’你而来”品美食 忆家乡活动

（一）案例概要

江苏大学美食节是学校的品牌活动，具有广泛的影响力和号召力，饮食服务中心依托美食节平台，紧紧围绕“立德树人”根本任务，推进“三全育人”

工作。例如，通过厨师的才艺比拼，展现后勤形象；通过“品美食，诉乡思”活动，增加学生之间的交流，拓宽了学生的视野。美食节的举办，让更多的学生参与其中，学生既是活动的组织者又是参与者，在服务他人的同时也提升了自己。通过该活动，还能增强学生爱家乡、爱祖国的情怀。饮服中心以“家乡味 思乡情”为切入点，积极践行服务育人宗旨，大力宣传家国情怀，不但科普了健康饮食知识，而且让广大学子在互动中抒发了对家乡的热爱，提高了师生对后勤餐饮服务工作的满意度和认同感。

（二）主要做法

1. 广发动，勤宣传，做好“全员性”

为扩大活动的影响力，让更多的同学参与到活动中去，饮食服务中心和校生活权益部在活动前进行了立体式的宣传：在三岔口进行展板宣传；在学校广播台进行广播宣传；利用微信公众号、QQ 等方式进行网络宣传（在校院群里进行宣传，确保到位）；制作系列海报，并在各大食堂门口及人流密集点宣传。

2. 抓重点，重细节，做好“全过程”

活动前饮食服务中心与校生活权益部精心谋划，确立美食节活动方案，在方案中确定重点任务并落实到部门，总体从锻炼学生的角度出发，以学生自我策划、自我主持为中心，学校予以全过程支持，让学生在参与的全过程中得到锻炼。活动中设置了介绍家乡与家乡菜的单元，增加互动环节，锻炼学生上台表现的勇气，通过他人的掌声得到自我实现与提高。

3. 讲政治，抒情怀，做好“全方面”

美食节以“美食”为媒介开展系列活动，锻炼学生的组织能力、交流能力，培养家国情怀，增强爱国意识，同时开展健康饮食科普活动，号召广大学生积极响应习近平总书记对制止餐饮浪费行为作出的重要指示，以美食节为点，全方面开展育人服务。

（三）效果启示

（1）江大美食节是一个很好的展示交流平台，饮食服务中心通过这个平台，展示后勤饮食服务中心的形象，提升后勤饮服影响力。学生通过这个平台，介绍各自家乡的美食文化，既锻炼了自身的交流能力，又增了见识，了解了全国各地的美食。

（2）江大美食节是一个很好的育人平台，饮食服务中心要利用好这个平台，和校生活权益部一起积极谋划，创新形式，更好地为全体师生服务，提升饮食服务品质，并在品质服务中实现服务育人。

**案例三：美食体验“学与做”，打造丰富第二课堂**

（一）案例概要

饮食服务是高校稳定的基石，也是“三全育人”的主要阵地。为充分发挥后勤实践育人的职能，饮食服务中心从美食出发，开放食堂提供温馨服务，邀请学生参与美食的“学与做”，打造丰富多彩的第二课堂，充分发挥实践教学作用，拉近食堂与学生的距离，培养学生健康的饮食习惯，提高学生们的动手能力。

（二）主要做法

美食课堂是一个能进行科普教育交流的课堂，一教美食制作，二教健康饮食，三教食品安全，“三位一体”，立体教学。饮食服务中心定期搜集师生关心的菜品，认真备课，准备食材，在高知餐厅进行美食制作的培训课程，通过美食制作培训，加强食堂与师生、教师与学生之间的交流；定期举办健康饮食知识讲座、发放健康小贴士，丰富学生的课余知识，培养良好的饮食习惯。“民以食为天，食以安为先”，饮食服务中心一直关注并持续落实食品安全工作，学生也是食品安全工作的参与者。饮食服务中心号召学生学习食品安全法，了解食品安全知识，拓宽视野，把控安全。

食堂还是一处温馨的自习与交流场所。学校食堂在非营业时间也对学生开放，并设立图书角、自习园地。在这里，学生可以免费享受一些亲情服务，如提供图书、笔、纸、灯光、空调、茶水等。由于其环境舒适，很受学生的欢迎。

（三）效果启示

（1）“授人以鱼，不如授人以渔”。在美食课堂上，教育者可及时关注学生的实际问题，帮助其归纳总结一般问题的处理方法。

（2）食品安全是一条生命线，平时要广泛宣传，具体交流时也要作为重点进行讲解。

（3）将爱美食引申到热爱生活的层面上，培养学生积极向上的人生态度，热爱美食，热爱生活。

**案例四：党员学生共联谊，和谐社区一家亲**

（一）案例概要

学校后勤处（集团）在服务中，把握方向；在服务中，凝聚人心；在服务中，促进发展；在服务中，提高质量。中心党支部通过党建引领，探索通过党团工群共建的方式，鼓励试点物业服务部门结合自身实际，开展个性化的暖心服务，把学院、部门与物业服务单位等各方力量拧成合力，扩大后勤物业国际化育人阵地，打通服务海外学生的“最后一公里”。通过营造国际化服务氛围，提升物业多元化服务质量与管理水平，更好地适应社会发展形势与广大海外学生日益增长的服务需求，让留学生获得更大的归属感、幸福感和安全感。

（二）主要做法

“竹翠花红中秋月正圆，意浓情深四海共婵娟。”为了让在我校学习的海外研究生了解中国的传统文化，感受中国的节日氛围，为了让在异国他乡工作学习的他们抒发对亲人的思念，物业服务中心特别为海外研究生举办了国庆、中秋两节庆祝活动。后勤员工、教学区的工作人员与海外研究生欢聚一堂，开展“庆中秋、迎国庆”联谊活动。张洪主任代表饮食服务中心对海外研究生们来到江苏大学这个温暖的大家庭表示热烈欢迎。活动现场，中心党员、社区工作人员和海外研究生们以集体朗诵《献给老师的歌》拉开序幕，现场气氛热烈，大家亲切交谈，共同 DIY 制作中秋花灯。党支部还向海外研究生们发放了物业服务满意度调查问卷，内容涵盖员工服务态度、卫生保洁、教学服务、维修服务及其他方面，通过问卷调查了解海外学子在教学生活中对物业服务的需求及评价，有针对性地提高服务质量，用自己的实际行动将国际化理念贯穿于服务全过程。同时向海外研究生送上我们的传统糕点——中秋月饼，祝愿他们身体健康、学习顺利、学业有成。

（三）效果启示

1. 特色亮点

通过本次海外研究生联谊活动的开展，拓展了后勤服务的空间，提升了后勤管理人员的跨文化国际视野，在中心党支部的带领下，越来越多的后勤工作人员开始将目光投向提升服务品质的细微之处，更多地关注人性化服务的细微体贴和周到用心。通过精心营造国际化服务氛围，不仅丰富了校园文化生活，还为校园文化建设注入了后勤元素与后勤特色，使校园文化呈现出勃勃生机与健康活力。

2. 经验启示

本次海外研究生联谊活动的开展，真正让海外学生感受到中华民族传统文化的博大精深，真正感受到后勤工作人员对他们的关爱，创新了服务海外学生的新举措。特别是在党建引领基层工作上，通过党员联系项目部当好网格员，推动“三全育人”网格化发展，实现了在服务布局、服务内容、服务方式上的创新和提升。

**案例五：携手留学生谢师恩，中秋意浓情更浓**

（一）案例概要

随着我国高等教育国际化深入发展，高校对海外留学生后勤服务工作质量愈加重视。“双一流大学”建设对高校后勤服务提出了向国际化发展的新要求，物业服务必须把国际化理念融入常规的后勤服务工作中，不断提高后勤工作人员应对跨文化服务的能力，通过精细化服务、个性化人文关怀，帮助海外学生尽快融入中国这个大家庭。物业中心党支部采取形式多样的人性化服务举措，为海外学生提供温馨、整洁、舒适的生活、工作和学习环境，并不断探索、实践物业服务的新模式和新途径，创建和提升物业管理的特色品牌，提高服务质量，转变服务理念，提升后勤物业育人文化建设。

（二）主要做法

为了在我校留学生群体中弘扬尊师重教的中国传统文化，培养广大留学生尊师爱师的情感，在第 36 个教师节来临之际，物业服务中心党支部组织留学生开展了形式新颖的教师节庆祝活动，用一颗感恩的心为辛勤的老师们送上了一份诚挚的祝福。

后勤员工来到海外学院，组织海外留学生开展擦玻璃、打扫教师办公室等岗位体验活动。保洁阿姨先用保洁工具示范了擦玻璃的步骤，之后海外留学生在保洁阿姨手把手地指导下完成了一系列保洁工作，为明亮优美的校园环境贡献了一分自己的力量。留学生通过辛勤的劳动将一份真挚的情感献给老师。

“晨曦细雨育桃李，金秋硕果慰园丁。”虽然留学生们说着不同的语言，有着不同的文化背景，但在江苏大学这个温暖的大家庭，受到江苏大学精神和中华文化的感召，他们懂得了感恩，也懂得了老师们的默默耕耘和无私奉献，坚定了自己跨越重洋来江苏大学求学的初心。

（三）效果启示

1. 特色亮点

本次“劳动体验谢师恩”的活动，是适应学校国际化育人的要求的具体实践。针对不同人群、不同层次的需求，江苏大学后勤人不断强化服务理念，改进服务措施，提高服务标准，营造物业服务国际化氛围，在弘扬中华优秀传统文化的同时，让海外学生切实体验到、享受到物业的各项暖心服务。

2. 经验启示

通过本次“劳动体验谢师恩”活动的开展，物业紧密围绕立德树人根本任务，立足全方位育人，注重文化浸润，坚持以文互动，让海外学生日常生活的区域都蕴含丰富的文化“营养”。今后，在重要时间节点，后勤应以丰富多样的活动为纽带，加强与海外学生的互动与交流，充分发挥物业项目网格化育人的作用。

**案例六：排忧解难赢赞誉，优质服务暖人心**

（一）案例概要

后勤服务工作和学校教师、学生的学习与生活有着紧密的联系。高校后勤的管理能力和服务水平，直接影响教学活动的展开，渗透在学生的日常学习生活中，对学生的思想和行为有潜移默化的影响，因此，后勤员工在服务过程中要注意自己的言语和行为，为大学生的思想品德教育起到良好的榜样作用，使后勤服务工作充分体现服务育人的宗旨。

（二）主要做法

（1）不断提升员工业务能力与个人修养，使之与学校发展相适应。例如，江苏大学京江学院物业员工周国平在巡查楼宇时，捡到一个内有 4000 元现金的笔袋，京江学院项目部根据笔袋便签上的名字迅速联系学生工作处，经多方查找，终于联系到了失主赵同学，将笔袋完璧归赵。赵同学面对失而复得的笔袋，激动不已。2021 年 1 月 3 日下午，赵同学来到京江学院项目部对物业服务中心员工周国平表示感谢，并送上“拾金不昧好物业”的锦旗。

（2）做好关键时期的服务保障工作，突出服务人性化亮点。例如，研究生考试期间，京江学院项目协管李娟看到一名行动不便的考生，主动询问了考生的考场，得知其考场在五楼时，李娟即刻联系两名男同事，将该考生护送至考场，并让该考生考试结束后在考场等候，物业部门将会安排人员护送其离开。考试结束后，这位考生特意到服务台向物业部门表示感谢。

（三）效果启示

1. 特色亮点

建设一流后勤，服务“双一流”创建，以“三全育人”为宗旨，发扬主动、热情的服务精神，树立服务意识，坚守自己的岗位，在服务中育教于行。

2. 经验启示

后勤部门员工在服务工作中的言行举止会对学生产生潜移默化的影响。后勤部门的管理工作和服务工作可以渗透到大学生学习和生活的方方面面，对其产生积极的正面影响，后勤工作人员在为教师和学生提供优质后勤服务的过程中，应充分展现服务育人的管理理念，帮助学生在提高专业知识能力的同时提升自身的综合素质，以适应社会发展的需要。

**案例七：“以人为本”加强生命安全教育　服务育人助力平安校园建设**

（一）案例概要

高校学生公寓是大学生日常生活、学习和休息的重要场所，是大学生道德、习惯及素养等综合素质培养的第二阵地，也是高校安全管理的重要环节，学生公寓安全管理工作的好坏直接影响整个学校师生的生命安全和财产安全。对此，公寓中心逐级签订安全责任书，确保岗位安全责任层层落实，以规范运行组和安全保障组为抓手，协同联动学工处、保卫处等相关部门，扎实推进“安全运行规范化工程”，加强学生生命安全教育，让学生在安全、文明的环境中进行自我教育、自我管理、自我服务、自我监督，共建平安社区，共创平安校园。

（二）主要做法

公寓中心每月召开一次安全工作推进会，集中研讨和解决安全隐患问题。规范运行组全年度开展服务质量督查，采取定期检查、不定期抽查和年底综合考评的方式，对员工业务技能、行为规范、文明用语等进行高频率、全覆盖考核，通过评奖评优活动，树立典型和榜样，形成具有一定特色的校园育人氛围。安全保障组定期开展全员安全教育培训，内容包括电梯安全、消防安全、地震疏散等，确保公寓人人有安全意识、人人有责任意识，安全技能水平高、安全保障能力强；组织开展消防安全知识巡展和消防安全疏散演练，提升学生的安全意识和安全技能。

1. 落实规范运行细则，开展常态化安全教育培训

（1）勤工助学岗前培训

公寓规范运行组为做好暑期勤工助学安全规范管理，更好地让勤工助学学生了解工作内容、增强安全意识、提升服务技能，开展暑期勤工助学岗前培训，培训内容涵盖安全警示教育、安全生产须知、消防理论基础、消防基本技能、突发事件处置、其他安全事项六个方面。培训后进行现场考核，达到上岗要求的勤工助学学生将协助参与中心暑期安全管理、日常服务及公寓文明宣传等工作。

（2）消防安全教育培训

公寓安全保障组为做好公寓消防安全工作、普及消防安全知识、提升消防安全技能，召开了消防安全教育培训会。此次培训进一步提升了员工及学生处

置火灾事故和逃生自救的能力。公寓服务中心进一步落实安全责任，完善安全体系，健全安全机制，真抓实干，筑牢安全稳定工作防线。

（3）警务安全教育培训

为增强学生的安全防范意识、提高其安全防范能力，公寓服务中心邀请镇江市公安局京口分局警官为北固校区学生开展安全教育培训讲座，公安警官为学生介绍了校园诈骗的多种方式，如网络传销、电信诈骗、校园贷等，借助高校真实发生的案例，提醒学生不要因轻信陌生电话或短信导致钱财损失，或致人身安全遭到威胁，同时也告知学生在遇到类似情况后正确的应对措施。公寓服务中心将继续开展各类安全培训教育，积极营造良好的校园安全文化氛围，为学生的成长成才提供更加安全稳定的环境保障。

2. 借助专项安全检查，加强学生文明行为引导

加强与学工条线各部门的沟通与协调，在做好基本公寓服务职能的前提下，积极做好寝室卫生检查、违章用电检查等卫生、安全管理工作；主动配合做好学生抽烟、酗酒、赌博、打闹、宗教聚会等行为的引导和管理，充分发挥公寓服务中心参与学生行为育人的阵地作用，彰显学生公寓服务育人功能。

（1）安全卫生专项检查工作

为进一步加强学生公寓消防安全工作，预防火灾事故的发生，推进文明宿舍、平安校园建设，公寓服务中心联合学生社区管理科开展学生宿舍安全卫生专项检查工作。中心全体管理员和大学生监督委员会学生代表共同参与该项检查工作。此次检查采取拉网式排查，覆盖全校学生宿舍，着重对学生宿舍阳台杂物堆放情况、违章用电情况及卫生情况进行检查，对于存在的安全隐患，检查人员现场对学生进行指导教育，提出整改要求，希望通过这种面对面的教育方式，增强学生安全意识，让学生真正把安全理念内化于心、把安全规则外化于行。

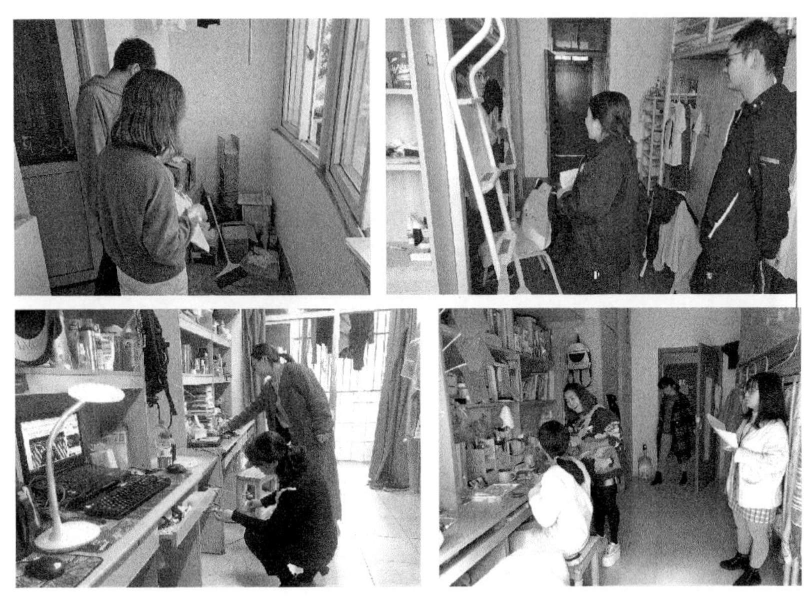

（2）安全专项夜间突击检查

为进一步加强学生宿舍安全管理，保障学生住宿安全，公寓服务中心以

“安全生产月”活动为契机，进行安全专项夜间突击检查，此种形式的安全专项检查是公寓服务中心“安全生产月”活动的重要环节之一。今后，公寓服务中心将坚持常规检查和突击检查相结合的方式，持续对学生宿舍进行安全检查；同时通过各类安全宣传活动提高学生的安全意识和责任意识，防患于未然，共同筑牢学生公寓安全防线。

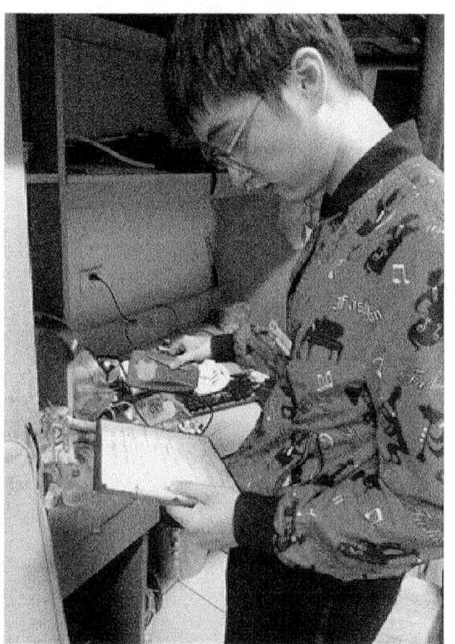

3. 打破传统模式，创新多层次安全育人形式

（1）学生宿舍环境监测工作

对公寓服务中心“单教一”“老生楼”前楼进行甲醛浓度检测采样，每次采集的样本会送至专业机构进行检测。公寓是学生生活的地方，住宿环境安全是关乎学生生命、健康的头等大事，要切实强化责任，增强服务意识，全力为学生做实事、解难题，真正把公寓打造成让学生、家长放心的温馨家园。

（2）违章电器巡展活动

为进一步加强学生宿舍安全管理，强化社区用电安全，提高广大学生的安全防范意识，公寓服务中心在公寓各社区开展违章电器巡展活动，巡展主要是向学生展示在宿舍安全检查中发现的暖风机、电夹板、卷发棒、电热锅、热得快、暖手宝等违章电器。同时，各公寓社区管理员向学生讲述因使用违章电器引发宿舍火灾的真实案例，学生深受触动，深刻认识到在宿舍内使用违章电器的危害性，纷纷签下“不在宿舍内存放或使用违章电器”的安全承诺书。

（3）安全用电知识小课堂活动

为提高学生安全用电意识，推进学生宿舍安全文化建设，公寓服务中心开展了“用电知识小课堂”活动课，先向学生普及宿舍违章电器的种类，对线上购电及电器充电过程中可能遇到的问题进行现场讲解和答疑，及时处理学生反馈的问题。然后通过高校宿舍真实的火灾案例，使学生深刻了解使用违章电器的危害性。

4. 注重实战演练，探索体验式安全教育新模式

（1）消防灭火疏散演练

为提高广大师生员工的消防安全意识，增强广大师生面对突发火灾的应变能力，活动中要求师生把演练当成实战，切实提高自防自救能力。演练时，随着模拟火灾烟雾的燃起，同学们用湿毛巾捂住口鼻，按照疏散引导员的指引，迅速从安全出口有序撤离，顺利疏散至安全区域，全程用时不到4分钟。随后，管理人员进行了灭火器使用示范教学，参训人员在认真听讲、

观摩后，现场体验了灭火操作全过程。消防灭火疏散演练既增强了师生员工的消防避险逃生本领，又丰富了公寓安全教育的内涵，为建设平安校园打下了坚实的基础。

（2）急救知识培训演练

为进一步普及急救知识，提高师生员工的急救技能和应急能力，更好地保障师生、员工的生命健康，公寓服务中心邀请急救中心的讲师通过理论讲解和现场实操的方式为大家展示“心肺复苏术”等相关知识。培训结束后，参训人员积极演练，亲身体验了心肺复苏的救护技巧。通过培训，师生、员工了解了基本的急救知识，掌握了基本的急救方法与技巧，进一步提升了职业素养与自救互救能力，夯实了后勤安全与校园安全的基础。

（3）困梯救援培训演练

为深入贯彻《中华人民共和国安全生产法》和《特种设备安全监察条例》，积极应对可能发生的电梯“困人”故障，提高师生员工的应急救援能力，切实保障师生员工的生命财产安全，公寓服务中心邀请经营服务中心电梯部负责人开展了困梯救援培训，讲解电梯的基本工作原理、电梯安全常识、电梯运行异常的应急处理等内容，并现场指导师生员工模拟演练载人电梯发生“困人”故障的应急救援。此次活动不仅进一步提高了公寓服务中心员工对电梯“困人”应急救援的反应速度和救援能力，而且营造了积极关注电梯安全的氛围。

（三）效果启示

公寓服务中心应继续以安全为重，不断强化学生安全教育，防患于未然。后期，公寓服务中心将结合安全稳定的工作主体，立足学生，定期开展工作调研，聚焦安全教育短板弱项，提高安全教育的针对性和有效性，营造安全、文明、和谐的公寓生活环境，助力平安社区、平安校园建设。

**案例八：“以文化人 以情感人”打造公寓文化新高地**

（一）案例概要

学生公寓是学校的第二课堂和育人阵地，积极丰富的公寓文化对学生的意识观念、道德品行、价值理念等方面都具有引导作用。江苏大学公寓中心以营造良好的文化氛围为基础，以涵养家国情怀为核心，通过“‘寓’人大讲堂”和“‘寓’你同行”实践团两大平台，结合“一区一特色”系列服务活动，系统推进“华夏精神领航工程”，将公寓打造成文化传承与创新的精神家园，让学生在健康高雅的文化氛围和优质贴心的服务活动中坚定理想信念、厚植家国情怀、担当时代重任。

（二）主要做法

1. 多线联动，提高学生的自我管理与服务能力

（1）与学院、团委多线联动管理，做好每月两次宿舍卫生大检查、违章电

器检查、夜不归宿检查，对学生抽烟、酗酒、赌博、打闹、宗教聚会等行为进行教育、劝导，及时反馈学生情况，督促学生养成文明习惯。在开学季开展社区辅导员交流座谈会、新生“沟通面对面　服务零距离”座谈会；在毕业季开展毕业生意见恳谈会，广泛听取学生意见，畅通信息渠道，减少中间环节，及时快速解决学生问题，使公寓服务工作趋向精细化。

（2）联合大学生公寓管理委员会，开展“无烟宿舍　从我做起”主题安全教育活动，通过禁烟安全知识宣讲、观看宣传片、现场签名等活动，让学生深刻体会到吸烟的危害，自觉远离烟草，创建无烟文明宿舍环境；开展“我的空间我做主”衣物收纳小课堂，让学生掌握衣物收纳技巧，学会合理安排空间，创造良好的住宿环境；开展“中国话，世界说”交流活动，让留学生更好地了解中华文化，感受中华文化的魅力；开展“爱眼日宣传活动”“关爱生命　预防艾滋”“春季流行病知识宣讲小课堂”“安全用电小课堂”等主题健康教育活动，普及不良习惯的危害性，增强学生安全防范意识。

（3）设置勤工助学岗位，建立公寓楼微信交流群，打造交流平台，让更多

的学生直接参与宿舍管理，发挥学生的主观能动性，倡导学生自我管理、自我教育、自我服务，这不仅能促进校园管理的民主化，提升管理效能，也有利于提高大学生的综合素质，提升大学生的责任感。

（4）开展“文明寝室评比”活动，鼓励学生积极探索以展示风采，以优良的室风和寝室文化带动学风建设，营造文明和谐的学生宿舍文化氛围。

2. 改善社区环境，共筑人文家园

（1）基础环境建设

公寓的硬件设施是文化育人的基础，公寓服务中心参照标准化公寓建设要求，积极推进标准化公寓创建进程，不断改善学生公寓内部设施设备，引进自助式电吹风、自助式洗衣机、自助式贩卖机，完善各类文化设施，如党团活动室、阅览室、谈心屋等，以满足学生的学习和生活需求，丰富学生的精神生活。

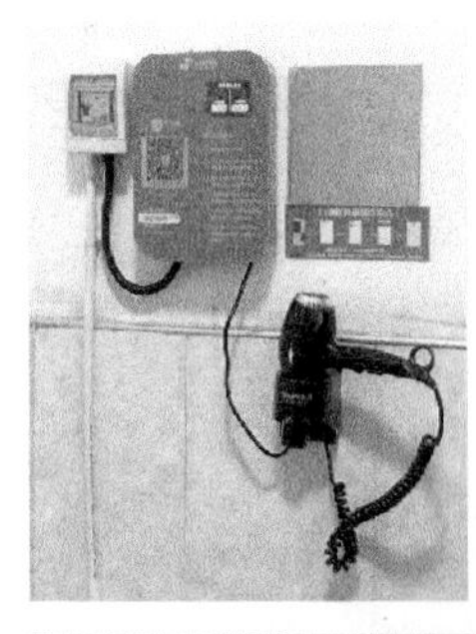

（2）文化氛围建设

加大公寓社区内绿色植物的养护力度，创建优美的人居环境；增设各类温馨提示牌、安全警示牌等，让学生睹物思行，陶冶情操；利用楼道楼梯悬挂名言警句等标识，创建文化长廊、廉政作品墙等，建设“走廊文化”；开展大学生风采展示活动，培养学生积极、健康、向上的生活态度等。公寓中心应力求以学生喜闻乐见的形式传达教育内容，让学生在潜移默化中接受教育，实现服务育人的目的。

3. 开展“一区一特色”系列服务活动

公寓服务中心通过“寓”人大讲堂、“寓”你同行实践团两大平台，开展“民乐品鉴”“书画赏析”等主题文化课堂；开设编织、插花、烘焙等主题实践课程；依托传统佳节，开展“迎新春　闹新年”“粽情端午”“进社区　闹元宵”“我劳动，我快乐，共创美好家园”“庆国庆　迎中秋”等传统文化体验活动，让包括留学生在内的广大学生感受中国优秀传统文化的魅力，鼓励大家做中华文化的传承者。2020 年 10 月，公寓服务中心以国庆中秋双节为契机，开展以“欢度传统佳节　凝聚中国力量”为主题的系列活动，公寓 A 区将新时代爱国主义精神作为社区文化建设的重点，打造爱国主义教育文化长廊，大力弘扬爱国主义精神，营造浓厚的爱国爱校节日氛围；海外公寓开展了“四海一家　欢度中秋”的庆祝活动，近五十名来自世界各地的留学生和中国学生代表在欢乐的节日气氛中观看文化短片、填写心愿卡、制作冰皮月饼，深度了解中秋佳节的起源，切身体会中华传统习俗。联合寓委会定期开展红色教育活动，学习革命历史，弘扬红色文化，传承红色基因，传承时代使命，极大地提升了中国学生的文化自信，同时也有效地增强了留学生对中华优秀传统文化的认同感，真正做到以文化人、以文育人，实现价值引领的目的。

心愿墙

（三）效果启示

“三全育人”是一项系统工程，涉及面广、内容多，关系到学校工作的各个方面，必须牢固树立“以生为本”的服务理念，通过开展积极健康的公寓文化建设活动，提升大学生的思想道德修养，真正将“全员、全过程、全方位”育人的行动贯穿于学生公寓的服务工作中。

（1）合力“齐抓共管”，加强学生文明行为引导。持续加强与学工各部门的沟通协调，在做好物业服务职能的前提下，积极配合各部门完成学生日常行为督导工作，形成育人合力，帮助学生养成良好习惯。

（2）以“寓”人大讲堂和“寓”你同行实践团两大平台为抓手，丰富公寓文化活动内涵，凝练公寓文化品牌。以学生的内在需求为出发点，有计划地完善现有文化育人项目，并积极拓展新的文化建设项目，打造文化服务品牌，发挥公寓文化建设立德树人的育人功能。

(3) 将公寓文化建设与德育工作、素质教育相结合，与创建文明校园相结合，不断优化公寓环境，创新育人平台，建立“人人皆育人之人、处处皆育人之地、时时皆育人课堂”的文化育人体系，通过健康和谐的环境文化和优质贴心的服务活动实现以文化人、以情感人的育人目标。

## 二、建设书香校园，提升图书服务育人功能

### 案例：传承国学经典文化育人创新实践

（一）案例概要

文化育人是指将社会理想和人类伟大精神沁入大学生内心的过程，是向学生的思想理念注入尚德、进取、责任、包容、感恩、良知、谦虚等美德的过程。它既是高校的一项长期、系统、复杂的工程，也是与时代发展密切相关的文化实践。通过文化育人服务，履行高校图书馆的教育职责是高校图书馆文化建设的重要内容。高校图书馆承载着传播高校精神文明和物质文明的重要任务，它通过特有的教育和服务功能履行文化传承的神圣使命。图书馆丰富的资源为开展校园文化活动提供了优越的文化设施、文化环境、文化服务等保障，推进校园文化的建设与发展。校园文化活动多样，传承大学文化的形式万千。江苏大学图书馆坚持将“服务育人”与“文化育人”相结合，以文化人、以文育人，积极探索和开展形式多样、健康向上的线上文化育人活动，以活动温暖心灵、振奋精神、强化素质，以活动提高学生对文化的辨识能力和判断力，使学生的文化素养得到潜移默化的提升，充分发挥图书馆的文化育人主阵地作用，受到全校师生的好评。

国学经典是古圣先贤留给中华民族的生命宝典，即使是吉光片羽，依然闪耀着穿透时空的智慧光芒。让青年大学生在大学期间系统诵读国学经典，了解中华传统文化，接续历史传统，厚植传统文化精神，对于开发、培植新时代的精神文化有非常重要的意义和价值。校图书馆成立国学经典阅读推广团队，建立交流社群，借助新媒体技术，创建国学经典的诵读环境，结合一年四期的21天打卡活动，并配以金句释义、相关推文、名师讲座、线下沙龙及诵读比赛活动，带领当代大学生系统诵读国学经典，亲近圣贤大道，从中体悟中华民族生生不息的力量源泉，汲取养分，创造中华民族更美好的未来。

### （二）主要做法

#### 1. 相关问卷调查与国学知识普及

为了解大学生国学经典的知识基础，相关部门在全校范围内展开了一次问卷调查，调查结果表明，当代大学生国学经典的基础知识薄弱，他们大多没有系统诵读过国学经典，但大部分人都知道传统文化好，想要去学习，只是畏于国学经典的浩繁复杂、博大精深，不知怎样学习。

基于大学生国学经典的学习现状，图书馆通过微信公众号定期推送国学经典知识，并适时开展国学经典知识普及活动。推送的主题和内容如表6-1。

**表6-1　图书馆官微推送的国学经典相关知识**

| 序号 | 推文标题 | 主要内容 |
|---|---|---|
| 1 | 诵读经典，爱上国学 | 图书馆成立阅读推广团队，带领大家诵读国学经典，领略中华传统文化之美。 |
| 2 | 什么是国学？什么是经典？国学经典都包括哪些？ | 介绍国学与经典的定义，明确国学经典包括哪些内容。 |
| 3 | 国学有什么用？ | 介绍国学于当代人生活的价值和意义：涵养生命的各种华美品质。 |
| 4 | 《易经》，这一部国学经典，你一定要读！ | 主要介绍群经之首《易经》的成书过程及其对后世儒、道、兵、武、医、农、杂的极大影响。 |
| 5 | 《易经》，明明不易，何以"易"名？ | 解释群经之首《易经》之名称的三个含义，即简易、变易、不易。 |
| 6 | 习近平总书记讲话用典推荐 | 撷取习近平总书记用典中适合大学生立德、修身、为学、笃行的部分，标示出处，略作释义，并推荐相关书目。 |

#### 2. 组建国学经典阅读推广团队，建立交流群

图书馆结合馆藏资源，组建"4+6"模式的国学经典阅读推广团队，"4"是指4位指导老师，专业涵盖中文、情报学、图书馆学、管理学等，引领和指导国学经典知识的诵读及相关知识的学习；"6"是指6名不同专业和年级的学生，由于他们本身就是大学生，更容易和同龄人打成一片，零距离把握当代大学生的国学经典学习情况，其建议和意见更易落地，也方便实操。

项目一开始就建立了交流社群，社群容纳不同专业、不同年级、不同兴趣的同学，由专业老师介绍诵读方法，并在诵读活动期间引导大家进行诵读打卡。对于还没有形成诵读和打卡习惯的同学，给予提醒和鼓励。

3. 简单易操作的诵读方法

对于浩繁复杂的国学经典，如果没有得当的方法，诵读难免存在障碍。赖国全老师在带着自己女儿诵读经典的过程中总结的大道至简的累积式教育法即“137 累积法”，经过很多人的诵读实践证明，它是一种系统而科学的学习国学经典的方法，非常适合现代学有专攻、课务繁忙又深陷信息爆炸时代的大学生为自己的人生修养打底子。

4. 借助小打卡平台，随时随地诵读经典

为解决国学经典深奥繁难的问题，国学经典推广团队特意选择带有注音的权威性版本，把每一周的诵读内容制作成长图，作为一个主题导入小打卡平台，学生只需通过手机进入发布的打卡圈子，即可选择相应主题进行诵读，诵读结束点击“发布”成功打卡，就可以形成一次诵读记录，每个人每一次的诵读都可见、可查、可回溯。小打卡为学生提供了一个随时随地可诵读的平台，给学生诵读经典带来了极大的方便。很多同学不仅坚持每天诵读，还会结合诵读内容撰写心得体会，更深入地进行学习和回顾。每学年的春季学期、暑期期间、秋季学期、寒假期间会发起诵读打卡的活动，已经诵读过的经典有《易经》（部分内容）及《孝经》《大学》《中庸》《论语》《道德经》。

5. 金句分享，线下沙龙

鉴于国学经典的博大精深、理解不易，阅读推广团队根据学生的实际需求，从第二期活动开始，配合诵读内容，在诵读活动期间每天推送一句金句，简单释义，并与大学生的学习、生活进行联系，阐发观点。目前，已推广金句近 100 句，发布相关推文 20 余篇。在每期国学经典金句分享结束后将推送的知识制作成方便易带的小册子，放置在图书馆服务台供读者取阅。学期末，根据诵读的主题组织线下沙龙活动，让学生面对面交流诵读心得，分享诵读体会，也可以对活动的开展提出可行性建议。

6. 主题书架，专家讲座

图书馆积极打造全方位、立体化的国学学习氛围，从书库中挑选古诗词、国学经典类书籍设置主题书架，放置在图书馆大厅供大学生借阅。为了更进一步地解读国学中传递的思想和文化精髓，图书馆邀请专家进行专题讲座（表 6-2），现场一边讲解一边互动，从故事延伸到时代背景、经典要义和价值内涵，培养大学生诵读国学经典的兴趣，激发大学生阅读经典的热情，触发大学生将国学经典置于现代文明中去解析，去探寻民族精神的起源、发展和演变，探讨国学经典是否能融于社会快速发展的当代，如何体现当代核心价值体系。

**表 6-2　专家讲座概况**

| 主题 | 主讲专家 |
| --- | --- |
| 谈《诗经》 | 江苏大学文学院吴晓峰 |
| 诗词中的镇江地名 | 镇江博物馆研究员刘建国 |
| 从诗词歌赋中走来的镇江 | 镇江诗书画院院长蒋光年 |
| 真山真水一城诗 | 镇江市教育科学研究所副所长裴伟 |
| 弓刀犹带海棠娇——诗词中的女性形象 | 江苏大学教师教育学院党委副书记董国军 |
| 大数据视角下两宋诗词的家国情怀 | 江苏大学副研究馆员李永卉 |
| 文人的心灵秘境 | 江苏大学文学院副教授周衡 |

7. 经典展览线上线下共赏

为了丰富国学经典知识、多维度呈现国学的魅力，相关部门在图书馆广场进行主题式国学知识图文展，同时通过微信公众平台、网站、微博等多媒体进行线上展览（表 6-3），不受限于活动时间、地点和读者报名人数等条件，有效扩大了展览的范围，提升了影响力。

**表 6-3　主题式国学知识图文展**

| 序号 | 展览名称 | 展览简介 |
| --- | --- | --- |
| 1 | 《百部经典》展览 | 《百部经典》由中宣部等部门支持和指导、国家图书馆组织实施，由著名学者、中央文史研究馆馆长袁行霈担任主编，遴选中华传统文化中最具代表性的 100 部经典，萃取精华、赋予新意，做深入浅出的解读。 |
| 2 | 平“语”近人——习近平总书记用典图文展 | 以习近平总书记一系列重要讲话、文章、谈话中引用的古代典籍和经典名句为切入点，旨在推动习近平新时代中国特色社会主义思想的生动阐释与广泛传播。 |
| 3 | 《诗经》 | “关关雎鸠，在河之洲，窈窕淑女，君子好逑”（《周南・关雎》）；“桃之夭夭，灼灼其华”（《周南・桃夭》）……这些我们耳熟能详的优美诗句都出自《诗经》，通过本次展览引导广大读者对以《诗经》为代表的中华典籍进行深入学习和鉴赏。 |

续表

| 序号 | 展览名称 | 展览简介 |
| --- | --- | --- |
| 4 | 座座古桥连古城 | 桥是一种交通设施，但它所体现的文化却不仅仅如此。尤其是古桥，它反映了某个历史时期，科学和艺术的完美结合。从古到今，桥与人们的生活紧密相依。桥是河流与道路的交汇点，河流和道路是城市的骨架，了解古桥的相关信息，就可以掌握城市的历史。 |
| 5 | 历史文化名人展 | 镇江历史悠久，人文荟萃，自古以来就是江南的经济、文化、军事重镇。历史上在经济、政治、文化、艺术等领域有突出贡献的不少历史名人都和镇江有关，正是他们的聪明智慧创造了镇江 3000 年的悠久历史与灿烂文化。 |
| 6 | 穿越千年的凝眸——云冈石窟艺术展 | 石窟规模宏大，造像内容丰富，雕刻艺术精湛，形象生动感人，堪称中华佛教艺术的巅峰之作，代表了公元 5 世纪世界雕刻艺术的最高水平，是人类艺术史上的精华。 |

8. 诵读大赛

在学校读书节期间，图书馆举办了“诗词大会”“悦读之星演讲大赛”“大学生经典美文诵读大赛”“博雅颂诵读大赛”“诵读抄诗打卡大赛”，演讲诵读参赛作品有按序诵读，也有篇章选读，还有名句组合诵读，并融入很多其他元素，如优美的乐音、清新的画面、恰当的动作。或高亢，或舒缓，或亮丽，或深沉的诵读，把人带入激情与沉思之中，涌现出数位优秀的大学生诵读者。诵读抄诗打卡大赛帮助大学生培养爱诵读、勤思考、多讨论的好习惯，同时长期诵读经典、赏析诗词有助于大学生对抗浮躁、修身养性，提升气质和修养。

（三）效果启示

通过一年四期的诵读打卡活动，阅读推广团队已带领学生诵读了《易经》《孝经》《大学》《中庸》《论语》及《道德经》的部分内容，重点诵读了《论语》，初步培养了大学生热爱经典、热爱诵读的好习惯，很多大学生积极参与活动，每日诵读抄诗打卡。

在中图学会的悦读之星演讲大赛中，我校选送的作品获铜奖，图书馆获优秀组织奖。学生们热情参与国学诵读等活动给图书馆在国学经典引领这条路上继续前进以莫大动力，图书馆将不断探索新的模式及方法，带领当代大学生系统而科学地诵读国学经典，从中体悟中华民族生生不息的力量源泉，汲取古代的大智慧。

## 三、优化服务质量，增强档案服务育人功能

**案例：兰台花开香满溢，十年育人细无声——记档案馆党政管理、档案教育岗教师周雪**

（一）案例概要

她毕业于南开大学化学专业，师从中科院院士；她曾经在讲坛上带领学生探索奇妙的化学世界，也在刚工作时做过辅导员和学生们朝夕相处。十年前因为工作调动，她来到江苏大学档案馆，从最初因为工作远离学生而对档案工作“不感冒”，到全身心投入档案工作；从创新中英文翻译服务方式以方便学生使用，到围绕学科发展开发特色档案资源；从举办档案素养讲座、指导研究生实地见习，到培养关爱勤工助学学生。10 年间，她发生了许多变化，唯一不变的是，她深信只要心中时时装着学生，工作处处以学生为中心，无论在什么岗位都可以为学生服务，都一样可以育人。她就是江苏大学档案馆党政管理、档案教育岗教师——周雪。

（二）主要做法

1. 只要学生有需要，我就有责任

江苏大学档案馆在全省乃至全国率先提供学籍材料翻译国际快递服务，极大地方便了广大毕业生，省去了毕业生们奔波劳碌之苦。而这项工作的开展要从周雪老师的一次做成绩单翻译服务说起。2013 年，一位毕业生打电话咨询，他申请的国外高校需要翻译成绩单等学籍材料，并且按照对方学校的规定，中英文学籍材料需由国内毕业学校直接寄出。那时学校档案馆按照国内高校的通常做法，只提供国内快递邮寄，由于没有人代办，这位同学需要从老家回镇江办理，但时间恐怕来不及。中午吃饭时，周老师耳边一直回响着学生焦急的声音，下午上班后她立即向领导汇报，商量可行的解决办法。在领导的支持下，周老师通过邮件核实学生身份后立即翻译好所需材料，待学生确认翻译材料、邮寄地址等无误后发出国际快递，确保国外高校如期收到申请材料。最终，这位同学顺利地进入申请的国外高校。随后，周老师调研了国内各大高校档案馆服务方式后发现，各高校档案馆为规避风险，几乎没有提供国际快递服务的先例，通常是委托他人代办或本人亲自来办。但她梳理近年来我校馆内档案的利

用情况时发现，毕业生到海外深造、进修的人数日益增多，有些学生毕业几年后才出国进修，而此时他们很难找到委托人代办，只能从外地赶到镇江办理，极为不便。“学生有需要，我就有责任解决”，在工作中，周老师常说这句话。在领导的支持与指导下，周老师周密设计、细化了翻译服务流程，在国内高校率先提供学籍材料翻译国际快递服务，受到广大毕业生的欢迎。此外，在负责学籍材料翻译期间，周老师通过查阅资料、请教专家等，重新梳理并确定了各学院、各专业规范的英文名称，提高了翻译材料的质量。

2. 勤工助学学生的“知心姐姐”

因为做过辅导员的工作，周老师很了解家庭贫困学生的心理。他们既勤奋上进，又单纯敏感、自尊心强。这些学生在艰难的成长环境中，付出了超过同龄人许多倍的努力才进入大学校园，大学期间的经历，对他们日后的发展尤为重要。周老师抓住近距离接触贫困生的时机，与自己带的几个勤工助学学生进行深入交流，并在不同阶段有不同的侧重点，逐渐取得了他们的信任，成为他们的“知心姐姐”。

（1）初期——嘘寒问暖，消除陌生感

勤工助学学生最初来馆时，多数很腼腆、有些拘谨。这个时候，周老师会主动和他们打招呼、问他们是否带喝水的杯子、是否需要开风扇等，通过简单的打招呼和日常交流，消除学生的陌生感。

（2）胜任工作——根据特点分配工作，促进学生能力提高

待学生来馆几次，周老师对学生各方面情况大体了解后，会根据学生的所学专业和个人特点安排相应的工作。例如，安排文秘专业的同学做文件材料整理、装订等；安排计算机基础差的同学多使用计算机，做档案系统录入等工作。这样一来，通过勤工助学，或加深了学生对所学专业的认识，或弥补了他们自身的不足，巩固了基础知识与技能。同时，周老师还会和他们聊勤工助学的意义。勤工助学不仅可以缓解家里的经济压力，还能培养自己严谨细致的工作作风，是难得的实习机会，对今后的工作大有裨益。因此，学生更加感恩学校提供这样的锻炼机会，全力做好勤工助学这份工作。

（3）工作间隙——深入交流，指导帮助

勤工助学学生通常每次到馆工作两三个小时。这些学生都很认真，到馆后就一直工作。周老师通常在一个小时左右提示他们休息一会，和他们聊聊学习

上有哪些困惑、日常生活有什么困难、未来有什么规划。通过一对一的交流，学生敞开了心扉，说出自己目前存在的困难或困惑。周老师会根据每个学生的实际情况，给他们一些自己的建议，帮助他们战胜困难、解决困惑。

（4）取得信任——主动咨询，各个击破

勤工助学学生通常会在固定岗位做一年工作，随着交流的深入，周老师渐渐成为他们信赖的“姐姐”。有时候，学生会主动和周老师聊最近的烦心事，周老师会针对他们的提问，有的放矢地教育、引导。有时学生不能到馆，周老师还会在线和他们沟通，及时解开他们心里的疙瘩。

（5）结束——赠送礼物，鼓励祝福

待学生在馆里的勤工助学工作结束，周老师会在临别时送上小礼物，或是几本励志书，或是日记本，或是一些衣物。考虑到他们心里的感受，周老师会提前做功课，根据他们的喜好选择礼物，并在没有第三人在场的情况下送出，还会开玩笑地说，如果不喜欢可以转送他人或旧物回收。

虽然由于工作岗位所限，每年只能接触几个勤工助学学生，但周老师抱着不求多，但求深的想法，通过与这些学生相处中的点点滴滴，培养他们成为善良、勤奋的人，用爱照亮他们未来的路。

3. 以服务学科、服务育人为中心，开展档案业务工作

十年来，周老师始终以服务学科、服务育人为中心，开展档案业务工作。在做编研时，她紧紧围绕学校的“卓越计划”，整合馆藏各类档案资源，开发完成了江苏大学机械动力学科特色数据库，涵盖三个“卓越专业”——机械设计与自动化、车辆工程、流体机械与工程的科研项目、学科论文、学科荣誉、学科人才等。在此基础上，她编纂的《江苏大学机械动力学科发展简史》获“十二五”期间江苏省高校档案工作编研成果优秀奖；她撰写的论文《我国档案馆教学合作现状分析》获江苏省档案学术交流大会三等奖；她完成了江苏省档案研究会项目——“卓越工程师”工程伦理教育视角下的高校档案信息资源开发，项目成果《试论“卓越计划”环境下高校档案用户需求的变化》发表在北大核心期刊。此外，周老师针对新一代大学生的心理特点，突破传统档案开发形式，制作完成“江苏大学机械动力学科日历”，采用图文并茂的形式动态展示学校机械动力学科群“历史上的今天”取得的成就，激励学生每天跟随学科发展的脚步成长。

周老师总记得高宗英老师和她说的一句话："每个人前进一小步，全校汇聚起来就是一大步。"十年来，她牢记自己的教师身份，以服务育人为中心，踏实做好手上的每一项工作，真诚面对每一位学生。她每做一件工作，每一次和学生谈话，都会形成"润物细无声"的育人力量。

**附：**

## 一位档案馆勤工助学学生的体会

土木工程与力学学院　王舒翎

光阴似箭，时光从指尖匆匆溜走。非常高兴能在档案馆工作，遇到值得尊敬的老师，不管是工作还是生活中，她都能三言两语就点拨我，衷心地感谢她。

通过学姐的介绍，我于2019年初进入档案馆勤工助学，跟着周老师做档案整理工作。那时候我刚进入大学，一切都很懵懂，性格内向，面对档案馆里陌生的面孔不免有些紧张，说话也很谨慎，希望能给老师留下好印象。刚开始，我只是按照老师的指导做一些琐碎的事情，比如整理标号和装订文件。事实上，我并不是一个很有耐心的人，在处理这些重复的工作时，我经常觉得很无聊，甚至没有动力继续做下去。但是时间是很神奇的东西，当学业逐渐繁重，自己担任的学生会工作开始变得繁忙时，档案馆的工作成了让我能够安静下来的缓和剂，去档案馆前无论我的状态是快乐、烦躁，还是茫然，工作结束后都会充满力量，见证繁杂的资料逐渐整理分类好也是一种乐趣。有一句话我很喜欢，"能做自己喜欢的事情是多么幸运"，但是后来我发现，能从自己所做的每件事情中发现乐趣更是一种幸运。做一件事情自得其乐，这就够了。

在档案馆勤工助学的一年中很幸运能够跟着周老师工作，她平易近人，十分温柔，能让我从紧张的状态快速地放松下来。无论是工作还是学习，有时间我就会向周老师请教，她也会尽心尽力地给出她的一些意见或看法，并且鼓励我。这也是我喜欢档案馆工作的原因之一。

2020 年由于疫情影响，我无法在档案馆继续工作，非常遗憾。因为开学之后我就成为大三的学生了，课业比较繁重，再加上学生会工作较多，我无法确定之后是否还有机会能够继续协助周老师，但是只要时间允许，我希望还能回到档案馆工作，我喜欢那里的氛围，喜欢那里的老师，喜欢以平凡的姿态坚守着重要岗位的档案馆。

## 四、 提高安保效能， 加强安全保卫服务育人

### 案例：奋进中的江苏大学国旗护卫队

（一）案例概要

江苏大学国旗护卫队社团正式组建于 2015 年 10 月，其前身是原江苏理工大学 1996 年成立的校国旗班，现为学校党委人武部、团委、学工部（处）、学生社团管理部共同领导和监督管理的五星级学生社团。

江苏大学国旗护卫队是一个具有优秀思想品质、良好社会服务意识、强烈社会责任感和高度爱国主义精神的学生团体，也是一个纪律严明、作风硬朗、情谊深厚、精诚团结的学生团体。社团自组建以来，先后获得江苏省国旗班比武二等奖、镇江市百优学生社团、校优秀社团等荣誉。

国旗护卫队有别于其他学生团体，其工作性质具有特殊性、崇高性、示范性，是我校开展爱国主义教育的重要阵地，是拓展学生第二课堂与提高综合实践能力的重要载体。我校始终坚持以学生成长成才为中心工作，以“立德树人”为根本任务，注重队员的思想引领和强基铸魂，切实增强学生的“四个意识”，坚定“四个自信”，做到“两个维护”，引导大学生“扣好人生的第一粒扣子”，在实践中教育引导和帮助青年学生成长成才。

（二）主要做法

1. 弘扬爱国主义精神

江苏大学国旗护卫队以弘扬爱国主义精神、培养大学生爱国情操、提高

大学生国防意识、促进校园精神文明建设为使命，为大学生提供学习、交流、展示和锻炼的平台。为提高队员的社团归属感，使队员在精神上受到熏陶和涵养，社团定期举行丰富多彩的活动。通过举办各类爱国主义特色活动，服务校内外，增进交流，可增强队员对社团骨干的尊重和对社团文化的认同。江苏大学国旗护卫队先后被新华网、镇江市电视台及《镇江日报》《京江晚报》《江苏大学报》等多家媒体采访和宣传报道，得到社会各界团体的广泛认可与褒奖。

2. 注重活动的开展

首先要注重训练方法。国旗护卫队的每次任务都有其特殊性，队员需在平时的训练活动中，根据时间、地点及不同任务进行针对性的训练。例如，校级大型活动升旗任务需要针对任务场地、任务流程进行持枪训练；而针对其他类型的升旗任务，则需要更细致地进行基础动作训练。其次要注重活动的组织与策划。除各类升旗任务以外，国旗护卫队要多与其他部门、其他社团展开合作，以爱国主义国防教育主题为核心，组织策划各类丰富多彩的活动，在丰富队员及其他同学课余生活的同时，增强队员的爱国主义观念，努力把自身建设成为学校爱国主义教育的高地；要加强与兄弟院校国旗护卫队间的互动与协作，取长补短，共同发展。最后要引导队员规划好自身的发展方向和阶段性成长目标。对社团的建设和发展，一代人有一代人的责任担当，一批人有一批人的使命和任务，唯有大家齐心协力、同心同向，才能迎来集体的高光时刻。

3. 感情的注入与传递

一是对国家、对学校、对社团集体的热爱和对每名队员的感情倾注。“国是千万家”，这不是大道理，集体成就的终将是那些无私奉献、努力上进的人。二是对自己的感情倾注。鼓励社团成员放宽视野和眼界，不断挑战完善自我，要有敢于突破自己的底气、勇气和信心，要敢想敢做，不要害怕挫折和失败。年轻是最大的资本，更是宝贵的资源，青年学生不能做井底之蛙和温水中的青蛙，要有生活和学习的危机意识，要努力做更好的自己。没有哪个人的成功是理所应当的，在前进的道路上，成功者永远都是那些做好准备的、拥有坚韧不拔意志的人。大学是步入社会前的最后一站，青年学生要敢于挑战、多多实践，积极加入社团，加强相互间的学习与交流，发现、发掘和发挥好他人和众人的智慧，将其吸收内化为励己前行的力量，从而实现自身素质的整体提升。

4. 荣誉上的认可与激励

通过大力弘扬和表彰先进，激励学子切实奋发有为。一是为社团每名服务满一年的国旗护卫队队员颁发聘书，对参加省市级大型活动及单独获得成绩的队伍进行多角度宣传并颁发荣誉证书。二是坚持两年一度部门联合发文表彰实绩优秀的队员，并抄报给所在学院，颁发荣誉证书，鼓励先进。三是加大评优评先社会实践活动素质拓展加分的力度，普通队员加分等同于班级学生干部。四是要求所有队员兼职校园义务安全信息员，为校园安全和精神文明建设助力，对义工时数给予盖章确认。五是加强人文关怀，通过象征性地发放训练补贴，适当改善队员生活。六是对于正常退役队员，除礼服和军靴外的其他装备都送给队员本人留作纪念，延续一种精神。

5. 要求上的规范与严格

国旗护卫队社团的性质决定着队员出不得，更出不起差错，否则损毁的绝不仅仅是个人和集体的形象。所以，国旗护卫队选拔队员是严苛的，日常的训练更是严格的。反复练，练反复，抠细节，抓角度，唯有精益求精，才能确保每次任务圆满顺利地完成。每名队员都是社团、校园乃至国家形象的代言人：第一，着装时的行为举止必须规范；第二，队伍的步调必须一致。截至目前，队内未出现主动要求离队的队员，而对于层层筛选后留下的队员，我们一直携手同行、努力奋进。江苏大学国旗护卫队社团是每名队员永远的家，国旗护卫队努力的目标和方向成为学子的精神引领旗帜，以及价值追求的灯塔。

（三）效果启示

江苏大学国旗护卫队自组建成立，三年间发展成为五星级社团，每届队员保研、考研比例均保持在40%左右，约10%的队员入选菁英学院，毕业后多数队员会服务于政府、国企等大型单位，个别也已成长为单位的中坚力量。国旗护卫队社团成员在积极履职尽责的同时，兼职做校园义务安全信息员，竭诚为校园安全和精神文明建设助力。

在社团建设中，一是要注重加强思想引领，强化立德树人。“宝剑锋从磨砺出，梅花香自苦寒来”是护卫队坚守不变的队魂；“护卫国旗，扬我国威，江大学子，奋发有为”是护卫队励己前行的口号。二是要注重加强组织领导，实行军事化管理。安排有军旅经验的教师指导社团工作，充分发挥以老带新的优势，搞好社团建设“传帮带”。每届骨干成员都能致力于带领全体队员努力发展社团，不断提高自我认识水平，不断提升自我思想境界，积极参与社区服务志愿工作，服务师生、回馈社会。三是要注重加强方法上的创新，提升教育和引导效果。采取“走出去”与“请进来”、线上与线下、课堂与课外、理论与实践有效融合的方法，多渠道、宽角度、全领域开展国防教育活动和宣传，切实实现全方位育人目标。展望未来，江苏大学国旗护卫队我们将不断提高队伍整体建设和发展水平，力争以更大的进步成为当代青年的旗帜先锋，发挥更大的启迪示范与价值引领作用。

## 五、数字化全覆盖，升级网络信息服务育人

### 案例：对照一流育人标准，建设智慧服务平台——江苏大学积极推进“一站式”学生服务改革

（一）案例概要

为创新高校学生教育管理服务模式，紧紧围绕立德树人根本任务，创建大学生思想政治教育工作重要载体，江苏省教育厅于2016年发布《关于在全省普通高校推广建设“一站式”学生事务与发展中心的通知》，鼓励高校积极推进“一站式”工作服务模式改革的探索与实践。

江苏大学积极响应号召，落实“以生为本”服务育人要求，以一流的服务助力学校“双一流”建设。2018年1月15日，学校正式启用“一站式”学生

事务与发展中心，通过近三年的运行，中心吸引了13个部门单位入驻，提供服务338项，累计服务学生31.9万人次，建设形成“1+3+X”智慧化服务平台，得到广大师生的积极关注和充分肯定。中心荣获第七届“江苏大学青年文明号”、江苏大学“三全育人”管理服务示范岗、江苏大学“巾帼文明岗”等称号，相关做法多次受到中央人民政府网、教育部网站、江苏省教育厅网站、《中国教育报》、《人民日报》等主流媒体的关注和报道。

（二）主要做法

1. 坚持“一个中心”，全员服务谱新篇

中心坚持“以生为本　服务至上”的工作理念，努力构建服务育人新格局，着力打造服务育人大平台，推动建设“社会—学校—中心”三方主体环绕、“窗口服务—自助服务—网上服务”三平台融合发展、“业务服务—指导服务—发展服务”多态供给的“333”立体服务机制，保障“三全育人”综合改革有序推进。以《江苏大学“一站式”学生事务与发展中心管理办法》为核心，以《综合办公室工作职责》《窗口工作人员服务规范》《“一站式”学生事务与发展中心请假管理办法》《“一站式”学生事务与发展中心窗口考核细则》等制度为布局，将“四项基本工作制度”（首办负责制、办结限时制、全权代理制、AB岗工作制）严格落实到服务工作中，形成考勤打卡、窗口评比两项基本考核制度，加强对各窗口单位服务人员的日常监督、管理及考核。设立意见箱、中心电话、建议邮箱、“我要提问”网站专栏等反馈模块，多渠道接收学生反馈意见。通过月度工作例会、学期总结大会、年度表彰大会等工作形式不断推进中心建设向前发展，确保服务育人要求落地落实。

2. 优化“三个平台”，智慧服务创新举

中心积极推动窗口服务平台、网上服务平台、自助服务平台“三位一体”融合发展，让“数据多跑路、学生少跑腿”，梳理服务岗位职责，公开服务清单，加强事务流程再造，简化办事程序，推动学生事务“最多跑一次”改革，提升服务广大学生的工作效能和满意度。中心细化形成分工明确的窗口工作责任制，根据月度考核结果评选挂牌“红旗窗口”和“服务标兵”，并反馈至原单位，培养工作人员“比学赶超”的自觉性。积极引进先进的自助设备12套，提供自助服务项目91项，满足证书证明出具、一卡通补办、一卡通使用、打印复印等学生日常需求。2019 年，中心依托智慧校园建设工程，围绕“能线上不线下”的服务原则，着手设计网上服务大厅，经过 1 年的发展，线上服务由最初的 28 项扩展至 40 项，累计服务学生 20.5 万余人次。2020 年 6 月，中心在教学楼内建成 24 小时自助服务区，“选择多、跑路少”的服务菜单进一步方便了学生。尤其在新冠肺炎疫情防控期间，网上办事是实现“不见面服务”最有效的途径，发挥着维护学生事务正常运转、保障事务服务“不打烊”的重要作用。中心现有的服务内容涵盖奖助贷补服务、学习科研服务、就业创业服务、国际交流服务、医疗后勤服务、财务信息服务、生活综合服务七大类，基本覆盖了学生的日常需求。

3. 深化“X 个名片”，靶向服务亮新点

中心在做好学生事务服务的基础上，增强靶向供给，积极探索服务学生发展的品牌项目，充分利用校内、校外资源开展特色活动，创新服务模式。探索性地举办了“新生服务季”“毕业服务季”“留学服务季”等品牌特色活动 8 场，服务学生 4000 余人次；重点打造“一窗口一品牌”项目，利用中心平台资源在财务知识宣讲、出国留学、应聘求职、毕业离校等环节提供个性化服务，为更多学生创造扩充知识储备、培养实用技能、提高个人素养的机会；积极引进社会便民项目为师生服务，目前已联合镇江市公共交通有限公司开展绿色出行服务 1 期，联合镇江市市民卡中心免费为学生办理卡片 2 期，累计服务学生 1000 余名。

（三）效果启示

1. “一站式”服务是实现服务育人的有效途径

“95 后”“00 后”大学生思想活跃、视野开阔，迫切需要个性化、多元化的引领与指导，传统单一的服务模式已无法满足学生成长成才的需要。高校树立“以人为本”的学生服务理念，建立“以人为本”的学生服务体制，是适应新形势下大学生思想行为发展的需要。江苏大学“一站式”学生服务模式，就是以学生为主体，以为学生服务为理念，从服务体系系统化、服务队伍专业化、服务制度规范化、服务方式高效便捷化等方面着手，整合与学生生活、学习、发展相关的指导和服务，从而培养出身心健康、有创造力、全面发展的新时代青年，将服务育人要求落到实处。

2. “一站式”服务是实施“四自”教育的重要载体

中心科学合理设置勤工助学岗位，鼓励学有余力的经济困难生通过勤工助学参与服务实践，在服务同学的过程中提升自己的综合能力；定期开展问卷调查、主题座谈会等活动，引导学生积极参与服务事项拓展优化工作，关心学校的建设与发展大事，以主人翁姿态实行自我管理、自我教育、自我服务、自我监督；形成以“壹课堂”工程为契机的学生发展服务平台，为学生提供展现自我、碰撞灵感、朋辈辅学、特长发展的机会，于服务中彰显育人本质。

# 第七章　江苏大学服务育人展望

## 第一节　转变服务理念，提升服务育人内涵

传统高校服务保障职能部门的工作主要是通过后勤员工的辛勤劳动提供维修、餐饮、水电等方面的后勤保障，为广大师生创造良好的校园环境。新时代、新形势不仅对高校教育提出了更高的育人要求，也对高校后勤服务育人工作提出了新的要求。

江苏大学将进一步深化服务育人理念，改变服务保障职能部门与学生之间传统的服务与被服务的关系，深入拓展服务育人边界，承担服务育人责任。后勤服务人员必须转变“为了服务而服务”的传统观念，重新定位，把自己放在一名教育者的高度来思考问题、安排工作，树立服务育人的新理念。

### 一、树立“一流服务保障”新理念

建设“一流服务保障”，首先要树牢“一流服务保障”的新理念，学校服务保障职能部门将继续坚守岗位、默默奉献、守土有责，做到极致，做出一流。具体来说，就是要打造一流服务、一流管理和一流文化。

（一）打造一流服务，建立健全多元化服务体系

服务现代化建设对高校资源保障和后勤服务工作提出了更高的要求。面向服务现代化建设的更高要求，学校后勤体系将进一步改革，打破原来的甲、乙方管理模式，对学校内部资源保障和后勤服务实施统一管理。这种基于服务现代化建设的大后勤、大服务、大保障后勤保障机构的服务职能会更加多元化、社会化、专业化。其中，多元化体现在服务保障职能部门不仅具有传统职能，还具有育人育才等扩展性职能。社会化体现在积极吸纳社会资本，扩大社会企

业参与后勤服务的领域和范围，改善后勤基础设施设备；在食堂、物业等部门引进优质社会资源，实现优势互补，强化良性竞争，提高供给效率和质量。专业化体现在引入企业的管理理念、建设资金、设施技术和服务队伍，提升后勤管理的专业化水平。

（二）实现一流管理，倡导协调、高效、智慧的管理秩序

一流管理需要建立在机制合理的组织架构之上，使后勤的各科室（中心）形成一个高效、联动的运行整体。这主要体现在四个方面：一是职能配置要优化。加快推进一流治理体系和治理能力现代化建设，要对业务范围相近的部门进行合并，使部门设置更加科学合理，通过功能整合、机构调整，进一步降低运行成本，使资源配置更加高效、管理与服务的权责更加明晰、内部运行机制更加通畅。二是人事制度更灵活。继续加大人才引进力度，进一步优化队伍结构；创新用工模式，可采用灵活协议的方式聘用技能紧缺型人才，加强优秀技能型青年员工的内部培养；注重弘扬“工匠精神”，培养工匠型人才，加强员工分类指导；畅通晋升渠道和发展空间，提高员工工作的积极性，建立一支能力强、效率高、业务精的高素质后勤保障队伍。三是评价考核更科学。高校后勤工作需要有明确的目标管理、过程监督和激励措施，要科学评估管理成效，形成“管理—评价—找差—提高”不断优化的闭合管理评价体系，提升管理效能；将年度考核指标划分为社会效益和经济效益，并将考核指标量化。四是管理手段更智慧。智慧化是新时代高校后勤建设的趋势，大数据技术在高校后勤领域深度渗透，AI 与物联网技术已走进后勤领域，运用科学的手段提升服务质感是后勤工作的新发展空间。

（三）形成一流文化，营造人人争创一流的文化氛围

要建设江苏大学一流后勤，必须形成具有人文情怀、“江大”特质的一流后勤文化，以此规范、引导和约束后勤部门的运作模式、员工的心理和行为模式，增强凝聚力、向心力，进一步提升员工的主人翁意识。后勤职工是建设一流后勤文化的核心资源，必须将“以职工为主体”的理念贯彻到文化建设工作的各个环节中，让职工成为塑造后勤文化的主导力量，进一步增强他们的主人翁意识和争创一流的意识。建立统一的价值取向，用“江大精神”把来自不同地方、不同年龄层和不同文化背景的后勤员工集合在一起，将员工个人价值观上升为后勤人共同的价值观，形成坚守岗位、默默耕耘、争创一流的后勤价值

取向，让后勤员工成长为传承、传播“江大精神”的使者。

## 二、 打造服务育人的示范高地

“立德树人”是高校的根本任务。“育人”既是教学、学工条线的任务，也是各个部门的职责。后勤条线是服务育人和文化育人的重要窗口。后勤部门要把“立德树人”作为使命担当，融入一流后勤建设的全过程，积极营造一流的育人环境。

一是打造服务育人的样板。“样板”就是示范、标杆，就是品牌。服务育人要牢牢树立师生至上、问题导向、卓越服务的理念。“师生至上”就是要坚持以师生为本，把为党育人、为国育才牢牢根植于内心，把提供一流的服务、满足师生的诉求、提升师生满意度作为后勤人服务育人的行动指南。只有把服务做到师生心坎上，才能更好地服务师生，赢得师生的尊重。“问题导向”就是要问计于师生，深入到广大师生中去，了解他们最迫切的需求，提供暖心服务。服务保障工作不只是与物打交道，更是与师生沟通交流的过程，只有真正树立服务意识，在行动上关心爱护学生，才能赢得更多学生的尊重。江苏大学将进一步巩固主题教育的良好做法，创新形式，通过座谈交流、处长信箱、网络征集等多种形式征求师生意见和建议，以“发现问题就解决问题”的服务态度优化后勤服务。“卓越服务”就是把师生的多样化诉求真正落实落地，让师生切实感受到后勤人的用心服务、暖心服务。近年来，学校服务保障职能部门创新开展了“优质服务月”党员示范岗、“争创优质服务窗口　争做优质服务标兵”，以及“迎新季”“毕业季”后勤主题服务等活动。根据学生的学习需要，在部分食堂开辟自习区，在公寓开设自修室，打造亲情驿站，为学生提供衣物缝补等生活服务，深入推进亲情服务。实施“手拉手”工程，收集学生捐赠的图书、衣物等，捐赠给贫困地区的学生。学校将进一步创新做法，提升服务水平，展示学校服务育人的一流作为。

二是打造文化育人示范窗口。文化是一所大学的灵魂，学校创建“双一流”、建设高水平研究型大学更需要一流文化的滋养。文化是内在的，需要通过人、物等媒介展示出来。后勤作为学校非常重要的窗口部门，承载着展示“江大精神”和“江大文化”的重要使命。

进一步深入推进以美育人工程。马克思说：“人创造环境，环境也创造人。”大学校园是学生最主要的学习、生活场所，校园硬件环境折射出来的软文化具有强烈的渗透作用，可以行无言之教，使学生在耳濡目染中受到教育和感染。江苏大学后勤人以自己的聪明才智和辛勤劳动为师生创造出整洁、优雅的校园环境，漫步校园，随处可见利用绿植制作的“江大校训”“江大精神”和精心制作并悬挂的“双语”树牌等特色景观。江苏大学是一所有百年历史底蕴的高校，如何更好地把历史文化和校园景观深度融合，通过这些自然景观讲述“江大故事”、传递“江大精神”等，是后勤部门的重要任务。学校服务保障职能部门将进一步深入思考，在服务育人上更好地贯彻落实习近平总书记对全国涉农高校的批示精神，把学校浓厚的农机文化巧妙地在校园中展示出来，让这所以农机为特色的大学熠熠生辉。“十四五”期间，学校服务保障职能部门将深挖“江大底蕴、江大精神”，实现校园环境与“江大文化”的深度融合，充分发挥艺术、人文等学科优势，在自然景观上充分嵌入美学、人文元素，努力打造宜居、宜学、宜人的“人文江大”“美丽江大”和“幸福江大”。

进一步深入推进以文化人工程，将文化元素嵌入后勤服务保障中，让学生在“春风化雨、润物无声”中陶冶情操、受到熏陶。塑造良好的后勤形象是打造文化育人示范窗口的有效途径。要不断提升后勤员工的育人意识、服务意识、效率意识，树牢求实精神、奉献精神、创新精神，练就管理、创新、解决问题和应对突发事件的本领，打造一流的高素质后勤职工队伍，这是做好文化育人及各项事业的重要保证。要加强宣传，把后勤精神、服务宗旨、服务指南、先进典型事迹等文化元素通过校园网、后勤微信公众号、学习强国等多种媒体和平台传播出去，提升后勤服务形象，塑造良好的服务品牌。要深入打造“家”文化，当好“校园管家”，将学生当成“家人”。此外，要注重服务育人与文化育人的互动融合，把“江大精神”“江大文化”和“江大气质”等元素很好地融入一流服务保障建设中，形成更多约定俗成的做法、规矩和规范，做到以文明的品行影响人、以优质的服务感染人、以暖心的服务滋润人。例如，将学生宿舍 A、B、C 区改名为具有江苏大学文化特质的名称，更好地彰显百年江大的文化内涵。今后，学校将在整个校园内积极营造具有文化底蕴的一流的服务育人氛围，不断提升服务育人的文化软实力。

## 第二节　建设新型后勤，提升服务保障能力

当前，我国高等教育处在高质量内涵式发展的新阶段，江苏大学也已进入“争创一流，强化内涵”的关键时期。今后，学校服务保障职能部门将聚焦高质量内涵式发展，在综合改革上做文章，用好供给侧改革方法，对标国内一流高校，让新型后勤成为“一流江大”的新标签。学校后勤将着力抓好以下七个方面，打造一流后勤增长极，提升服务保障力。

### 一、 服务保障进一步品质化

学校师生的获得感、幸福感与后勤工作息息相关。后勤工作要迈向更高台阶，着力提升质量。近年来，学校后勤开展了一系列深入学生的活动，持续开展“三走进三服务”主题实践活动；组织召开后勤管理与服务工作面对面沟通座谈会，听取广大师生的意见和建议。例如，在能动学院流体（卓越）1801班开展“不忘初心、牢记使命”主题教育调研时，同学们提出了很多好的意见和建议。这种问题导向的机制是学校后勤提供优质服务、打造品质后勤的动力源泉，有助于后勤服务保障工作的深入改进与提升。这几年，后勤在高品质饮食上采取了很多创新的举措，师生们也有切身的感受。下一步，学校后勤将继续开拓新空间，打造高品质、高品位饮食，着力打造“特色”“品牌”“网红”食堂，构建安全、高效、健康、优质的餐饮服务体系，着力建成江苏省餐饮质量安全示范食堂，全面提升就餐品质；继续开展“光盘行动”，大力整治“舌尖上的浪费”之风，建立长效机制，坚决制止餐饮浪费行为，切实培养师生的节约习惯，在全校营造浪费可耻、节约光荣的文化氛围。

### 二、 育人品牌进一步丰富化

服务育人是新时代高校后勤工作的重要主题。下一步，学校将全方位挖掘后勤育人潜力，将“十大”育人元素更好地融入后勤工作之中，切实做到服务育人，情系师生；文化育人，打造品牌；实践育人，学以致用；管理育人，提升质量；资助育人，扶贫扶志；等等。“十四五”期间，学校后勤将大力开发综合类育人项目，加强同校内外单位互动合作，搭建服务育人协同实践平台，

在服务育人品牌上走出后勤育人新范式。

## 三、后勤改革进一步社会化

学校在后勤社会化改革方面迈出了坚实的一步。例如，饮食服务中心试点农副产品网上预约售卖、运输服务中心拓展车辆维修服务、绿化卫生中心拓展花卉售卖服务等，引进自助洗衣机、热水器、自助咖啡机、自助打印机等便民服务。对江苏大学恒昌物业进行股份制改革，按照现代企业要求，实现投资主体的多元化、产权关系的明晰化、管理的科学化，优化资源配置，筹集社会资金，增强企业的发展实力，等等。今后，学校后勤将继续依托社会优质资源为师生提供更加优质的服务，以师生需求为切入点，以师生满意为最终目标，运用供给侧改革的思路，在选择多种管理模式、多个服务主体、多种方式和多样产品上下功夫，推动后勤服务更加适应新时代新型后勤建设的新要求。

## 四、硬件条件进一步优质化

新时代新型后勤将对标一流高校建设的要求，深入推进后勤服务保障硬件标准化工程，注重建设标准化教室，助力高校教学与科研；注重更新教室的各项设备，满足师生线上教学、互动交流的需要；加强标准化公寓建设，细化各项管理与服务；进一步改善公寓基础设施，加强安全管理制度和公寓文化建设，提高住宿服务质量，优化宿舍环境，落实安全管理、卫生管理、维修养护服务管理措施。此外，学校后勤还要打造高品质幼儿教育，充分利用省市共建江苏大学的契机，大力推进幼儿园扩建和扩班改造，进一步拓展幼儿园办学空间，提高保教水平，着力打造省内一流幼儿教育示范校，为学校引进一流人才提供有力支撑。

## 五、服务保障进一步智慧化

当前，信息化、智能化、智慧化已融入每个人的学习、工作和生活中。今后，学校后勤将着力信息化智慧后勤建设，努力建设一体化管理、服务和运营平台，利用互联网+、大数据、云计算，按照统一规划设计、统一安全管理、统一基础支撑、统一数据标准、统一聚合平台的建设原则整合硬件、融合系统、聚合数据，促进管理、服务和运营信息化深度融合，更好地分析师生的多样化诉求，深入挖掘师生的潜在需求，使后勤提供的产品、服务与师生的诉求更好地匹配。例如，可在智能餐盘结算、饮食物资网上订购、公寓智能热水等领域加快推进后勤服务保障智慧化运行。

### 六、 服务氛围进一步国际化

近年来，江苏大学在校留学生教育发展迅速，学历留学生规模位居全国高校前 30 位、江苏省第 1 位。学校的生源国达到近 110 个国家，已经成为世界各国文化交融的国际化校园。这就要求校园的硬件、软件及人文环境具有国际化的氛围。学校后勤服务保障部门将把国际化理念融入服务工作中，充分借鉴世界一流大学后勤管理服务的先进经验，不断提高学校服务保障职能部门工作人员应对跨文化、跨国别管理服务的能力，通过精细化服务、个性化人文关怀帮助留学生尽快融入中国大学的生活。学校后勤将尽可能满足多元文化背景下留学生对生活的需求，继承发扬中华民族文化优势，保持部分优质传统后勤服务的特色，促进学校服务保障过程中的跨文化沟通与交流的深化。

### 七、 校园安全进一步标准化

校园安全是一切工作顺利开展的基础与前提，在抓好校园安全这件事上，学校后勤责无旁贷。今后，学校后勤将进一步建立健全安全生产防范体系，不断完善应急预案，进一步加大安全检查力度，层层落实安全生产责任，发现问题，立即整改。通过定期开展安全教育培训，进一步强化职工安全意识。同时，学校后勤将进一步加大校园人防技防投入，尤其注重与师生接触最紧密的食堂、公寓的安全质量把控，形成“源头治理—过程管控—监督反馈—整改落实”的监督管理闭环。学校后勤将校园疫情防控作为当前的头等大事，按照教育部和学校最新的疫情防控要求，扎扎实实做好疫情防控工作，着力打造平安校园。

## 第三节　优化资源配置，提升服务集约力

新时代高校基础建设与管理已经进入一个全新的阶段，并且积累了大量的

经验，但是仍有较大的提升空间，也仍需不断优化，从而使基础建设功能不断提升。新时代，优化学校资源配置，进一步深化改革是高校提升办学质量、实现内涵式发展的必由之路。高等教育综合改革头绪多、任务重，只有在重点问题和关键环节上取得突破，才能带动全局工作的开展，其中至关重要的“牛鼻子”就是资源配置，以资源配置为核心推进高校后勤综合改革，不仅可以突破利益固化藩篱，实现资源最佳开发利用，还能够提升服务保障能力，进一步促进育人功能的实现。

## 一、 优化外部资源配置以释放活力

高等教育综合改革涉及政府与高校的关系、社会与高校的关系及高校内部之间的关系。优化外部资源配置，就是要通过对管理模式、评价方式、投入措施等的调整，建立“政府宏观管理、社会广泛参与、高校自主办学”的管、办、评相对分离又相互支持的现代高等教育治理体系。一是加快简政放权。简政放权的主体不应限于教育行政部门，政府人事、财政等部门都应减少涉及高等教育行政审批的事项，出台权力清单、责任清单，明确权力边界，减少不必要的行政干预。如在高校评估上，可以第三方评价、同行评价为主，并尝试引入国际高水平教育评价机构，以推进专业评价。二是统筹整合专项资金和各项检查。当前，我国各级政府及其部门仍掌握着大量资源，习惯于通过专项资金、项目、工程、评奖等方式影响高校发展。应统筹整合各类专项资金，对一些项目和工程实行公开招标、自由竞争的方式，扩大高校资金统筹使用权，提高资金使用整体效益。同时，探索综合评估检查方式，整合各种常规性和临时性的检查，定期就高校办学的相关问题进行综合考评。三是优化配置后勤资源。高校应逐步剥离不属于自己的职责，集中资源做大做强主业，发挥好人才培养、科学研究、社会服务和文化传承的功能。充分发挥市场在后勤资源配置中的作用，以后勤服务社会化、专业化、现代化为目标，按照事企分开、管办分离、主体多元的原则理顺高校后勤管理制度，构建后勤服务保障大系统，完善公益性投入与市场化运营相结合的后勤运行机制，为高校提供坚实的办学保障。

## 二、 优化校内资源配置以增强动力

一是增强学院发展动力。高校人、财、物应更多地向学院倾斜，给学院更大的资源配置权和发展空间。可以从财务管理开始，逐步实施校院两级管理，以权责划分为核心，整合优化教育教学资源。学校对学院实行目标责任制管理，以考核评估为主要方式管理学院工作，以发展规划和资源配置为主要手段引导学院工作，以监督制约为主要途径规范学院管理权力的使用。通过学校分权和管理重心下移，转变学校部门的管理职能，明晰学院办学主体地位，形成学校宏观决策、部门协调配合、学院实体运行的管理模式，提高学校的整体办学水平和效益。

二是积极构建现代大学治理模式。高校应以制定章程为契机，明确校内各种权力运行规则，形成党委领导、校长负责、教授治学、民主管理的治理体制，使高校治理紧紧围绕学校的发展目标运行，各部门各司其职、相互配合，构建行之有效的现代大学治理模式。江苏大学坚持和完善党委领导下的校长负责制，制定“三重一大”决策制度和“两会议事规则”等，对构建现代大学治理模式进行了积极尝试。

三是以信息化推进管理现代化。对信息资源的掌控和利用能力日益成为影响高校竞争力的重要因素。高校应加快管理信息化进程，按照应用驱动、需求导向的原则，整合校内各种管理信息资源，规范数据采集与管理流程，建立事务处理、业务监管、动态监测、评估评价、决策分析等教育管理信息系统，支持师生参与学校内部质量保障与评价机制建设，支持学校服务与管理流程的优化和再造，为各项改革提供大数据支撑，提高决策水平、管理效率，推进管理现代化。

就新时代高校后勤服务保障职能部门而言，提升资源集约力，加强校园节能管理，不仅能有效地节约资源，减少浪费，降低办学成本，提高办学效益，还能够在服务育人方面通过节能示范作用和节能表率作用增强大学生的节能意识，强化大学生的节能行为，提高节能效果，以此推动社会节能工作的开展，实现全社会节约资源、保护环境、保护生态和可持续发展的目标。

高校后勤资源包括生产资源和消费资源两大类。其中，生产资源分为校内生产资源和校外生产资源；消费资源包括学校消费资源、大学生消费资源和教师消费资源三个方面。优化配置后勤资源就是打破垄断，科学利用校内生产资源，战略选择校外生产资源，合理配置消费资源，引进各种竞争机制，提高资源的利用效率，实现节能的规划目标。

学校后勤生产资源涉及学校基本建设、维修改造、物业管理、环卫绿化、公寓管理、食堂管理、经营场所、其他服务等各个领域。因此，根据资源的不同性质和特点，采用不同的竞争方式方法来实现资源的优化配置和节能目标，就显得尤为重要。

## 三、节约优化“四类资源”以强化育人

江苏大学将从以下几个方面入手，进一步提升后勤服务保障资源集约能力。

（1）在基本建设与维修改造上，提高土地资源利用率，减少对土地资源的耗用和浪费。在建设和改造中，以校外生产资源为主，通过竞争降低基建和维修改造成本。在基建设计上，树立科学性、前瞻性理念，坚持美观性与周密性相结合的原则，保证建筑物投入使用后既节能又杜绝使用与维修同步的建筑现象，减少浪费；在材料选择上，坚持调研论证，招标实施，保证质优、价廉和实用性、安全性、节能性、环保性的结合；在施工管理上，统筹谋划、精细分工、任务明确、责任到人，充分利用已有资源，减少施工中的不必要投入，节约每一份材料；高标准、严要求，将质量与进度、节能与效益作为施工的考核标准，通过有效的管理降低基建成本，达到项目节能与效益的最大化。

（2）后勤基本保障服务资源方面，在供电、供水等能源管理上加强能源集约，确保学校教学、科研、管理、师生生活的需要，以保证学校的正常运转。同时，根据学校节能规划，制定各单位、各部门水、电、气、热等基本耗能标准和指标，在规范制度的基础上制定奖惩机制。对于后勤服务和管理人员，采用目标责任制管理，不仅要求其遵守制度，还要求其承担对校内各单位、各部门的检查督促职责，及时了解各部门的节能经验，在总结提高的基础上加以推广。对于校园物业管理、学生公寓管理等，以学校后勤为主导，适度引入社会生产资源，既能保证后勤的服务保障功能，又能形成一定的竞争性，在提高后勤保障服务质量的基础上，注重人性化服务、规范化管理，节约人力、物力、财力，降低消耗，减少浪费。在环卫绿化、食堂餐饮、教师住宅、经营场所等

其他管理服务方面，充分引入社会资源，采用公开、公正、公平的方式竞争招标，遴选出合格的供应商与优质企业，让专业的人做专业的事情，通过校内外的有效竞争，提高服务质量、降低价格、减少能耗，推动节能的开展，增强校内后勤的竞争能力、市场能力。

（3）在后勤人力资源上，江苏大学后勤领导干部队伍的年龄结构得到进一步优化。一是队伍年轻化程度提高，科级领导干部中 40（含）岁以下的占 32.5%，50（含）岁以下的占 72.5%。二是队伍学历层次进一步提升，后勤队伍中高中以上文化程度的人数提升至 26%。三是新鲜血液的补充使各科室（中心）分工进一步细化明确，学校后勤整体工作效率进一步提升。

今后，学校将进一步提升后勤人力资源配置水平。一是将个人素质与岗位要求相统一。每一位员工从性格、才能、兴趣到掌握的知识都有很大的差别，后勤人力资源需要进一步优化配置，使每一位员工找准定位，各展所长，各尽其才，充分发挥自己的特长，并给员工提供可以充分施展才能的工作舞台，让其获得成功的愉悦感，激励员工不断超越自己、发展自己。二是合理配置队伍结构，在进行后勤队伍建设时，充分考虑互补原则，如进行专业知识、能力、年龄、身体素质、性别等方面的合理配置。同时，通过引进年轻人才提升队伍活力，提高人才的综合使用效率。三是进一步满足员工的物质与精神需求，将培养员工正确的价值观作为永恒的主题，通过积极向上的价值观来增强员工的凝聚力和向心力。在岗位工作中，要加强职工思想教育，构建积极和谐的人际关系，提升后勤队伍精神风貌。同时，健全工资福利体系，积极利用后勤分配制度改革，建立“多劳多得”“优劳优得”的分配制度，让员工在岗位循环和置换过程中充分体会到能力带来的不只是精神上的满足，还有物质上的满足，从而进一步调动员工的工作主动性和积极性，激发其工作热情。四是进一步健全人才管理机制，在人力资源优化配置的同时，建立科学的人力资源管理机制，充分发挥校内人才资源的优势。学校后勤将建立和完善一整套科学的目标绩效管理和激励办法，进一步提高员工工作的积极性，并将育人职能贯彻其中，提升员工育人的主动性。同时，注重人力、物资等重要资源的优化组合，进一步降低管理成本，加速后勤生产力发展，壮大后勤队伍。

（4）集约学生消费资源，增强学生的节约意识。新时代高校学生消费包括学习消费、住宿消费、餐饮消费和日常生活消费等。这些消费有些具有规定性、固定性特征，如学习费用、住宿消费等；有些具有指向性、集中性特征，如食堂餐饮和水、电、暖、公寓服务消费等；有些具有团体性、稳定性特征，如住宿消费；有些具有选择性、自由性特征，如学习用品消费、生活用品消费、餐饮消费、辅助学习消费等；有些具有个性化特征，如高级用品消费、化妆品消费、娱乐消费等。由于大学生家庭背景不一、经济状况不同，所以只有学校规定的学习消费和住宿消费是相同的，其他消费基本是根据各人的经济实力、爱好、个性特征进行选择。大学生作为学校的消费主体，也是节能的主要力量，他们的消费观念和节能意识、节能行为，不仅是他们的个人价值取向，还会对周围学生、学校乃至社会产生影响。江苏大学后勤将进一步深挖服务育人职能，积极引导学生树立正确科学的消费观，增强学生的节约意识。通过一系列的活动使学生成为节能的倡导者和实践者，在学习和生活中，时刻注意节约每一度电、每一滴水、每一分钱、每一张纸、每一粒粮食；在消费中做到经济消费、基本消费、计划消费，形成厉行节约、浪费可耻的道德风尚和生活习惯。要增强学生的社会责任感，通过大学生的表率作用，推动社会节约工程的顺利开展，实现全社会节约资源、节约能源、保护环境、保护生态和可持续发展的目标。

## 第四节　构建典型育人模式，提升学校社会影响

江苏大学深入推进“三全育人”综合改革已有五年时间。五年来，在省委教育工委、省教育厅的领导、关心和支持下，学校坚持以习近平新时代中国特色社会主义思想为指导，深入贯彻党的十九大和十九届二中、三中、四中、五中全会和全国教育大会、全国高校思想政治工作会议精神，全面落实学校第四次党代会工作部署，牢牢把握为党育人、为国育才的初心和使命，坚持以学生学习和发展为中心，秉承“以人为本，服务学生个性化发展”的工作理念，持续推进改革创新，不断完善引领学生、服务学生和关爱学生的学生工作体系，在思想政治教育、管理服务、国际化培养、创新创业引领等方面取得了丰硕成果，尤其是在落实“立德树人”根本任务、构建“三全育人”工作体系方面取得了显著成效，获批为全国25所、江苏省属高校唯一一所“三全育人”综合改革试点学校，凸显了关于学生工作的江苏大学品牌与江苏大学地位。

新时代呼唤新担当，新征程催发新作为。未来五年是我国开启全面建设社会主义现代化国家新征程的第一个五年，也是学校全面推进实施“十四五”事业发展规划、全面提升办学治校水平的重要时期。做好今后一段时期的学生工作，必须瞄准一流目标，坚持高起点定位、高标准推进，以“三全育人”综合改革为牵引，书写好学生工作高质量发展的崭新篇章。

下一阶段学校育人工作的指导思想是以习近平新时代中国特色社会主义思想为指导，深入贯彻党的十九大和十九届二中、三中、四中、五中全会和全国教育大会、全国高校思想政治工作会议精神，全面落实习近平总书记关于教育工作的重要论述及对全国农业院校重要批示精神，遵循高等教育和学生成长成才规律，按照学校第四次党代会和“十四五”事业发展规划部署，坚持“学为中心”的育人理念，以促进学生全面发展、卓越发展为目标，以深化改革和机制创新为动力，紧紧围绕落实“立德树人”根本任务，深入推进“三全育人”综合改革，努力构建与培养一流人才相适应的江苏大学特色一流学生工作体系，培养具有家国情怀、人文素养、创新精神、实践能力、国际视野的高素质人才和堪当民族复兴大任的时代新人。

下一阶段学校育人工作的总体目标如下：“学为中心”的育人理念进一步牢固树立；“三全育人”综合改革深入推进；贯通学科体系、教学体系、教材体系、管理体系的一体化思想政治工作体系进一步健全；全员、全过程、全方位育人体制机制更加成熟定型；顺应高等教育发展和学生成长成才规律，适应一流人才培养要求，促进学生全面发展、卓越发展的江苏大学特色一流学工体系基本形成；“立德树人”根本任务得到全面落实；学校以优异成绩通过“三全育人”综合改革试点考核验收并成为全国示范高校，树立一流学工品牌和一流影响。

为确保学校“三全育人”工程总体目标的实现，学校服务育人工作将重点抓好以下四个方面的主要任务。

## 一、 建立一流服务体系

创建一流服务体系，推动学生工作理念从管理向引领和服务转变，建立精准、优质、高效的服务育人体系，全过程、全方位满足学生发展需求。一是服务精准化。学校服务保障职能部门将充分发挥离学生最近的优势，主动深入学生，了解学生的所思、所想、所需，为学生提供有针对性的服务。二是服务优质化，进一步提升学生对学校服务保障的满意度。学校服务保障职能部门将率先垂范更新观念，增强服务意识，深化服务机制改革，为学生提供优质服务，助力学生成长成才。2020 年受疫情影响，很多学生不能返校，辅导员主动为学生邮寄求职、出国、升学等材料，学校后勤人员为学生晒被子、打扫卫生。学校后勤将继续发扬这种精神，以高校、优质、安全、暖心的服务赢得学生的认可，全面提升学生对学校管理服务的满意度。三是服务高效化。在服务保障中进一步简化流程，提高办事效率，让学生少跑腿、少走路，强化学生事务“一站式”服务理念，加快推进大学生事务“一站式”服务中心建设，持续完善窗口服务、线上服务、自助服务“三位一体”平台，真正实现“让数据多跑路、学生少跑腿”，打通服务育人“最后一公里”。

## 二、 推进服务保障质量提升工程

进一步加强社区服务管理，打造“安全、文明、和谐”的学生社区。进一步推进“品质后勤”工程，不断提升学生饮食、住宿、出行等的服务保障质量，不断改善校园学习、生活环境，努力让学生生活舒心、让家长宽心、让社会放心。进一步推进平安校园建设，筑牢校园安全防线，落实安全防范要求，完善校园及周边治安综合治理机制，切实保护学生生命财产安全。充分利用大数据、大平台、微服务、轻应用等数字技术手段，建设“江大智慧后勤”学生管理信息系统，实现报修服务、餐饮服务、宿舍服务、车辆服务、场所服务、公共服务、社区管理等从入学到离校全过程服务；实现与“一站式”学生事务与发展中心业务的无缝衔接，打通各有关部门的信息壁垒，为学生提供全方位、精准化、个性化的高效便捷服务。

## 三、 完善学生 “四自” 教育管理体系

坚持把学生自我管理、自我教育、自我服务、自我监督纳入服务育人工作体系一体推进，进一步突出学生的主体地位，激发学生的主体意识，提升育人的融入度、渗透力和实效性。进一步创新学生“四自”教育工作机制，强化学校、学院、班级三级联动，打造学生“四自”工作有机整体。进一步推进共青团、学生会（研究生会）及各类社团组织改革，提升群团组织的自我完善、自

我发展能力，以及组织学生、服务学生、引导学生的能力。进一步加强学校后勤事务管理团和研究生“助研、助教、助管”体系建设，推动学生积极参与学校后勤管理，进一步构建朋辈教育体系，开发朋辈教育资源，强化典型示范引领，完善学生互助平台，形成学生互帮互助、相互激励、共同发展的良好氛围。健全来华留学生“四自”教育管理体系，进一步提高留学生管理服务水平。

在未来的工作中，学校后勤将不断增强为党育人、为国育才的崇高使命感和强烈责任感。以“幼吾幼以及人之幼”的诚挚感情，以“衣带渐宽终不悔，为伊消得人憔悴”的奉献精神，以“春蚕到死丝方尽，蜡炬成灰泪始干”的师者情怀，切实把服务育人工作做细、做实、做优，全力营造人人、事事、时时、处处“服务育人”的崭新局面；努力当好学生成长成才的知心人、暖心人和引路人，在服务保障中为学生点亮理想的灯、照亮前行的路，为学校“三全育人”综合改造工程提供有力支撑，为培养一流人才不懈奋斗。

# 参考文献

[1] 中共中央马克思恩格斯列宁斯大林著作编译局. 马克思恩格斯文集：第1卷［M］. 北京：人民出版社，2009.

[2] 中共中央马克思恩格斯列宁斯大林著作编译局. 马克思恩格斯选集：第1卷［M］. 北京：人民出版社，1995.

[3] 中共中央马克思恩格斯列宁斯大林著作编译局. 马克思恩格斯全集：第3卷［M］. 北京：人民出版社，1972.

[4] 中共中央马克思恩格斯列宁斯大林著作编译局. 马克思恩格斯全集：第23卷［M］. 北京：人民出版社，1995.

[5] 中共中央马克思恩格斯列宁斯大林著作编译局. 马克思恩格斯全集：第42卷［M］. 北京：人民出版社，1980.

[6] 赵龙. 当前我国高校后勤服务工作的育人功能及其实现途径研究［D］. 石家庄：河北师范大学，2016.

[7] 钱皖英. 播下一个行为，收获一种习惯［J］. 教育观察，2014，3（2）：8－9.

[8] 卢凯，梅运彬. 高校服务育人的内涵与实践路径研究［J］. 黑龙江教育（理论与实践），2020（4）：40－42.

[9] 王胜本，李鹤飞，刘旭东. 试论服务育人的新时代内涵［J］. 中国高等教育，2020（11）：47－49.

[10] 顾相伟. 马克思人的全面发展思想及其当代发展研究［M］. 上海：复旦大学出版社，2016.

[11] 袁贵仁. 论马克思人的全面发展观［J］. 高等师范教育研究，1992（3）：3－9，16.

[12] 骆静. 论马克思哲学中人的个性［D］. 南京：河海大学，2007.

[13] 陈琦，刘儒德. 教育心理学 [M]. 北京：高等教育出版社，2011.

[14] 王立群. 我国高校隐性德育研究 [D]. 武汉：中南民族大学，2010.

[15] 江洪明. 构建高校服务育人新体系的思考 [J]. 经济与社会发展，2006，4 (10)：204－207.

[16] 戴维·霍瑟萨尔. 心理学史 [M]. 郭本禹，魏宏波，朱兴国，等译. 北京：人民邮电出版社，2011.

[17] 亚伯拉罕·马斯洛. 动机与人格 [M]. 2 版. 许金声，等译. 北京：人民出版社，2007.

[18] 张檀琴. 马斯洛需要理论的片面性及其出路 [J]. 山西高等学校社会科学学报，2010，22 (5)：18－21.

[19] Jackson P W. Life in classrooms [M]. New York：Holt，Rinehart and Winston，1968.

[20] 王胜本. 现代大学后勤服务育人共同体研究 [M]. 济南：山东大学出版社，2018.

[21] 郑雅萍. 服务育人——高校后勤育人的理论与实践 [M]. 杭州：浙江人民出版社，2009.

[22] 左强. 新时期高校后勤服务育人问题研究 [D]. 南京：南京工业大学，2013.

[23] 杨芳. 新时代高校树立服务育人理念的思考 [J]. 河南教育（高教），2019 (2)：6－8.

[24] 顾珺，王永武. 新时期高校后勤工作育人功能的探索与实践 [J]. 青年与社会，2019 (11)：115－116.

[25] 刘维俭. 小原国芳的育人思想解读 [J]. 常州工学院学报（社科版），2005 (2)：111－114.

[26] [苏] 加里宁. 论共产主义教育和教学 1924—1945 年论文和讲演集 [M]. 陈昌浩，沈颖，译. 北京：人民教育出版社，1957.

[27] 沈壮海，黄雄义. 当代中国马克思主义教育理论的鲜明特征——学习习近平总书记关于教育的重要论述 [J]. 思想理论教育导刊，2020 (10)：8－13.

[28] Jane R M. What should we do with a hidden curriculum when we find one?

[J]. Curriculum Inquiry, 1976 (6): 135 - 153.

[29] Margaret LeComle. Learning to work: the ghidden curriculum of the classroom [J]. Anthropology & Education Quarterly, 1978 (9): 22 - 37.

[30] 陈伯璋. 潜在课程研究 [M]. 台北: 五南图书出版有限公司, 1987.

[31] 靳玉乐. 潜在课程论 [M]. 南昌: 江西教育出版社, 1996.

[32] 陈满, 帅斌. 隐性课程对学生产生影响的作用机理探微——隐性课程建设相关理论系列研究之一 [J]. 科技进步与对策, 2003, 20 (9): 44 - 46.

[33] 吴岩. 新时代高等教育面临新形势 [N]. 光明日报, 2017 - 12 - 19 (013).

[34] 邱代宇. 论新时代背景下我国高等教育面临的新形势 [J]. 中国校外教育 (下旬刊), 2019 (3): 46.

[35] 杨宁宁. 高校思想政治工作服务育人机制研究 [D]. 西安: 陕西师范大学, 2019.

[36] 范皑皑. 面向未来的大学生能力发展 [N]. 光明日报, 2016 - 02 - 25 (015).

[37] 刘方舟. "00 后" 大学生群体: 代际特征、风险题域与教育策略 [J]. 中国多媒体与网络教学学报 (上旬刊), 2020 (7): 101 - 104.

[38] 海显勋. 准确把握 "00 后" 大学生心理特征——努力加强新形势下高校心理教育服务工作 [J]. 青海交通科技, 2019 (4): 46 - 48, 57.